JN296357

47都道府県・地野菜/伝統野菜百科

成瀬　宇平
堀　知佐子　著

丸善出版

はじめに

「食育基本法」に基づいて作成された「食育推進基本計画」の中に、「伝統ある食文化の継承、農山漁村の活性化、食料自給率の向上」という文言がある。近年の科学技術の進歩は、生活の便利さや豊かさには、大きく貢献した。この技術は食生活を支えている農業に対しても、栽培など技術面にも波及してきた。この波及が社会生活や人間関係に必要な人間性を希薄にし、さらには健康面にもいろいろな弊害を及ぼしてきた。「食育基本法」の目的の中には、食物を媒体として人間性や社会性を育むことも含まれているのである。日本の食文化を理解することは、この目的の一環なのである。

すなわち、化石資源に求めすぎた現在の生活のエネルギー産業の発達やIT技術の発達は、私たちの生活を非常に便利にし、快適にはしているが、その結果排出された炭素化合物による大気汚染、海洋の汚染、気象現象やそれに伴う海流の変化は、かえって生活に負の面を加え、私たちの生活に不便さを付加し、健康に悪影響を与える面が多々みられるようになった。

地方に残る伝統野菜や地野菜は、各地の食文化を反映しているものが多い。とくに、各地に存続している行事には、伝統野菜や地野菜が必ず利用されてきた。それが利用されるのは、各地の風習に係わる意味があるからである。

各地の伝統野菜や地野菜の栽培面積や生産量が減少した理由には、農地の宅地化、集落の都市化、そして各地に残る農地を守る後継者が少なくなってきていることが挙げられる。伝統野菜や地野菜が、その土地に土着するには、農家の人々の並々ならない苦労と努力があったのである。それを理解し、なぜ伝統野菜や地野菜が生まれたかを省み、消えかけている日本の食文化を守り、小さな社会から昔の日本の人間関係が復活できれば幸いである。

近年、若い人の間で、農業に従事する人が少しずつ増えているといわれている。伝統食品や地野菜の栽培にも手を広げ、安心・安全な野菜づくりのうえ、密な人間関係を構築する精神も育てていただきたいと願うところである。

2009年10月

成　瀬　宇　平

目　次

第Ⅰ部　概説

1 日本人と野菜 2 / 2 日本の野菜の原産 6 / 3 地野菜と伝統野菜 8 / 4 京野菜と加賀野菜 10 / 5 新野菜 11 / 6 野菜の安全性 13

第Ⅱ部　都道府県別　地野菜・伝統野菜とその特色

北海道 18 /【東北地方】青森県 25 / 岩手県 32 / 宮城県 37 / 秋田県 43 / 山形県 53 / 福島県 65 /【関東地方】茨城県 72 / 栃木県 82 / 群馬県 87 / 埼玉県 94 / 千葉県 100 / 東京都 106 / 神奈川県 113 /【北陸地方】新潟県 119 / 富山県 129 / 石川県 133 / 福井県 139 /【甲信地方】山梨県 145 / 長野県 150 /【東海地方】岐阜県 156 / 静岡県 162 / 愛知県 167 /【近畿地方】三重県 176 / 滋賀県 179 / 京都府 185 / 大阪府 193 / 兵庫県 199 / 奈良県 205 / 和歌山県 210 /【中国地方】島根県 214 / 鳥取県 218 / 岡山県 221 / 広島県 226 / 山口県 231 /【四国地方】徳島県 237 / 香川県 241 / 愛媛県 245 / 高知県 250 /【九州・沖縄】福岡県 253 / 佐賀県 257 / 長崎県 259 / 熊本県 263 / 大分県 266 / 宮崎県 269 / 鹿児島県 273 / 沖縄県 280

〔付録 1〕地野菜・伝統野菜を使ったおすすめ料理　284
〔付録 2〕野菜・漬け物の種類　325
〔付録 3〕主な地野菜・伝統野菜の入手先　328
〔付録 4〕野菜の地方（在来）品種の分布（野菜の地方品種・1980・Ⅲ）　333
参考文献　335
●索引　336

第Ⅰ部

概　説

1
日本人と野菜

日本には山野に自生している植物で、食用になる野菜は500種以上もあるといわれている。自生している食用植物の中で、商業的に栽培されている種類も多い。昔は、それを利用していたに違いない。人類の歴史と同じく、食用植物の歴史にも栄枯盛衰がみられている。なかでも、栽培、利用、保存などのいろいろな観点から品種改良したものも多いが、栽培方法の失敗、農地の宅地化や都市化などによってこの世から消えた野菜類も多い。日本人が、大昔から「菜」として利用してきた「野の草」や、「糧」としても「菜」としても利用してきた栽培野菜が、現在の野菜として流通していることが多い。

古代の栽培野菜は貴族の食用

縄文時代の食用食物の主な取得手段は、狩猟、漁労、採集という偶発的な手段であった。焼畑農業による雑穀、イモ類の採集は行っていたものの非常に小規模であったに違いない。栽培野菜らしきものが出てくるのは、稲作農業が定着し始めた弥生時代以降と推測されている。「古事記」「日本書紀」「万葉集」などの古書、出土した化石からは、ヤマイモ、サトイモ、ウリ、ダイコンを利用していたことが推測されている。ヤマイモは自生している自然《じねん》薯《じょう》のことと思われる。サトイモは里の畑でつくられたイモのことで、「万葉集」では「宇《う》毛《も》」と称されていたようである。ウリはマクワウリを指していると思われる。「古事記」からウリとダイコンは、わが国で栽培したもっとも古い野菜であると推測されている。

このような、数少ない栽培野菜は、もっぱら古代貴族の嗜好食として利用されたもので、「菜」の対象となった野菜類は、大半が食用可能な「野の野菜」から選択された山菜類であった。

奈良時代の王朝貴族は、王朝の権限を誇示したため、生活文化の面で貴族社会と庶民社会との間に顕著な乖離がみられた。ウリ、ダイコンなどのわずかにみられる栽培野菜は貴族の食べるもので、青菜、蓮の根、ユリ、ワラビなどの山菜類は調味料的に使われていたようである。庶民は、多くは自生している野草を利用していたに違いない。

日本の野菜は、中国から導入した種類が多い。その野菜の伝来は平安時代である。平安時代の律令である「延喜式」（延喜5年、905）には、ナス、キュウリ、マクワウリ、ササゲ、ソラマメ、ネギ、ゴマ、ニンニク、フキ、セリ、カブ、ミョウガなどが記載されている。これらは宮廷の菜園で栽培されたものもあれば、自生しているものもあった。

ウリ、ナス、ダイコン、ワラビ、セリ、フキなどは漬物にし、保存食品としたようである。漬物の種類は塩漬けが主体であった。もっぱら貴族が賞味した食べ物であったようである。

中世の庶民の野菜は主に山菜

鎌倉時代の武家社会の生活は、質素を旨としていたから、平安時代の公家社会に比べれば、食生活の面でも質素であった。武士の食生活が質素であったということは、農民を含め庶民の生活は、武士以上に粗末であったことが察知できる。平安時代の貴族が、日常の食事で食べていたダイコン、ニンジン、ゴボウなどの根菜類は贅沢品となっていた。この時代には、禅宗の影響から、寺院の僧侶の食事が浸透していった。いわゆる精進料理は、植物食品のみの料理であり、ニンジンでもダイコンでもゴボウでも、泥以外は端まで大切に食べるのが仏の教えであったから、野菜や山菜を残すことなく食べる工夫をした。

室町時代になり、山菜や野菜を主としたいろいろな料理が開花した。野菜の栽培法が発達し始めたのも室町時代である。とくに、山城（京都周辺）、大和（奈良周辺）、近江（滋賀）、美濃（岐阜）には野菜の栽培地ができ、諸国に名産が出回るようになった。山城は、現在の「京野菜」の発信地となっているところである。この頃に栽培された野菜には、ダイコン、サトイモ、マクワウリ、キュウリ、ナス、カブ、ミョウガ、フキ、セリなどがあり、名産品となって各地へ輩出されるようになった。

鎌倉時代に伝来した仏教は、仏教の教えばかりでなく、肉食禁止という食生活上の制限をも広げ、それに伴って精進料理、味噌の醸造技術などが導入された。このことは、肉食禁止の代わりに、野菜の調理方法を発達させることになった。すなわち、野菜を煮る、焼く、炒める、和える、揚げるなどの調理法が進歩したのである。寺院の料理では、ゴマ油や大豆油を使う料理が多かった。粗食な生活をしている寺院の僧侶たちは、エネルギー源を油料理の油に頼ることが多かったのである。

南蛮文化とともに外国の野菜が導入される

安土桃山時代に、キリシタンの伝来とともに、日本には南蛮文化が導入された。江戸時代の文献「大和草本」（貝原益軒）や「多識論」（林羅山）によると、カボチャ（南瓜）、スイカ（西瓜）、トウガラシ（唐辛子）、セリニンジン（世利仁牟）、ホウレンソウ（菠薐草）、トマト（唐がき）などの新大陸原産のものや、バレイショ（馬鈴薯）、サツマイモ（甘藷）が渡来していたことが書かれている。

江戸時代の主力野菜はダイコン

鎖国政策をとっていた江戸時代において、もっとも重要な野菜がダイコンであり、脇役はウリ類であった。ウリの中でもマクワウリは、古くから栽培されていて、上流階級の人々の水菓子として賞味されていたようである。江戸時代になると、ウリ類は一般の人々にとっても重要な野菜となっていた。

零細土地保有者の農民は、食料不足から、「糧」となる作物づくりに専念しなければならなかった。副食であるはずのダイコンも主食として利用しなければならないので、一般の人にとっては、ダイコンは重要な食べ物であった。葉物に代わる野菜は、自生の野草や山菜に頼ることが多かった。野菜類は、生食でなく、漬物にして保存食として大切に食べた。また、生活の知恵からか、煮て食べることも多かったようである。

西洋野菜の導入と栽培は幕末以降

幕末になると、明治新政府の作物種苗輸入の素地となる、穀類や野菜類の種子の導入が行われるようになった。明治７～９年（1874～1876）には、輸入した種子を全国府県に配布していた。当時の新野菜類の代表的なものには、キュウリ、スイカ、ナス、カボチャ、ゴボウ、ニラ、アスパラガス、サツマイモ、タイサイ、パセリ、セロリー、カラシナなどがあった。この頃の日本では、根菜類の利用が多かった。

文明開化により、西洋野菜は脚光を浴びるようになった。とくに、明治新政府の育成指導に支えられ、欧米風の食志向が一部の階級にみられるようになり、肉食の解禁も一般に普及し、和洋折衷型の洋食（牛鍋、コロッケ、とんかつ、カレーなど）が浸透すると、バレイショ、タマネギ、キャベツ（甘藍《かんらん》）は、比較的速く普及した。西洋野菜のうちなかなか普及しなかったのが、トマトである。日本には生食を主体にして入ってきたトマトは、やっと昭和年代に普及した。キャベツは大正時代に人気が出た。アスパラガス、カリフラワー、芽キャベツ、パセリなどは、第二次大戦後、欧米のいろいろな文化とともに、各国の食文化を受け入れるようになってから普及したといえる。

昭和時代の野菜の消費傾向

明治時代以降利用していた野菜類は、根菜類としてダイコン、ニンジン、ゴボウ、カブ、ラッキョウ、サトイモなど、果菜類としてナス、キュウリ、マクワウリ、カボチャ、トウガン、トウガラシ、葉菜類としてミズナ、キョウナ、タイサイ、ネギなどであったが、農山村の人々は、野に自生している食用の草（ワラビ、ゼンマイ、ウコギの若葉、ウド、セリなど）に頼っているところが多かった。現在では、野の草は「摘み草料理」「山菜料理」などの高級料理の素材となっているが、時代の変遷とともに、野菜類の価値も種類によりいろいろと変化してきている。

これらの野菜類は、醤油、味噌、酢で味をつけて食べ、さらには汁の実や煮物にして食べるようになっていた。もちろん漬物は貴重な保存食としてつくっていた。少量の「菜」で主食のコメやムギの飯を食べるという多くの農民や庶民の食パターンは、第二次大戦終了まで続いたといえる。とくに、貧しい農民にとっては、塩味をつけた野菜は、副食というより主食のコメやムギ飯を食べるための脇役であり、ご飯に混ぜたカテ飯は、ご飯の量を多く見せるための材料であった。

交通機関の発達は、生鮮食品の都市への流入を盛んにし、都市近郊農村で栽培した野菜も加わって、鉄道沿線に野菜の特産地が形成された。

その後、都市化が進むと、都市の外縁にも青果市場ができ、野菜類は近郊農村だけでなく、日本各地から関東、関西の都市部へ出荷されるようになった。伝統野菜や地野菜といわれる地方の特徴ある野菜も関東や関西の大消費地に向かって出荷された。

日本人の食習慣では伝統野菜や地野菜を漬物や煮て食べることが多く、緑黄野菜などいわゆる有色野菜を食べる習慣があまりなかった。第二次大戦終了後、欧米の食文化が導入され、日本人の栄養状態の欠点が明らかになると、食生活が改善された。その例が有色野菜の摂取によるビタミンA（カロテン類）の摂取の増加である。欧米人の野菜の生食文化は、現在の野菜料理の展開のきっかけとなっていると思われる。

2 日本の野菜の原産

日本の野菜は、日本原生のものは少なく、古くは中国から、明治以降は欧米から導入され、明治以後の栽培技術に伴い大きく発展し、現在に至っているものが多い。古い時代に渡来した野菜が、いつ、誰によって、どこからもたらされたかはほとんど明らかになっていない。現在明らかにされているのは、「古事記」「万葉集」「延喜式」「和名類聚抄」などの古典や本草書、農書などに記載されていることを参考に、推定されたものである。近年、日本人の食嗜好の変化により、味や食感について、現代人の嗜好に合うように改良された品種の野菜が多くなった。その結果、野菜のもつ伝統的な性質が失われてきた野菜を多く見かけるようになった。

ダイコンやナスは奈良・平安朝に栽培

奈良・平安時代に栽培されていた主な野菜はダイコン、カブ、ネギ、ニンニク、ワケギ、チシャ、ナス、マクワウリ、シロウリ、トウガン、キュウリ、ササゲ、サトイモ、クワイ、ハス、ゴボウなどであったと推測されている。これらの野菜の原産地は、中国、東南アジア、西アジア、ヨーロッパであり、おそらく中国を経て、日本へ渡来したものと推測されている。ゴボウについては、ヨーロッパでは畑地の周辺に生えていた雑草であって、日本へ渡来して野菜化したと考えられる。

鎌倉・室町時代には、ホウレンソウ、エンドウ、ソラマメ、スイカ、新野菜といわれているカボチャやトウガラシなどが渡来している。これらは、一度ヨーロッパに入り、海路で東洋へ伝えられ、日本にも伝えられたと推測されている。

江戸時代に入ると、モウソウチクやサツマイモが沖縄を経て日本へ入ったと考えられている。なお、野菜を取り扱う問屋の集まった市場ができ始めたのは江戸時代で、都市の発達に伴い、市場も繁盛し、都市近郊での野菜の生産も盛んになった。

ハクサイ、タマネギは明治になってから

明治時代になって、明治政府のもとに勧業寮（新宿御苑に置かれた産業奨励機関）や開拓使（北海道の開拓と経営にあたった機関）が設置され、欧米諸国や中国（当時の清国）から新しい野菜を導入し、試作を行うようになった。後には、種苗業者や各地の農業試験場も導入試作を行った。この時期に導入された野菜は、キャベツ、タマネギ、結球ハクサイ、トマト、洋種のカボチャ、メロン、ジャガイモ、スイカ、インゲン、ニンジンなどである。

第二次大戦後は、ナハヤサイ、レタス、セロリー、ピーマン、アスパラガスなどがある。

「野菜ベルト」地帯が推定されている

多くの野菜の原産地は、地中海沿岸から中央アジアと、中央アメリカから南米にかけてに集中している。これらの原産地の関係は「野菜ベルト地帯」といわれている。カブ、ブロッコリー、キャベツの原産地は地中海沿岸で、ハクサイは地中海沿岸から中国へ伝わってから、日本に入ってきている。トマトの原産地は標高2000 m～3000 mのアンデス山脈である。

【日本の野菜の主な原産地】

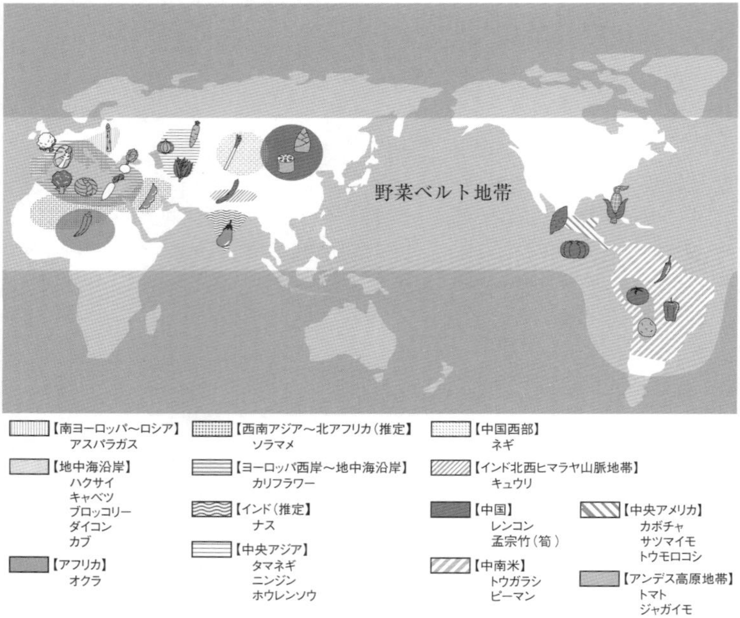

出典:文藝春秋5月臨時増刊『くりま』P.20,2009年を基に作成

3 地野菜と伝統野菜

日本の野菜のほとんどは、中国大陸、東南アジアから渡来したものであり、渡来後は日本各地に伝播し、馴化され、それぞれの気候・土壌・食生活・地域行事などに対応するよう選抜された。その後、固定が繰り返されて地域独特の品種となり、これが「地方野菜」または「地野菜」といわれ、その地域の特産品となっている。地野菜は人々の移動に伴い、各地に伝えられ、さらに、その土地の環境に適応した品種になり、新た

にその土地独自の地方野菜として成り立った。そのなかでも、明治時代から自然交配や人為的交配などにより品種改良されずに受け継がれている野菜、地域によっては昭和20年（1945）の第二次大戦終了前から栽培が続けられている野菜は「伝統野菜」とよばれ、利用されている。

地野菜や伝統野菜は、その地方の篤農家や種苗業者のたゆまぬ努力によって育成・採取され、地域の農家に普及され、地域の需要を満たすようになった。また、消費者や料理店（和洋中華など料理のジャンルを問わず）のこだわりも多くなり、一部は首都圏ばかりでなく、大きな消費地へも出荷されるようになった。東京のコマツナは、東京都江戸川区小松川村の椀屋久兵衛が古くからのカブ「ククタチ」（茎立ち）を改良してできあがったという話は有名である。このように地方野菜は、その土地の名を冠名にした野菜が多く、これらは「伝統野菜」として育成・採種を大切に守られている。

とくに、食育の流れの中で「地産地消」は、地元の生産物の伝統を学び、地元の生産物を消費し、食への感謝を見直すうえで大切な考え方である。そのことから、地野菜は注目されてから、地元の人々はもちろん、学校給食、料理店でも使われるようになっている。

【全国の希少種・伝統野菜】

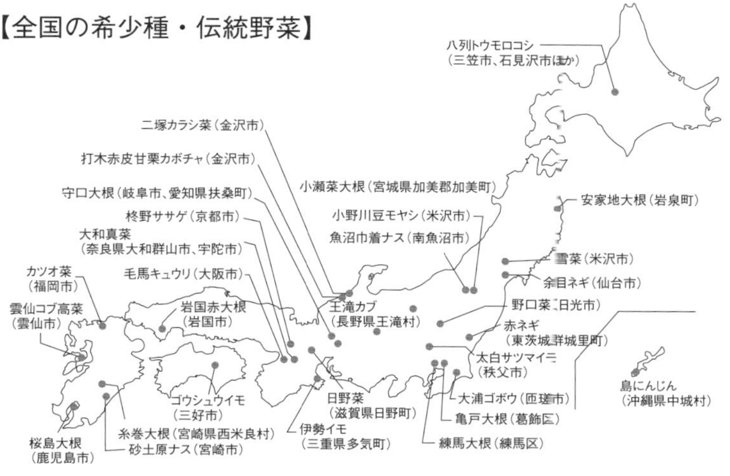

出典:文藝春秋5月臨時増刊『くりま』P.101 2009年を基に作成

4
京野菜と加賀野菜

京都には、平安時代から育てられてきた独自の野菜がある。昭和62年(1987)に、京都府は「京の伝統野菜」34種を選定している。ここに選定された野菜は、明治時代以前から栽培されているものに限られ、栽培地域は京都府を対象とし、タケノコ、キノコは除いてある。また、絶滅した3種と伝統野菜に準じるもの3種を別に選定している。

『まるごと京野菜』(青幻舎、2009)では次の野菜を京野菜として紹介している。

[聖護院だいこん、聖護院かぶ、すぐきな、水菜、壬生菜、鹿ヶ谷かぼちゃ、えびいも、くわい、賀茂なす、九条ねぎ、伏見とうがらし、堀川ごぼう、花菜、京みょうが、鶯菜、もぎなす、京山科なす、万願寺とうがらし、山科とうがらし、鷹ヶ峰とうがらし、紫ずきん、金時にんじん、京かぶ、青味だいこん、辛味だいこん、茎だいこん、すぐき菜、京せり、畑菜、黒大豆、あずき、京うど、じゅんさい、京かんしょ、大内かぶ、舞鶴かぶ、松ヶ崎浮菜かぶ、佐波賀かぶ、佐波賀だいこん、時無しだいこん]

また、石川県の加賀料理を支える食材は野山も海も近いのでたくさん存在している。加賀野菜といわれるものは、両白山地、金沢平野で栽培されており、金沢青かぶ、加賀れんこん(小坂れんこん)といった地名を冠された野菜類のほかに、金時草(葉の表が緑、裏が金時色＝赤紫色)、だいこん、しいたけ、こんにゃく、たけのこ、せり、はくさい、きゅうり(太いきゅうり)などがある。ほとんど、近江町市場で販売している。

『加賀百万石の味文化』(陶智子著、集英社新書、2002)の中で、陶氏は、石川県の加賀料理の「加賀」という名は、いつ頃から使われたかを金沢の料亭「北間楼」の女将に聞いたところ、平成11年(1999)頃からと話していたと記している。歴史的に加賀の国とは、現在の石川県の南部になるので、金沢市が必ずしも加賀と一致しているというものではなく、金沢の名物の「加賀友禅」にあやかって、観光ガイド向けに加賀料理という名が生まれ、それに付随して加賀野菜という名が生まれたようである。

そのほかの地域でも、地域興しのために地名を冠につけた野菜は多い。地域の名をまとめてその土地の名にしたものも多い。とくに、JA、篤農家や地域のグループが、伝統野菜を見直し、安全で安心な野菜づくりを復活させる試みは、各地でみられる。江戸野菜、鎌倉野菜、博多野菜などの名で復活が試みられ、実際に人気のある野菜も多い。

5 新野菜

日本で使われている野菜の中には、かつて導入されたが、定着せず、新野菜として利用されているものもある。

西洋野菜的なもの

新野菜の中には、ヨーロッパ、アメリカから導入されたが定着しなかったものと、最近になって、ヨーロッパ、南北アメリカから導入され、消費が増加している野菜がある。カリフラワーやブロッコリーは、かつては西洋野菜のカテゴリーに属していたが、最近は地方でも栽培が盛んになり、その地域のブランド野菜になっているものが多い。

フランス料理や中国料理に使われる野菜も、日本料理に使うことも多くなり、イタリア料理やフランス料理に日本の地方野菜を使い、それぞれの料理に特徴づけることも増えたので、西洋野菜と日本野菜、あるいは中国野菜などを使う料理のジャンルの間はボーダーレスになっている。

海外生活者、海外旅行者など海外の食事経験の豊富な人が多くなり、これからは、日本ではあまり栽培していない野菜も、日本での栽培化が成功すれば、地域のブランド野菜として確立することも期待できる。

現在、日本の料理関係で使われている、いくつかの西洋野菜をあげてみる。

①アーティチョークの蕾　キク科

②エンダイブ　キク科
③シャロット　ユリ科　ベルギー・シャロットともいう。ラッキョウのエシャロットとは違う。
④コーン・サラダ　オミナエシ科　サラダに使う。
⑤セルリアック　セリ科　セロリーに比べると葉は小さい
⑥タンデリオン　キク科　西洋タンポポといわれている。
⑦チコリ　キク科　アンディーブともいわれている。
⑧テーブル・ビート　アカザ科　砂糖をとるシュガー・ビート、葉を食べるリーフ・ビートと同じ仲間。
⑨トレビス　キク科　チェコリーと近縁。
⑩フローレンス・フェンネル　セリ科　イタリア・ウイキョウともいう。
⑪モロヘイア　シナノキ科
⑫ヤーコン　キク科
⑬リーキ（ポアロ）　ユリ科　ニラやニンニクと似ている。
⑭ムスクラン　広葉エンダイブ、切葉エンダイブ、リーフ・レタス、コーン・サラダ、トレビス、ダンデリオン、ロケット・サラダ（ルコラ）をウレタンまたはローク・ウールに播いて溶液栽培し、木葉5～6枚になった頃、そのまま出荷する。

中国・南方産

中国野菜の名で導入されたものの中には、中国南部から東南アジア、南アジア一帯で広く栽培されているものが多い。
①エンザイ　ヒルガオ科
②カイラン　アブラナ科
③キンツアイ　セリ科
④シャンツアイ　セリ科
⑤タアサイ　アブラナ科
⑥タカナ類　アブラナ科
⑦チンゲンサイ、パキチョ　アブラナ科
⑧ツルムラサキ　ツルムラサキ科
⑨トウミャオ　マメ科
⑩ハナニラ、キニラ　ニラ科

⑪ハニンニク、クキニンニク　ユリ科
⑫ヒユナ　ヒユ科
⑬ヘチマ、ニガウリ　ウリ科
⑭マコモタケ　イネ科

6 野菜の安全性

野菜を育てるのに農薬が使われている

野菜のほとんどは草本性で軟らかいうえ、長年かかって人間が利用しやすいように、人の好みの味と多収量の性質の野菜に改良してきたので、病害虫に侵されやすくなっている。本来、自生している野菜類は、自分自身を害虫から守るために、害虫が寄りつかないような防御成分をもっているのが普通である。人間が食べると苦味を感じるのは、自己防御のためにアルカロイド類などを含んでいるためであるが、これらの成分は、実際の調理にあたっては、アク抜きという苦味成分を減少させる方法がとられる。

苦味成分の少ない品種をつくり、それを育成していれば害虫に対する防御成分がないので、害虫には侵されやすくなる。

病害虫による野菜の被害は、野菜自体の内部からの病原菌やウイルスの伝染や害虫による食害、あるいはそれに伴う伝播によって起こる。一度、被害を受けると決して回復しない。

病害虫に侵されない「きれいな野菜」、すなわち少しは害虫に侵されても食べるのには差し支えない程度の野菜をつくるには、病害虫から守る手段が不可欠になってくる。安定した栽培を続けるには、最小限の農薬は使用せざるを得ないのである。日本の気候には、高温多湿の季節があり、ほとんどの野菜は、この高温多湿の時期、すなわち梅雨を越さなければいけないものが多い。この時期は、病害虫による被害の起こりやすい時期であるから、農薬が必要になる。

家庭菜園のように農薬をまったく使わないで、野菜を育成することもできるが、これは、野菜の種類が少ないか、栽培する野菜の量が少ない場合である。少量の栽培だと、こまめな手入れができる。

病害虫から守る手法の例

①病害虫の発生源、感染源をできるだけ少なくする。
②病害虫の被害を受け付けにくい健康体の野菜をつくる。
③耐病性の品種、接ぎ木苗などを用いる。
④病害虫の飛来・接触を回避する資材や障害作物などを利用する。
⑤病害虫、病葉をみつけたら、手で手っ取り早く除く。

上記のことは、すべての栽培地に適応するものでなく、栽培面積の大小によって、手法は異なる。

無農薬で栽培するところでは、徹底的な害虫の除去を何年もかけて行わなければならない。

残留農薬について

畑に散布された農薬は、病害虫や雑草を防ぎ、作物の生育を調整するはたらきがある。農薬は、野菜が収穫されるまでには、雨で洗い流され、あるいは日光や土壌微生物によって分解され、多くは消滅するが、ごく微量は野菜自体に残留することがある。この残留した農薬が人の健康に悪い影響を及ぼさないように、残留農薬基準が設けられている。これは、農薬の発がん性、繁殖への影響、催奇形性、遺伝子への影響などさまざまな角度から検討し、試験成績を評価して決められたものである。人が一生涯にわたって毎日摂取し続けても健康に何ら影響を及ぼさないとみられるADI（1日摂取量）を設定し、その食品から摂取する農薬がADIの80％内となるよう定められている。

農薬のポジティブリストとは

農薬のポジティブリスト制度とは、農薬すべての残留基準を定めて、農薬の使用を規制するために生まれた制度で、平成18年（2006）5月29日から施行されている。

ポジティブリスト制の定義：原則規制（禁止）された状態で、使用を認めるものについてリスト化するもの。農薬など、対象物の全部を禁止にしたうえで、一定設定された基準を満たすものだけを許可する。

平成18年（2006）にポジティブリスト制度が施行されるまでに、残留農薬基準が定められていた農薬以外は今まで規制されていなかったが、すべての農薬を対象に、人の健康を損なうおそれのない量が0.01ppmと指定され、適用されている。

有機野菜、無農薬野菜

① 有機野菜　正しくは「有機農産物」「特別栽培農産物」という。有機農産物を生産するための「有機栽培」の条件は、「種まきまたは植えつけ前2年以上化学的に合成された肥料、農薬を使用していない田畑で、栽培中もこれらを使用せず、堆肥など（有機質肥料）で土づくりをして栽培すること、および遺伝子組み換えをしないもの」となる。平成13年（2001）4月からは、「有機農産物」「オーガニック」を表示するには有機JASマークを貼りつけることが義務づけられている。このマークをつけるには、基準を満たし、検査員による検査を受け、第三者認定機関から有機認定を取得しなければならない。

② 「無農薬」「減農薬」「無化学肥料」「減化学肥料」という表示はまぎらわしいので、平成16年（2004）4月1日以降の新ガイドラインでは、その表示はできなくなり、「特別栽培農産物」と改称された。

安心して食べるには(トレーサビリティーの確認)

農薬の使用は、人の健康に悪影響を与えないように、正しい用法・用量を守って使用されていると思われる限り安全である。

もし、さらに安心・安全を求める場合は、ありふれた話であるが、信頼のできるところで栽培されたものを、安心できる店で求めることである。さらに、自分で表示・情報を確認して購入することも挙げられる。表示はもちろんのこと、栽培から販売までの履歴を示したトレーサビリティーも確認することである。

第Ⅱ部

都道府県別

地野菜・伝統野菜とその特色

01 北海道

とうもろこし

地域の特性

日本列島の最北に位置し、周囲を日本海、オホーツク海、太平洋に囲まれている。中央部の大雪山系から石狩川、天塩《てしお》川、十勝川などの河川が流れ出し、上川《かみかわ》盆地、石狩平野、天塩平野、十勝平野などの各沖積《ちゅうせき》平野や名寄・上川などの盆地を形づくり、主要農業地帯となっている。

春、秋は短く、夏は冷涼で、冬は長く寒さは厳しい。日本海側の冬は、季節風によって大雪となり、太平洋側の冬は、降雪量は少ないが、日照時間は短い。オホーツク海側は、冬の降雪量は少ないが、寒さは厳しい。内陸部は、夏の気温が30℃を超える日もあるが、冬の気温は－30℃を下回ることもあるなど、自然環境が厳しいので農作物の栽培にも難しい面が多い。農業関係者は北海道という農作物の栽培には厳しい環境に、適合する農作物の品種の選択、品種改良に常々研究を続けている。その結果、北海道では栽培が不可能と考えられていた稲作において、非常においしいといわれるコメ（ゆめぴりか、ななつぼし、きらら397、ほしのゆめ、その他）も栽培できるようになっている。

北海道における農業開拓は、明治2年（1869）に明治政府の開拓使を設置し、アメリカから農業の専門家を招聘し、欧米の先進農業を導入したことに始まる。輸入した野菜や果樹は、札幌や函館郊外で試作し、徐々に広がった。現在でも北海道の特産物となっているじゃがいも、たまねぎ、甜菜《てんさい》はこのときに導入したものである。

知っておきたい地野菜・伝統野菜

じゃがいも

北海道にじゃがいもが栽培されるようになったのは、明治初頭に開拓使が、アメリカから種芋を輸入したことに始まる。北海道のじゃがいもの生産量は、国内の8割を占める。とくに、十勝地方が一大生産地で、道内の生産量の4割を占めている。そのほかに、網走、後志《しりべし》、上川地方での生産量が多い。また、種類も多くつくられている。

ごしょういも、ごしょいもの別名がある。この名の由来は、1株から5升分の収穫量があることによる。

❶男爵《だんしゃく》いも 北アメリカ原産。明治41年（1908）に男爵・川田龍吉が、イギリスからアイリッシュ・コブラーという品種の種芋を輸入し、函館郊外の七飯《ななえ》（現在の七飯町）の農家に栽培させたのが始まりで、栽培成績がよく、その後近隣での栽培が広がった。この品種は「男爵いも」の名がつけられ、昭和3年（1928）に奨励品種として選ばれた。北海道のじゃがいもとしては知名度が高く、今日でも食用ジャガイモの代表品種となっている。形は球状で、皮の色は黄白色。肉色は白色で、肉質は粉質。食味もよい。粉ふきいも、マッシュポテト、サラダに好適。

❷メークイン イギリス原産であるが、大正6年（1917）にアメリカから輸入され、昭和3年（1928）に奨励品種となった。品種名のメークインは、ヨーロッパ伝統行事である五月祭りの女王を意味する。形は長方形で、皮の色は黄白色。肉色は淡黄白色、肉質は緻密な粘質で、加熱による煮崩れはしにくい。煮物、炒め物、揚げ物に向く。

❸農林1号 男爵いもとデオダラの交配したもので、昭和18年（1943）に道立農業試験場で育成されてから、全国に広がるほど寒冷地から暖地まで栽培できる適応性の広い品種である。形は偏球形、皮の色は黄白色。肉質は粉質。水煮にすると黒変することがある。粉ふきいも、マッシュポテト、サラダに向く。

❹紅丸《べにまる》 昭和4年（1929）にドイツから輸入した品種の早生で淡紅色のレンプケ・フルエ・エローゼンをもとに、多収穫品種のポペーを交配させて、道立農業試験場が育成した交雑種。昭和13年（1938）にでんぷん原料専用種としてつくり出された。皮が紅いところから「紅丸」の名がある。卵形で、皮は紅色、中晩生で収穫量は高い。肉色は白色。貯蔵中に甘味が増し、加熱調理による煮崩れは少ないので、煮物にも向く。

❺早生白《わせしろ》 昭和49年（1974）に、道立農業試験場で育成され、男爵いもよりもイモの肥大が早く、収穫量は多い。根系7号と北海39号の交雑種。表皮が白く、芋肌がよいことから、早生白の名がある。形は偏球形で、皮は黄白色。肉色は白色で、肉質はやや粉質。食味はよいが、加熱調理により煮崩れしやすい。粉ふきいも、マッシュポテトに適する。

❻**北海黄金**《ほっかいこがね》　トヨシロと北海51号を交雑した加工用の品種。昭和56年（1981）に道立農業試験場で育成した。肉色とフライ物の色が黄金色であることから北海黄金の名がある。形は長楕円形で、皮は淡褐色で、表皮にわずかにネットがある。肉色は淡黄色、肉質は粘質。煮崩れしにくいが、ホクホクで煮込み料理に最適である。出回り期間は10月〜翌年３月。味はよく、フライドポテトに向く。近年は、キタアカリ、レッドムーン、インカのめざめのような品種が多く出回る。

❼**キタアカリ**　ホクホクで甘い。煮込むと形がなくなりやすい。出回り期間は10月〜翌年３月。

❽**レッドムーン**　皮は赤く、肉色は黄色。ホクホクなジャガイモ。出回り期間は10月〜翌年３月。

❾**インカのめざめ**　甘味が強く、栗に似た味。出回り期間は９月〜12月末。

かぼちゃ

開拓使によって明治初年、北海道に西洋カボチャが導入された。北海道の夏は、1日の寒暖の差が激しいので、かぼちゃの栽培に適している。北海道のかぼちゃの生産量は全国1位で、全国の収穫量の５割弱を占める。道央の上川地方の和寒《わっさむ》町、富良野市、上富良野町、美深《びふか》町、名寄市、中富良野町、士別市などでの栽培が盛んである。かつては、「まさかりかぼちゃ」「デリシャスかぼちゃ」「栗かぼちゃ」が主な栽培品種であったが、現在は黒皮栗の「えびす」と「みやこ」が主流となっている。新しい品種には、皮の白い「雪化粧」「坊ちゃん」がある。

❶**栗かぼちゃ**　日本へ導入されたのは、幕末である。高温多湿を嫌うため、福島、長野、新潟以北の冷涼地帯で栽培された。1960年代以降、食生活の変化とともに果肉の粘質な日本カボチャより、粉質の西洋カボチャの嗜好が高まり、栽培量、消費量も増加した。

最近は、らいふく、九重栗、白九重栗、まさかり黒将などの、ホクホク感と糖度の高い白いかぼちゃも出回っている。これらの出回り期間は10月から翌年２月で、冬を越してもホクホク感がある。

札幌大球《だいきゅう》キャベツ

食用としてのキャベツの日本における栽培の発祥の地は、北海道であると伝えられている。

明治初期に開拓使がアメリカからキャベツの種子を導入し、札幌官園で試作を始めた西洋野菜は日本国内の南へと広がったといわれる。明治時代に入る前にも、開拓使によってキャベツの栽培は行われていたともいわれている。最初の品種は、「アーリー・サマー」や「オータム・キング」などであった。札幌大球は、１球で８kgから17kgに生育するもので、北海道の春蒔き秋採りの品種となっている。この品種は、「レート・フラット・ダッチ」に「アーリー・サマー」や「バンダゴー」を交配したものである。本種は、生育日数が155日前後と長く、大球となり、収穫量も多いが、晩生《おくて》である。明治35年（1902）頃は「札幌甘藍」の名で知られ、明治40年（1907）頃には「札幌大玉」の名となり、現在の「札幌大球」の名は昭和初期からよばれている。

葉面にはロウ質が多く、肉質は軟らかく、甘味の強いのが特徴である。生食、漬物、煮食用などに使われている。とくに、北海道では冬期間の貴重な野菜で、北海道特有のニシン、サケなどとつくるニシン漬やサケの挟み漬けに欠かせない。近年はドイツ料理のキャベツの酢漬け（サワークラウト）にも使われている。暑さや湿度には強くなく、乾燥にも弱いが、道内のキャベツの作付け面積の約半分を占めている。大きすぎること、芯が太いことなどで一般家庭では使い難いのでカット野菜に使われることが多い。

大野紅かぶ

北海道南部地区の北斗《ほくと》市（旧、大野町）一帯で、江戸時代から栽培している日本種の代表的紅カブである。近江商人が行商の過程で北海道へもち込んだ日本野菜といわれている。道南の気候は15℃から20℃と冷涼な地域であるため、カブの生育に適しているのが、この地域でこの種類のカブの栽培が盛んになった理由のようである。

根はアジア型に似た扁球形で、外皮全体は鮮やかな紅色で、肉質の特徴はきめ細かく甘みがある。塩漬けや酢漬け、糠漬けなどの漬物に加工される。同系のものに青森の豊蒔紅《とよまきべに》、滋賀の蛭口《ひるぐち》、万木《ゆるぎ》がある。

札幌大長《おおなが》なんばん

トウガラシが日本へ導入されたのは、戦国時代（応仁の乱の始まりから織田信長の入京までにあたる、1467～1588の混乱期との説が多い）であるといわれている。

この品種のナンバンは、辛みの強い西洋系の品種のカイエンヌ種に属する伏見辛《ふしみから》群で、北海道に渡りこの地の気候に馴化《じゅんか》したものと考えられている。

果実は細長く、約12cmに生長し、熟すると濃紅色となる。葉と幼果は佃煮や煮物に、乾燥した果実は香辛野菜として漬物に利用される。乾燥用の果実としての栽培は少なく、緑果と葉トウガラシを利用することが多い。辛みの主成分はカプサイシンとジヒドロカプサイシンである。紅色の色素はカロテン（黄赤系）とカプソルビン（赤系）である。

食用ユリ

北海道には古くからえぞすかしゆり、こおにゆり、うばゆりなどが自生していて、これを先住者たちが食用としていた。日本でのユリの栽培は、17世紀といわれているが、北海道での栽培は明らかではない。しかし、明治末期には栽培していたと推定されており、昭和10年（1935）には、北海道の各地で栽培されるようになっていたといわれている。現在栽培されている品種は、おにゆりとこおにゆりの自然交雑した中から品質のよい品種を選び、交配実生し、さらに選抜して得た中から育成した「白銀」という品種である。

「白銀」は、草勢が旺盛で、鱗球の肥大が極めてよく、鱗片は丸みを帯びて、肉が厚く、純白で品質がよい。9月下旬～10月に種球を植えつけ、翌年の9月～10月に収穫する。

ユリは、野菜としては水分が少なく、デンプンを多く含み、たんぱく質の含有量も多い。独特の香り、甘味、食感があり、またわずかな苦味がある。和風料理の材料としてあんかけ、和え物、炊き込みご飯、鍋物の具などに広く利用されている。関西の市場を中心に出荷されていて、国内消費の大半を占めている。

八列《はちれつ》とうきび

トウモロコシを北海道ではトウキビとよぶ。北海道は日本のトウモロコシの収穫量の約42％を占める。

北海道でトウモロコシの栽培が行われるようになったのは、明治元年（1867）にアメリカからトウモロコシを導入したことから始まる。八列とうきびは、明治の中ごろ、札幌農学校の教師がアメリカから導入した硬粒系の「ロングフェロー」や「札幌八列」という品種からつくられた栽培品種である。明治から昭和の初期にかけては、もっとも多く栽培された品種である。冬場はこれを粉にし、粥にして食べたと伝えられている。

草丈は２ｍ前後まで成長し、穂はやや円錐形である。実は黄色で、中粒楕円形で大きく硬い。実は１周に８列並んでいるのが特徴である。茹でて醤油をつけて焼くと、香ばしいのも特徴である。現在栽培している地域は、空知《そらち》地方の中南部、十勝地方の中西部である。

最近は、ハニーバンタムなどの甘味種の栽培が主体となり、在来種のロングフェローや札幌八列の栽培は減少している。

アスパラガス

アスパラガスの原産地は、南ヨーロッパである。日本に渡来したのは江戸中期の文政年間（1818～1829）で、オランダ船によって長崎へもたらされた。最初は観賞用であった。蔬菜《そさい》として伝えられたのは明治以降である。明治45年（1912）に、下田喜久三が寒冷地に耐える品種改良を行い、その結果北海道の代表的農産物となっている。羊蹄山・十勝岳などの山麓の火山灰地で、盛んに栽培されている。５～７月の期間に北海道のアスパラガスが出回る。グリーンアスパラガス、ホワイトアスパラガスが出荷されている。最近は、グリーン・ホワイト・パープルという甘味アスパラガスが、５月中旬から６月上旬にかけて出回る。

主として、茹でて和風料理に、生で野菜サラダの具に使われたり、バターやオリーブ油でソテーされる。

札幌黄たまねぎ

北海道のタマネギの生産量は、全国の約半数を占めている。明治11年（1878）に札幌農学校のアメリカ人の教官によりタマネギの栽培が始まったのが、日本のタマネギの栽培の先駆といわれている。札幌黄たまねぎは、イエロー・グローブ・ダンバースから生まれた品種で、１個の球の重さは200ｇに達する。外皮は茶色がかった黄色。辛味、甘味ともに濃く、肉質が軟らかく、平成19年（2007）の「食の箱舟」に認定されている。貯蔵性に優れている。出回り期間は10月から翌年３月。昭和40年（1965）までは主力の品種であったが、病気に弱く、栽培が難しいので、この弱点を克服した「スーパー北もみじ」「オホーツク1号」などが主力品種となっている。最近は、辛味成分が少なく、甘味があり、サラダやオニオンスライスに適している「北はやて」も出回っている。

及部《およべ》きゅうり

本種は、樺太（サハリン）を経由して渡来したシベリア系のピッピルスに適したきゅうりである。酒田というピクルスに適した品種も江戸時代にシベリアから渡来している。北海道から山陰までの日本海側には、この系統の交雑種が残っているので及部きゅうりもこの系統の品種であると思われる。かつては、北海道南部の渡島《おしま》半島で栽培されていたが、現在は北海道南端の松前町の上川地域での栽培が多くなっている。「及部」とは「上川」の旧地名である。

肉質は緻密で、熟した果皮には網目があり、主に漬物に加工される。

夕張メロン

夕張メロンの中心の品種は夕張キングの別名がある。外皮はネット型で、果肉は赤肉系の代表的メロンである。夕張キングは昭和36年（1961）に、温室メロンの代表的品種「アールス・フェボリット」と「スパシー・カンタローポ」の交配種として誕生した。

果実はやや腰高の球形で、1.4～1.6kgと大きい。果肉はやや軟らかく、特有の香りがあり、肉質もよい。1970年代になって航空輸送が可能となってから、首都圏に出荷され、高級メロンとなっている。出回り期間は6月下旬～8月上旬である。

最近は、果肉の赤系の富良野メロンも出回っている。富良野メロンにはキングルビー（糖度15度）、ルピアレッド、レッド113などの品種があり、それらの出回り期間は7月上旬～8月下旬である。

地域の野菜料理

野菜を使う馴れずし（さけずし、にしんずし）／アスパラガス（生か茹でて食べる）／トウキビ・ピュアホワイト（スイートコーン、茹でて醤油をつけてバターを塗る）／ジャガイモ（ジャガバター、サケとジャガイモの炒め物、男爵いものコロッケ）

加工食品

アスパラガスの水煮缶詰／トウモロコシやジャガイモを使ったスナック菓子／粒入りシロップ／ジャム（ハスカップ、カシス、サクランボ、プルーン、ヤーコンとリンゴ）／果汁（ブドウ、ヤマブドウ、フルーツトマト）／ゼリー（フルーツトマト）／ポンポンとうきび

02 青森県

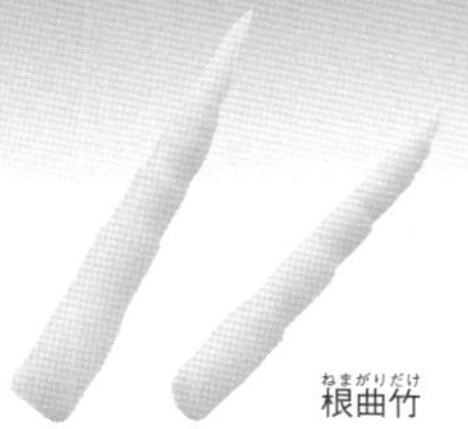

根曲竹《ねまがりだけ》

地域の特性

青森県は、奥羽山脈によって太平洋側と日本海側に分けられる。日本海側は津軽地方で、津軽平野や青森平野がある。太平洋側は青森県の南部に位置し、八戸平野や三本木原台地など低地がある。青森県の南部地方は、雪が少ないが寒くて、厳しい寒風が吹く。一方、津軽地方は雪が多い。青森県の農業産出額の約27％はりんごであり、さらに南部ではゴボウ、ニンニク、ナガイモなどの生産量も多い。青森県のシンボルが「りんごの花」であるところ、りんごの生産には力を入れていることは万人が認めているところである。

青森県の南部は、果樹園、海や山があり独特の文化をもっている。とくに、八戸の「八食センター」では、新鮮な魚介類とともに青果類も豊富に用意してある。青森県と秋田県にまたがる白神山地はブナ林が多く、自然に成育している山菜も多い。江戸時代の大地震で沢がせき止められて形成された十二湖やそのほかの湖があるのも、この地域の特性といえよう。十和田湖八幡平周辺にも山菜やキノコが豊富に生育している。下北半島は山と海の大自然を感じとることのできる地域である。海産物ばかりでなく、川内地域でとれる山菜料理、これらを活かした薬膳料理などが工夫されている。

青森県の全人口に対する農業人口は、平成2年（1990）には約40万人だったが、年々減少している。平成12年（2000）の農業従事者の年齢は60歳以上がほとんどで、これからの後継者については困難を抱えている。

知っておきたい地野菜・伝統野菜

福地ホワイト

ニンニクの一種。弘前市の鬼神社の例大祭には、古くからニンニク市が立っているほど、青森県とニンニクは関連がある。現在、主に栽培されている品種で、昭和30年代後半、青森県農業試験場が、青森県の風土・気候に適した品種として改良栽培したものである。福地村から収集した「福地在来種」に由来する品種である。

寒冷地系で、ほかの品種に比べて鱗茎《りんけい》は重く、色は白い。鱗片数は5～6個で、各鱗片は重く、外皮は白い。生産地は、太平洋沿岸の県南地域の十和田市、天間林村、東北町、田子町、倉石村、新郷村などに集中している。作型は、積雪の多い地域の水田転換畑では普通栽培、積雪の少ない地域ではマルチ栽培が行われている。産地が拡大しているため、収穫時の根切りや掘り取り、収穫後の乾燥や調製作業は機械で行われるようになっている。ニンニクの貯蔵は、一年中出荷できるようにCA（controlled atmosphere）貯蔵を行っている。出荷先は、関東・関西が中心となっている。

健康食品、香味野菜として利用されている。とくに、西洋料理の香味付けに欠かせない。

阿房宮《あぼうきゅう》　香り、色合いも素晴らしく、大きな花びらを野菜として食べる食用ギク。蒸してから干した「干しギク」は湯がくだけで冬の食卓を賑わす料理となる。このキクの普及の由来は、南部藩主が京都九条家の庭に香り豊かに咲いていた阿房宮を株分けし、南部の藩内に植えさせたのが始まりであるという説と、天保年間（1830～1844）に八戸の商人・七崎半兵衛が大阪から取り寄せた鑑賞ギクを改良した栽培品種であるとの説がある。いずれにしろ、本格的に食用として栽培された時期は明らかでない。明治14年（1881）に酢漬け缶詰が開発されているので、それ以前から食用として利用していたと推察されている。八戸の食用ギクが青森県以外に知られるようになったのは、キクの愛好者が宣伝普及した努力が大きかったのである。以来、八戸を中心に三戸に至る青森県南部での産地化が進んでいる。

色彩が美しく、香気がよく、甘味のあるところから、秦の始皇帝の阿《アー》房《ファン》（西南市）という豪華絢爛の宮殿にちなんで、阿房宮と命名された。

阿房宮種のキクは、花色が黄色で花肉が厚く甘く、苦味がない。香り、歯ざわりもよい。収穫時期は10月下旬～11月上旬である。一般には、小ギクが料理に使われる。干しギクに加工するものは、花びらと茎を区別してむしり、花びらを型に入れて蒸気で蒸した後、乾燥してつくる。生の花は茹でてお浸しや味噌汁の具として利用されることが多い。

糠塚《ぬかづか》きゅうり　糠塚きゅうりの来歴は明らかでない。シベリア系のキュウリで藩政時代に、現在の青森県八戸市糠塚地域にもち込まれて栽培されたのが始まりとの説がある。ずんぐりとし、短くて太く、半白に近い黄緑色の果皮に黒いイボがある。肉厚でやや苦味がある。現在は八戸市、新郷《しんごう》村、七戸《しちのへ》町などの県南地方で、自家用や朝市のために栽培されている。地元では地野菜として利用されている。収穫時期は7～8月で地元だけで流通している。皮をむいて味噌をつけて生食するほか、酢の物、味噌漬けなどで食べられている。

笊石《ざるいし》かぶ　果皮は淡い紅色で、果実はピンク色の洋種系の赤カブ。平家の落人が青森県久栗坂《くぐりざか》地域にもち込んだことから栽培が広がったといわれている。酢漬け、塩漬け、糠漬けなどの漬物に利用されている。

在来種の「筒井かぶ」は青森県筒井地区で栽培され、漬けると紅くなる赤カブ系の「豊蒔《とよまき》紅かぶ」は南津軽郡田舎館《いなかだて》村の豊蒔地区で栽培されてきたが、最近は栽培量が減少している。秋に収穫したもののうち、でき栄え・見栄えのよいものを植えて越冬させる。5月頃に花が咲き、6月に菜種のような種を採取する。冷凍保存しておいた種は、8月に植え、11月にカブを収穫する。この作業を毎年繰り返し、種を採取・保存し、さらにカブを収穫することを繰り返す。

現在は、生産者も高齢となり、自家用分だけ（2～3畝《うね》程度）、もしくは身内に配る程度しか栽培していない。

りんご　青森でりんごの栽培が始まったのは、明治8年（1875）である。当時の内務省勧業寮から3本の苗木が配布されたのが始まりである。現在の生産量は国内全体の半分以上を占めるようになっている。青森県で栽培しているりんごの品種はいろいろあるが、生産量は「ふじ」が約半量を占めている。

❶ふじ　国光にデリシャスを交雑・育成した品種で、昭和39年（1964）に命名・登録された。青森県内での生産量は、全国で1位を占めている。収穫時期は11月からである。近年の貯蔵法の進歩から、収穫してからは

翌年7～8月になっても市販されるようになっている。1個あたりの重さは300 g 以上のものが市場に出回っている。酸味は少なく、甘味が強く、成熟すると蜜ができる。蜜は、果芯の周辺に糖アルコールのソルビトールが蓄積するために生成される。しっかりした肉質で果汁も多く、貯蔵性も優れている。

❷ジョナゴールド　アメリカ、ニューヨーク州ジェネバのニューヨーク州立農業試験場が平成18年（1943）にゴールデン・デリシャスと紅玉を交雑した品種。日本では、昭和45年（1970）に秋田県果樹試験場が導入し、それ以後東北地方の青森県、岩手県などへと普及した。生産量は少なく、果実は500 g 前後に生育する。果形は円形ないし長円形で、全面が紅色で、その中にわずかに縞が入る。甘味や酸味は適和し、食味がよい。なめらかな食感で果汁が多い。

❸王林《おうりん》　ゴールデン・デリシャスに印度《インド》を交雑し、育成した品種で、昭和27年（1952）に命名され、印度に変わって急速に普及した品種。果実は250 g ～300 g に成長し、形状は長円ないし長円錐形。果皮は緑色から黄緑色、果肉は黄白色で、肉質はやや硬く緻密で、果汁は多く甘味が強い。食味もよい。青森県の収穫時期は10月末～11月上旬。

❹つがる　青森県りんご試験場が昭和5年（1930）に、ゴールデン・デリシャスと紅玉を交雑した品種で、昭和50年（1975）に登録された（昭和48年に登録との説もある）。生産量はふじに次ぐ。果実は300 g ～350 g に達する大型のリンゴ。果形は長円形。果皮の色は鮮やかな紅色で、その中に縞が入る。肉質はやや硬く緻密で、甘味、酸味は少ない。青森県での収穫時期は9月中・下旬。冷蔵により11月下旬まで鮮度を保つことができる。

その他の果物

果物としては、りんごの生産が主力であるが、そのほかにぶどう、日本なし、西洋なし、もも、すもも、おうとう、梅、栗、キウイフルーツも生産されている。

がんくみじか

ナガイモの一種。青森県で栽培されているナガイモはほとんどが本種である。水分が多く、粘りは少ない。サクサクとした歯ごたえをもつ。青森県では東北町、五戸町、十和田市を中心に栽培されている。収穫時期は晩秋と春の2回。秋に収穫したものは完熟したてのみずみずしさがあり、春収穫のものは熟成したうま味がある。千切りやとろろなどの生食のほか、地元では煮物、炒め物、揚げ物などで食べる。

清水森なんば　400年以上の歴史のある食材であるものの忘れられていたが、最近、地元の人々によって復活された。ナンバを使った一升漬け（ナンバ、醤油、麹を一升ずつ合わせて、3年ほど熟成した味噌状のタレ）も、古くからつくられており、調味料として使われている。清水森なんばは、江戸時代後期に弘前藩の初代藩主・津軽為信（1550～1608）が京都からもち帰り、広めたといわれている。

山菜類

❶うど　古くから一般の家庭にも入り込んでいた山菜である。最近は、畑で栽培した株を土室《つちむろ》に囲い、モヤシのように白く育てたものもある。青森での収穫時期は5月。
❷ふきのとう　生長するとふきになる。雪が消えるのが待ちきれないように、ふきの蕾が土の中からもちあがってくる。ふきの花の蕾のことを「ふきのとう」といっている。特有の苦味を伴った香りがある。青森地域での収穫時期は3、4月。
❸たらの芽　タラノキの芽を「たらの芽」といっている。野趣に富んだ香りとうま味があり、親しみやすい山菜である。青森地域でのたらの芽の収穫期は4、5月。
❹わらび　土手、道路わき、林のへりなどの日当たりのよいところに生える。発ガン性物質を含むことから多食は避けたほうがよいといわれている。青森地域での収穫時期は5、6月。
❺ふき　ふきはふきのとうが初夏（地域によっては秋）までに生長した葉柄で、普通は茎とよんでいる部分である。青森地域の収穫期は4～6月である。
❻みず　水のしたたり落ちる崖の下や、細い流れに沿って群生している。地中の茎は横に走り、透き通るような赤みを帯び、地上に直立する。秋になると、茎にはぬめりがある。青森地域の収穫時期は5～10月。
❼ねまがりたけ　高さが約3mにも達するササである。茎の生え際が斜

面の下に向かい横に伸び、その先が弓のように曲がっているので「ねまがりたけ」の名がある。
❽一町田《いっちょうだ》のせり　400年以上の歴史のある食材で、忘れられていたのが、最近地元の人々によって復活した。

キノコ類

❶さもだし　さもだしは青森県白神地方の呼び名。各国で広く食用されている。消化は悪く、生食をすると中毒を起こすこともある。青森地域の収穫時期は９、10月。
❷まいたけ　山でのキノコ採りで最大の獲物といわれる。現金収入の少ない時代には、まいたけは山の人々にとっては貴重な収入源であった。最近は、人工栽培のまいたけが主流となり、天然ものは入手しにくくなっている。青森地域の天然のまいたけの収穫時期は９、10月。

毛豆

８月下旬から９月中旬にかけて収穫される。「あおもり福丸」という品種は、岩木山麓に広がる。この品種は、青森県内に古くからあるエダマメの在来種「毛豆」に改良を加えたもの。茶色の毛がたくさんあり、大粒である。風味、甘さがとくによい。

根曲竹《ねまがりだけ》

イネ科ササ属の小さなタケノコで、根元で茎が湾曲していることから、この名がある。北海道、東北地方から島根に至る日本海側に分布する。東北地方の山菜料理には欠かせない。小さくて軟らかい上、えぐ味がなく、香りがあるので山菜としての価値がある。稈《かん》（中空の茎）は高さ２～３mになり、根元から弓形に湾曲して立ち上がる。雪が消える５月頃から７月頃に、付け根から折って収穫する。コメのとぎ汁か糠の入った湯の中で茹でてから、煮物や和え物、炒め物にする。缶詰もある。

地域の野菜料理

ばら焼き／ショウガ味噌タケノコおでん／とおっけぱっ（おっけばっ）／きやのしる（粥《け》の汁）／菊膾《きくなます》（阿房宮膾）／食用ギクとリンゴ、

キュウリのおろし膾（正月の雑煮に添える）／せんべい汁

加工食品

寒干しダイコン／ニンニクの加工品（アンズニンニクの瓶詰め、もろみニンニクの瓶詰め、梅ニンニク）／干しりんご／笊石かぶの漬物

03 岩手県

二子さといも

地域の特性

岩手県は本州最大の面積をもつ。東北地方の北東部に位置し、西部の秋田県境には奥羽山脈があり、東部は北上高地が横たわり、平地は少ない。宮城県南端の気仙沼から岩手県の東部、北部につながる海岸線は典型的なリアス式海岸で変化に富み、温暖な地域である。複雑な海岸は豊富な漁場をつくり出して、海の幸は豊富である。中央部を南に流れる北上川は、北上盆地などの低地を形成し、コメや野菜の主産地となっている。岩手県の農業生産物には、コメ、野菜のほかに雑穀がある。野菜としてはピーマン、レタス、果樹ではりんごがある。鍋物の具としてソバ粉を練り、板状に伸ばして、これを三角に切った「そばかっけ」、コムギ粉を練って薄く伸ばした「ひっつみ」も知られている。

近年は、消費者と生産地の交流を密にするため、「道の駅」「物産展」「直売店」などの販売店で農家の人々の生産した各種の野菜が売られている。

知っておきたい地野菜・伝統野菜

安家地《あっかじ》だいこん　岩手県岩泉町安家地地区では古くから栽培されてきた紅ダイコンである。来歴ははっきりしていない。特徴は、重さ600 g 程度、長さ25～30cmと小ぶりで、表皮が紅色である。肉質は硬く、辛味が強い。繊維質で貯蔵性がよい。収穫時期は9月下旬～10月下旬。ダイコンおろし、酢の物、漬物などに利用されている。保存性のある凍《し》みダイコンにも使われる。

曲がりねぎ　白ネギの在来種を選抜してつくられた白根の部分が大きく曲がっているネギ。白根の部分は太く、長く曲がっていて、軟らかく甘く、独特の風味がある。白根の部分を長くつくるために、「さく返し」という植え替えを行う。この方法は江戸時代から伝えられている栽培方法で、年に2回繰り返す。秋田県、宮城県では古くから栽培されている。いものこ汁や鍋物に使われる。岩手県の主産地は一関市である。岩手では「やわらか美人」のブランドで市販されている。

二子《ふたご》さといも　北上市を流れている北上川の西岸に広がる二子町を発祥の地とするサトイモである。300年ほど前から子イモ用種として子イモの繁殖を繰り返してできあがった品種で、地域特産の品種として受け継がれてきている。明治時代の二子村でのサトイモの生産量は、コメに次いで多かった。二子さといもは、赤茎系統の子イモ専用種である。イモの形状は卵形に近い丸形で、1個の平均重は100g程度である。肉質は独特の粘りとまろやかな味、コクなどがよいと評価されている。地元では、いものこ汁の具、煮物、茹でて和え物などに使われている。

芭蕉菜　カラシナの一種で、独特の辛味と風味があり、塩漬けや粕漬けなどの漬物用の高菜として栽培されている。バショウの葉を連想させるところから、この名がある。岩手県の南部地域では、古くから栽培されている。

暮坪《くれつぼ》かぶ　白カブの一種。根の部分はカブ独特の球状ではなく、20cmほどの長さで、やや湾曲している。根の部分でも地上に出ている部分は淡い緑色である。土壌に埋まっている部分は白色である。天正年間（1573～92）に、近江の薬売りが岩手県の遠野市暮坪地区にもち込んだのが、このカブの栽培の初めであると伝えられている。辛味が強く、独特の風味があるのが特徴である。辛味の成分はイソチオシアネート類でダイコンの10倍近く存在している。

地だいこん　地だいこんは、自家採取により栽培されている品種である。根長は20～25cm、根重は500～600gのずんぐりした形である。皮部が淡い赤色から紫色系に着色している。北上山系山々に囲まれた地域にある岩泉町で栽培されている。辛味が強く、肉質は硬いのが特徴である。

7月中旬～8月上旬に播種し、9月下旬～10月下旬に収穫する。根の重さは600g程度で、長さは20cm～25cmである。貯蔵性もよい。地元では煮物、凍みダイコン、漬物に利用されている。

きゅうり　きゅうりは、清らかで豊かな水と温度差が高品質のものをつくる。北上川、馬渕川を水源とする県中地域、県北地域に産地が展開している。生産地は柴波町、盛岡市、雫石町、二戸市に多い。

ピーマン　ピーマンは高湿を好み、乾燥と過湿に弱いので、岩手県では昭和50年代（1975～1984）に入って、水田転作作物として本格的な生産が始められた。関東以西の産地のものと比べて果色、光沢、日持ち性に優れているという評価を得ている。夏秋期に収穫するものが多い。奥州市、岩手町、花巻市が生産地となっている。

トマト　昭和60年（1955）頃から、最近のテクノロジーを導入し、雨よけのある施設栽培が行われるようになった。リンゴの選果機をトマトの選果と共有している。主力品種は、甘味のある「桃太郎」である。生産地は奥州市、盛岡市、柴波町である。

ほうれん草　昭和55年（1980）の大冷害を契機にし、雨よけ施設のビニールハウスでの栽培が始まった。とくに、春から夏にかけて偏東風がもたらす「やませ」の常襲地方の久慈地域は、その冷涼な気象条件を活かし、夏秋期には良品質のほうれん草を生産することができるようになっている。最近は、冬期間の気象条件でも良質なほうれん草となる「寒じめほうれん草」が栽培されている。主な生産地は八幡平氏、洋野町、久慈市、遠野市などである。

みやもりわさび　遠野市宮守町で生産しているワサビで、品質がよいと評価されている。宮守のワサビの特徴は辛味の中にほのかな甘味があり、粘りもある。静岡産のものと比べると辛味は強く、色は濃い。宮守地区は、早池峰山の湧き水が豊富で、水温が年間を通じて10～12℃である。この水の特徴は石灰分が多く、窒素分が少ない。草丈は長く、春には1mに達する。

はるの輝き　かつての東北農業試験場が、生産振興のために岩手県のオリジナル品種として開発したナバナが「はるの輝き」である。本種は従来の菜花の品種と異なり、つぼみも茎部もおいしく食べられる。苦味は少なく、甘味があり、カルシウム、ビタミンCも豊富である。主に奥州市地域で生産している。

レタス　昭和30年後半（1960年代）に、一戸長奥中山地区で導入したレタスである。昭和56年（1981）頃には標高600mを越える高標高地における夏採りのレタスへと展開されるようになった。主な産地は、一戸町、岩手町、遠野市で、6～9月には首都圏へ出荷している。夏秋レタスとして食感が軟らかく、新鮮であるという評価を得ている。

キャベツ　「南部甘藍」の別名がある。昭和50年代から肉質が軟らかく緑色が濃く、甘味のある春系キャベツとして誕生した。主な生産地は岩手市、一戸町、八幡平氏、北上市である。平成4年(1992）に、「岩手春みどり」という岩手県のブランド名がつけられた。

アマランサス　ケイトウと同じヒユ科の1年草本。中南米が起源で、日本には江戸時代に観賞用として導入された。子実はたんぱく質やミネラルが豊富で、食物繊維を含むので、穀物アレルギーの人のための代替品として注目され始めている。生産地は岩手県と秋田県のみである。パンや焼き菓子への利用が期待されている。

岩手県内産直農産物

❶キャベツ・レタス類　「JAいわて花巻」が地元の生産者と住民との交流を目的に、販売店を開設し、キャベツ、レタス、ハクサイなど各種野菜を販売し、また産直品として各地区の消費者にも販売している。そのほか、県内の産直品の販売店、道の駅でも市販されている。

❷ネギ類　宮古市の物産直売店では、ネギ類、キノコ類（まつたけ、し

めじ、まいたけなど)、わさび菜などが販売されている。マメ類は高齢者に人気といわれている。一関市厳美町の道の駅では、一関の特産の「曲がりねぎ」が販売されている。

❸ダイコン　消費者との交流を志向とし、釜石、和賀郡西和賀町の「高原プラザ」、奥州市の「あぐりキッズ」、一関市の直売店などで販売されている。

❹わさび菜　宮古の産直店で販売されている。

❺山菜・キノコ類　4月末から5月中旬になると、岩泉町の道の駅、遠野市の附馬牛《つきもうし》町の「遠野ふるさと村」産直店では、付近の山々から採集した山菜を販売している。気仙郡の住田町の赤羽直売店ではしどけ、たらの芽などの山菜が出回る。

❻岩手の果物類　宮古市の新里地区物産センターでは、秋になるとりんご、なし、山ぶどうが出回る。りんごの出回り期間は9月〜翌年4月。主要品種は「ふじ」で、そのほかに「群馬名月」「三島ふじ」「青林」などがある。

地域の野菜料理

ナスのかんぽ煮／ひっこそば（櫃子蕎麦）／わんこそば（わっこ）／いものこ汁／ずぼいも／キノコの甘辛煮

加工品

凍《し》みダイコン／芭蕉菜の漬物（塩漬け、粕漬け）／甲子ガキ

04 宮城県

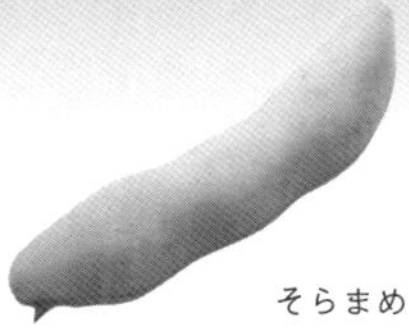

そらまめ

地域の特性

東北地方の中部に位置し、北上川、鳴瀬川、名取川、阿武隈川などのつくる仙台平野が広がっていて、コメ、野菜類の栽培に適している。仙台平野は、太平洋側に松島湾、リアス式海岸を有しているため水産物に恵まれていると同時に、東北に位置しながらも海からの風を受けるためにそれほど寒くなく、積雪が少ないことも農産物の栽培に被害が少ない理由である。現在の生産量は非常に少ないがササニシキという品種のコメの生産地であった。仙台市近郊の中田、七北田の野菜類の栽培は、城下町へ出荷するためのものであった。現在の仙台はくさい、仙台長なす、せり、れんこん、長きゅうり、ねぎ、だいこんなどは、江戸時代から栽培が続けられている。

大量生産、大量消費の時代ではあるが、地域に受け継がれている各地方の在来種の野菜は多く残っている。宮城県はこれらの在来種の野菜を伝統野菜とし、宮城県の特産物として事業化しつつある。

知っておきたい地野菜・伝統野菜

仙台はくさい

日本のハクサイは、日清戦争（明治27〜28年）を契機として中国の山東半島から種子を導入したのが始まりであるといわれている。宮城県には明治28年（1895）に導入され、松島湾内の馬放島で栽培し、品種改良した「松島はくさい」が育成されるに至る。その後、この品種をもとに品種改良され「松島純１号」「松島純２号」などが「仙台はくさい」の名で日本各地に広がった。現在、出回っているものより軟らかく、漬物に適している。形状は頭部が浅く、外側の葉は円形で、内側の葉は純白である。重さは2.5kgに達する。従来は８月下旬に播種し、11月下旬に収穫していた。最近は、季節や栽培法に対応できる品種も開発されている。品種には「黄ごころ90」「松島純２号」がある。

仙台芭蕉菜

葉が大きく、60～80cmにも育つツケナの仲間。葉の形が芭蕉に似ていることから芭蕉菜の名がある。分類学的にはナタネ類から分化したものと考えられている。東北から北関東にかけて芭蕉菜とよばれているツケナの種類であり、福島や岩手などで栽培されている芭蕉菜はタカナの仲間である。ほかの芭蕉菜と区別するために「仙台芭蕉菜」とよんでいる伝統野菜。葉の色はやや淡く、葉の中肋が長く、葉のシワは少ない。江戸時代から明治時代にかけては、漬物用の菜として栽培されていた。この漬物には臭みがあるため、現在は漬物用としては自家用に県北部でわずかに栽培されているだけである。８月下旬に播種し、間引きをしながら冬に収穫する。生で漬物にすると、茎葉は硬く、食感がゴワゴワしているので、湯通ししてから漬ける。

仙台曲がりねぎ

仙台市岩切の余目地区が発祥の地で、余目で栽培している曲がりネギは「余目《あまるめ》ねぎ」ともいわれる。仙台各地で栽培しているので「仙台曲がりねぎ」の名に統一して、全国の市場へ出荷するようになった。明治42年（1909）に、余目の住人の永野一氏がネギの優良品種の導入と育成、さらに軟白技術の改良を試みている過程で、「立ちネギ」を横倒しにしてネギの上から土をかける「やとい」という技術によって、「曲がりネギ」をつくり出した。「やとい」によって土のかかった部分は白くなる。すなわち、白い軟白部は軟らかく、甘味をもつようになる。また、横倒しにして栽培するため、本来は真直ぐに立ちあがろうとする性質があるので、軟白の中ほどから大きく曲がる。このような栽培方法により「曲がりネギ」が誕生した。湾曲した軟白部分の外側にしわができるのが余目ねぎの特徴でもある。

余目地区は仙台北部の七北田川流域に位置し、古くからの野菜の産地である。しかし、周辺が水田で地下水位が高く、立ちネギ栽培を行う軟白ネギの栽培が難しかったことから、横倒しの栽培という方法によって「曲がりネギ」が誕生したのである。４月に直立に仮植を行い、８月の定植までに生体の生長を完成させておく。あまり高くない畝をつくり、水平に近い角度にネギを寝かせて植え、土をかける作業をし、秋～冬に収穫する。主な生産地は仙台市、大崎市で、仙台の伝統野菜として認められている。

仙台長なす

仙台なすの由来は明らかではない。仙台藩主の伊達政宗が、文禄の役（1591）に出陣したとき、藩士の１人が博多から原種をもち帰ったという説がある。「仙台長なす」の名が記録として残されるようになったのは明治中期以降であるといわれている。明治30年代にはすでに、仙台付近では仙台長なすの栽培が行われていたようである。明治40年（1907）に宮城県農業試験場でナスの品質比較試験が行われ、仙台長なすが宮城県の気候風土に適した品種として認められている。仙台長なすの特徴は、果実は細長で先が尖っている。果皮の色は黒紫色である。へたは小型で、小さな棘がわずかに存在している。へたは着色していない。

３月上旬に播種し、５月下旬に定植する。主な生産地は大崎市、名取市、仙台市。漬物、煮物、天ぷら、田楽などにして食す。仙台長なす漬（当座漬け）は、自家用にもつくるが、食品メーカーと契約栽培して仙台の土産品としても市販されている。一夜漬けには果長８～10cmほどのものを使う。

ねぎ

宮城県の重点振興農産物として認められているねぎに「太白ねぎ」「永吉」がある。宮城県内で広く栽培されているが、秋冬ネギ指定産地としては、加美町、東松島市（旧矢本町）がある。とくに、旧中新田町の秋冬ネギは「中新田のねぎ」として知られている。

鬼首菜

大崎市鳴子の鬼首地区で、自家用として栽培しているツケナの一種で、カブナの仲間である。地元では「地菜っこ」とよんでいる。鬼首の軍沢《いくさわ》地区の標高300ｍ～350ｍの風土が独特の風味をもつ鬼首菜をつくりあげているといわれる。栽培されるようになったのは大正年代で、山形県最上地方から魚などの行商とともに鬼首菜の種子がもち込まれたと伝えられている。長年の栽培の課程で、周囲に生育していたアブラナ科の植物と交雑して誕生したともいわれている。赤茎系と白茎系の２系統がある。赤色はアントシアン系の色素である。葉の付け根や根、株が赤色に発色する紫茎系（赤茎系）と、アントシアンが発色しない緑茎系（白茎系）がある。秋作に適し、8月下旬〜9月上旬に播種し、11月頃に草丈が40cmほどになったら根こそぎ収穫する。霜にあたると、よりいっそうの甘味が生じる。

塩漬け、ふすべ漬けなどで、茎・葉・根などすべての部位を利用する。地元では、収穫後すぐに湯通しして塩漬けし、翌朝の朝食の惣菜とする。

主な生産地は大崎市で、宮城県の伝統野菜として認証されている。

きゅうり

宮城県の地野菜として認証されている種類は、「グリーンラックス」と「オーシャン」である。夏秋きゅうり指定産地と冬春きゅうり指定産地がある。主な生産地は登米市、東松島市、石巻市、蔵王町、岩沼市、栗原市、亘理町、大崎市である。昨今は、白い粉の発生が少なく光沢のよいブルームレスが主流となっているが、本種は従来のタイプのきゅうりである。

トマト

夏秋トマト指定産地のものは、宮城県の環境にやさしい農作物としての認証を得ている。主な生産地は、石巻市、栗原市、松島町、大崎町、亘理町、名取市、大和町、登米市、岩沼市である。

宮城県のトマトの多くは6月〜9月の夏場に生産される。昔ながらの青臭い香りや味に人気がある。石巻市のトマトの生産は昭和初期に始まり、昭和50年（1975）頃からパイプハウスでの栽培が行われるようになった。大崎市のトマトは糖度が高く、酸味とのバランスもよいことからフルーツトマトとして人気があり、「デリシャストマト」（品種は玉光デリシャス）の名がつけられている。ハウストマトとして「サンフレッシュ松島」「サンフレッシュ七ヶ浜」「サンフレッシュ七ッ森」が出回っている。

とうもろこし

登米地域、石巻地域の重点振興品目として認証されている。この地域の夏の野菜の立役者となっている。近年は、糖分の多いスイートコーンの品種改良が進み、さらに甘い黄色粒の中に白色粒が混じるバイカラーコーンの生産が多くなっている。また、糖度18度と甘味は強いが、さっぱりした食味と、粒が軟らかくサクサクした食感の品種の「味来」というとうもろこしも出回っている。主な産地は、東松島市、名取市、登米市、亘理町、村田町である。

レタス　仙台地域、登米地域、石巻地域の重点振興品目として認証されている。主産地の仙台市六郷地区は、平坦で海からの冷涼な風を利用して栽培している。7～8月の夏採りの野菜である。生産地は、仙台市、東松島市、岩沼市、名取市、登米市である。

そらまめ　宮城県の重点振興品目となっていて、「打越一寸」「あまえくぼ」などの品種が栽培されている。そらまめは、日本人にとっては、初夏の旬を味わう代表的野菜となっている。6月中旬から下旬には京浜地区へ出荷している。食べているマメは未熟子実で、たんぱく質、炭水化物に富み、塩茹で、煮物、バターソテーに使われる。鮮やかな緑色を活かした和洋中華の各料理がある。主な産地は、仙台市、東松島市、岩沼市、名取市、登米市などである。

えだまめ　宮城県では、大豆はコメ、ムギとともに主要農産物に位置づけられていて、古くから各地で積極的に作付けされている。仙台地域、大崎地域の重点振興品目として認証されている。大豆を若採りしたものがえだまめである。夏の酒の肴として利用されるほか、宮城県の郷土食品であるずんだ餅の原料ともなる。

仙台ちゃまめ　エダマメの品種の一種。さやの中のマメを覆っている薄皮が茶色なので「ちゃまめ」の呼び名がある。主な生産地は仙台市、名取市、丸森町、登米市、村田町である。

からとりいも　仙台野菜としての認証を得ている。サトイモの葉《よう》柄《へい》は「ずいき」、「あかがら」といわれる。この葉柄をとるサトイモのことを「からとりいも」という。仙台地方の葉柄は赤茎である。葉柄は皮をむいて乾燥させて保存する。味噌汁の具、煮物に利用する。また、正月料理や収穫祭に用いられる。主な生産地は、仙台市。

仙台雪菜　仙台野菜として認証されている。「雪菜」は、雪の中で育つ軟白ハクサイであることから付けられた名である。雪が降り積もった雪の下で雪菜にとう（花茎）が立ってから収穫する。

ツケナとして利用される。10月上旬に播種し、12月下旬～翌年１月に収穫する。葉の肉質は厚く、丸型で、葉柄は長く、雪に数回あたったら収穫すると甘味とほろ苦味のバランスがよく、独特の風味がある。

だいこん　蔵王山系の裾野の冷涼な気象地区で栽培されている夏秋だいこん、栗原の栗駒地区で栽培されている夏だいこん、加美町（旧小野田町）の薬莱山の裾野で栽培されている薬莱高原だいこんが地野菜となっている。このだいこんは「小瀬菜だいこん」ともいわれている。江戸末期には栽培していたほど古くからの野菜である。８月中旬に播種し、10月中ごろに収穫する。冬に漬物とされる。

キノコ類　仙台地域の重点振興品目となっているキノコ類にはみょうがだけがあり、石巻市、大崎市で栽培しているキノコにはえりんぎなどがある。みょうがだけの出荷時期は２月～８月中旬、えりんぎは人工栽培されている。

柿　主な栽培品種は「蜂屋」である。そのほかに「平核無」「堂上蜂屋」「会津身不知」「刀根早生」が栽培されている。仙南地域の重点振興品目となっている。乾燥させ、「あんぽ柿」「ころ柿」に加工する。

地域の野菜料理

からとり汁／仙台はくさい（漬物、白菜鍋）／長ナス漬け

加工品

仙台長なすの当座漬け／ずんだ（じんだ）餅／そらまめの粉末乾燥品／あんぽ柿（ころ柿）

05 秋田県

とんぶり

地域の特性

秋田県の東部には奥羽山脈が縦走し、その西には出羽山地が走る。これらの山地からは子吉《こよし》川、雄物《おもの》川、米代《よねしろ》川が平地に流れている。米代川の下流には能代平野、雄物川の下流には秋田平野、子吉川の下流には本庄平野が広がっていて、肥沃《ひよく》な農業地となり、「あきたこまち」などの品種のコメを主とした生産地となっている。

秋田の人々に馴染みのじゅんさいは秋田県山本郡三種《みたね》町にある湖沼が主な生産地である。とんぶりは大館近郊でとれるホウキギの種実を加工したものである。代表的伝統食の「いぶりがっこ」は、寒い地方で生み出したたくあんで、ダイコンをいろりの上に吊るして燻煙し、糠漬けしたものである。

江戸時代なども含め、昭和30年代以前から栽培されていて、秋田県に由来する地名や人名をつけた野菜で、現在でも入手の可能なものを「秋田の伝統野菜」と認定している。江戸時代から栽培されている秋田ふき(巨大なフキ)、焼畑で栽培している火野かぶ、山菜、キノコなどの山の幸など21種類が認定されている。代表的なものに、秋田ふき、ひろっこ(アサツキやノビルの若芽)、横沢ねぎ、火野かぶ、平良かぶ、松館しぼりだいこん、とんぶりなどがある。最近は、だいこん、アスパラガス、メロンの栽培にも力を入れている。

知っておきたい地野菜・伝統野菜

秋田ふき

数少ない日本原産の野菜である。市販のフキは、野生のものを栽培化したものである。秋田ふきは葉柄が2m、茎回りが15cmにも達する長いフキであるので、「秋田大ふき」の別名もある。秋田のほか北海道、東北で栽培されている。秋田ふきの名が全国に広がったのは、享保年間（1716～1736）で、秋田藩主・佐竹義峰《よしみね》が江戸城に登城したときに、諸大名に紹介したことによるとの説がある。

食用部は茎である。茎は大形で肉質が硬いが、空洞が大きいので身は薄い。佃煮、砂糖漬け、フキ羊羹とされるものが多い。フキの若い花序がフキノトウとして食用される。地元では、アク抜きしたフキの空洞に詰め物した煮物のほか、キンピラ、天ぷら、佃煮、塩漬け、味噌漬けにして食べる。生の葉柄の食べ頃は初夏。秋田の主産地は、秋田市仁井田地区である。

ひろっこ　ユリ科のノビルを栽培化したものの若芽である。栽培方法は、球根を8月末に植え、芽が出たらそのまま放置しておく。いったん枯れて、積もった雪の下で再び発育した新芽を掘り出して収穫する。自然では田畑の畦、農道に大きな塊りをつくり生育している。雪が消えると甘味が少なくなるため、12月から雪解けまでが収穫時期となる。豪雪地帯の秋田県湯沢周辺で栽培されているため「湯沢ひろっこ」の呼び名がある。黄色で香りがよい。地元では、酢味噌和え、鍋物（「かやき」という郷土料理）に利用する。郷土料理にはニシンとひろっこの煮物がある。

横沢曲がりねぎ　品種は「横沢ねぎ」といわれている。由来は明らかではないが、秋田の佐竹藩主が横沢知己内の旧家（倉田家）に立ち寄った際、その家の親方の接待があまりよかったことから、そのお礼として水戸で栽培されているネギの栽培を伝授したことによるという説があることから、江戸時代から栽培されていると推測できる。また、角館の殿様も好んで食べたことから、常々、曲がりネギが食膳に供されたという説もある。明治35年（1902）から大正初期にかけては盛んに栽培されていた。

4月下旬から5月上旬に露地の苗床に播種する。5月上旬に苗床から掘り上げ、本畑に移植し、定植するまで株を養成する。その株を収穫時に合わせて、再び掘り上げ、定植する。これを「ねせる」または「ふせる」という。通常は秋以降が収穫時期なので、8月上旬～9月上旬に定植する。この作業によって、独特の曲がりと、軟らかい品質や風味をもった「曲がりネギ」となる。独特のぬめりと香りがあることから吸い物、納豆、納豆汁、うどん、そばの薬味や鍋物の材料として使われる。香りはビタミンＢ１の前駆体のアリシンによる。

火野《かの》かぶ

アブラナ科の白長カブの一品種。秋田県由利本庄市、にかほ市の山麓地帯で、自給栽培が中心であった。昔から焼畑農法で栽培されてきた。「火野」の名は「焼畑」に由来するといわれている。湾曲した形のものが多く、長さは15～20cm、太さ２cmほどである。日あたりのよい山の斜面の雑草や雑木を７月上旬～８月上旬にかけて伐採し、乾燥状態を見計らって火入れを行い、焼畑にする。８月中旬以降に、降雨を待って散播または条（すじ）播をする。収穫期は10月上旬～12月である。

カブ特有の甘味とシャキシャキした歯ざわりがある。古くから、塩漬け、麹漬けなどの浅漬け、十分に乳酸醗酵させる「置き漬け」などで利用されている。

平良《たいら》かぶ

洋種系白長カブに属し、根長は15～20cm、根径は3.5cm前後。抽根部は青首で、肉質は緻密で硬く、漬物に適している。県南部栗駒山系の西側に開けた狭谷形の山間部の平良地域で栽培されている。この山間の中央部を雄物川の支流の成瀬川が貫流し、その両側に耕地がある。平良地区は右側の洪積段丘上にある。平良地区は天文年間（1532～1555）に、菊池惣左ヱ門を中心とした手倉を越えて、新地を求めて来た旅人や商人によって開拓されたといわれている。この手倉越えにより岩手県との交流があったともいわれている。このカブは、由利地方の火野かぶ、岩手県の遠野かぶと共通する性質をもっていると考えられている。

栽培は、播種期は８月下旬～９月上旬、収穫時期は９月下旬～11月下旬である。この地域は降積雪が早いため、適当な時期に収穫し、取り出しに便利なところに仮植しておき、随時掘り出して、加工に使われる。ほとんどは、自家用の漬物か、JAの施設での麹漬けなどに利用される。最近は、根こぶ病が発生し、栽培が減少しているといわれている。また、種子は一般には流通していない。

松館《まつだて》しぼりだいこん

辛味ダイコンの一種で、しぼり汁だけを使うという特徴がある。このダイコンの来歴は明らかでないが、1800～1900年代から栽培されていたといわれている。秋田県鹿角《かづの》市の八幡平松館地域で古くから栽培されていて、自家採種により維持されてきた。松館地域は、秋田県の最北端に位置する鹿角の南にあり、米代川上流部の西岸で小高い丘の上に位置する。ダイコンが栽培されている畑は、小高い台地で、四方を山と林に囲まれた地形と、多腐植質土壌からなっている。この地域でなければ辛味のあるダイコンが生産されないことから、ダイコンの辛味とここの土質とが深く関係すると考えられている。

このダイコンの特性は、草丈50～70cm、時には100cm以上にもなる。肉質は硬く、しまっている。大きさは15～20cm、太さは7～10cm、根重は400～500gの紡錘形である。8月上旬に播種し、10月下旬～11月上旬に収穫する。霜が1回ほど降りた後に収穫したものの辛味が強い。ダイコンを皮ごとすりおろし、布などで搾った汁をそばや湯豆腐、刺身、天ぷら、野菜のお浸しなどにかけたり、タレとして食べる。ダイコンの辛味（4—メチルチオー3—ブテニニル・イソチオシアナート）と風味が楽しめる。「JAかづの」を通して農協関係のスーパー、秋田市内のスーパー、料理店に出荷され、また販売されている。

異品種との交雑が進み、新品種「あきたおにしぼり」が平成17年(2005)に品種登録された。「あきたおにしぼり」は、松館しぼりだいこんの選抜系統間の交雑品種で、水分がなく、強い辛味に加え、甘味もある。

山内《さんない》にんじん

各々の根のサイズは揃っていて長さは約30cmで、やや太い。根色・食味もよい。このニンジンを栽培しているのは、秋田県南部の平鹿郡の東部にある山内村である。山内村は奥羽山脈に囲まれた狭谷にあり、険しい山々に源を発する多くの支流が蛇行し、その流域の下流には土淵という集落があり、昔からここの砂を含む土壌は、ニンジン、サトイモ、セリなどの栽培に適して、これらを栽培して横手市などへ出荷していた。

このニンジンの栽培面積が増加したのは、昭和20年代（1945～）に入ってからである。栽培面積の増加に伴い品種育成に注目され、札幌太にんじんを母体として品種改良が行われ、昭和22～23年（1947～1948）に優良品種が見つかり、これが「山内にんじん」と命名された。根色は濃い橙赤色で、肥大していて揃いがよい。芯は小さく、中まで色が濃い。9月下旬に播種し、11月上旬～下旬に収穫する。寒地型品種である。最近は、消費動向の変化から根短型に転換する傾向がみられているようである。

煮物、三五八漬け、粕漬けなどに使われる。

石橋早生《わせ》ごぼう

石橋早生ごぼうが栽培されているのは、大曲市四ツ屋である。ここは県南を流れる大物川と奥羽山脈に端を発する玉川の合流点近くにある。ここは砂質の土壌であることから古くからゴボウ、ニンジン、ナガイモ、ネギなどが栽培され、秋田市、横手市などへ出荷されていた。

ゴボウの育種は、大正末期に篤農家石橋亀吉氏が東京の赤茎、札幌の砂川、滝の川の種子を取り寄せて個体を選別し、これらの3種を混植して種子を選択した。首が太くなく、尻部まで肉付きがよく、根長が1m以上のものを目標に分系を繰り返し、選抜・固定化したものに「亀の助」の名をつけて周辺の農家に販売していた。その後、息子の市郎右衛門が育種を引き継ぎ、昭和26年（1951）から県農業試験場の指導と協力を受け、集団淘汰によって、昭和30年（1955）に優良系統として選抜・固定したのが石橋早生ごぼうである。

赤茎で、長根で、尻部まで肉付きがよく、早生で肥大もよくつくりやすいという特性がある。5月上旬に播種し、10月下旬～11月下旬に収穫する。煮物、キンピラゴボウ、天ぷら、味噌漬け、粕漬けなどに利用されている。県内ばかりでなく、関西、九州方面まで広く普及していたが、食生活や消費志向の変化から需要が減少し、また土地開発や都市化から栽培面積が減少してきている。

湯沢ぎく

湯沢市近郊の上《かみ》の宿《やど》で、昭和22年～23年（1947～1948）に在来種の垣根ぎくを、食用ギクへと品種改良させ、「湯沢ぎく」として栽培面積を広げた。上の宿は、雄物川の上流部にあり、土壌は砂地で、排水がよく、夏は川面から濃霧が立ち込め、この地域一帯を覆い、キクの栽培に適している。

湯沢ぎくは、早生で夏ギクの特性をもち、草丈は低く、分枝は多く、茎は丈夫である。5月上中旬に定植し、7月下旬に開花がはじまる。収穫時期は8月下旬〜9月中旬。10月下旬まで収穫できるものもある。最近は、露地栽培から施設栽培に移ったため、周年収穫できる。おひたし、酢の物、和え物、天ぷらで食べる。

じゅんさい　主産地は秋田県山本郡三種町である。この地方のやや酸性の池や湖沼に生息するスイレン科の多年生の水草。水中の巻葉になっている若芽と花の蕾を食用とする。食用となる部分はゼリー状の粘質物で包まれ、特有のぬめりとツルリとした喉越しがある。地元では夏の味覚で、郷土料理の材料となっている。秋田県の人々の懐かしい食材である。軽く湯がいて酢の物やワサビ醤油で食べる。万葉集では、夏の季語として「ぬなわ」とうたわれた。

とんぶり　アカザ科のホウキギ（ホウキグサ）の種実を加工したもので、大館市を中心として栽培されている。古くは、農家で栽培されていたが食用として利用することは少なく、昭和25年（1950）頃から食用として販売されるようになった。黒色でプリプリした食感は陸のキャビアの名で利用され、イクラと混ぜて供されることがある。生のものは9月に出回り、茹でて皮を剥き、乾燥したものは周年出回っている。

西明寺《さいみょうじ》くり　一粒の重さ25〜30gで、果肉は黄色でやや硬いクリである。大きいものは60gにもなる。江戸時代頃に、秋田藩主の佐竹氏が京都・丹波地方や岐阜・美濃養老地方から種子をもち込み、栽培を奨励したのが西明寺くりの始まりといわれている。主産地の仙北市西木地区一帯は、西明寺村といわれていたことから「西明寺くり」の名がある。肉質は粉質で、味はよく、渋皮は薄く、煮崩れしにくいが、平成14年（2002）には、肉質が滑らかで果皮や渋皮も剥きやすい品種の「ソフト西明寺」が育成され、品種登録された。甘露煮、渋皮煮に利用される。

仙北《せんほく》丸なす　秋田県仙北地方において、自家採種で栽培してきた在来の丸ナスの総称である。果皮の色がよく、形も丸ナスとして整っている。これらの在来種に長ナス系の品種を交配した新しい品種「大仙台丸《だいせんだいまる》」「梵天丸《ぼんてんまる》」などが育成された。

8月下旬〜9月下旬に果肉の直径が7〜8cmのものを収穫する。塩・麹・玄米などに漬け込んだ「ふかし漬け」などに利用する。

マルメロ

バラ科のカリンに似た球形の果実である。果実は石細胞に富んで硬く、酸味が強く生食はできないので、伝統食品として砂糖漬けの「マルメロ漬け」がある。また、果実酒、ジャム、缶詰、蜂蜜漬けがある。秋田県の産地としては鹿角《かづの》が知られている。鹿角では藩政時代からマルメロが知られている。マルメロ漬けはこの頃からつくられていた。原産地は中央アジアのトルキスタン地方で、日本には寛永11年（1634）に長崎に渡来した。

秋田だいこん

秋田県は、江戸時代以前から冬の食材としてダイコンを栽培していた。とくに、漬物加工として発達した。たくあんを乾燥する際に、燻す「いぶりがっこ」は、秋田の郷土食品である。

昭和初期に四ツ小屋村で栽培されてきたものから選別されたのが「秋田だいこん」であり、さらに品種改良した「改良秋田」などもつくられ、平成18年（2006）に「秋田いぶりこまち」として登録された。形がきれいでよく揃い、甘味と辛味も強く、風味豊かな漬物となる品種である。秋田だいこんには、仁井田だいこん、川尻だいこんもある。

秋田ブランド農産物

秋田県と秋田ブランド推進協議会は、安心・安全を基本に、一定の品質基準を備えた農産物を「秋田ブランド」として認証し、消費者や流通関係者の商品選択の目安として提案している。「安全・安心ブランド」の基準として、有機農産物はJAS法、特別栽培農産物は「秋田県特別栽培農産物認証要綱」などに準拠している。

産地の工夫としては、完全堆肥を活用した土づくりなど、地域循環型農業を実践している農家が多い。

❶きゅうり　生産者は、JAかづの、JA鷹巣町に所属している。JAかづののきゅうりは、盆地特有の昼夜の気温を活かしたほどよい実のしまりと甘い風味がある。出荷期間は5月下旬〜9月下旬。JA鷹巣町のきゅう

りはふっくらと肥えた土壌で栽培し、昼夜の気温差のもとで育った果実のシャキシャキしたもの。出荷期間は7月上旬〜10月中旬。

❷アスパラガス　生産者は、JA秋田やまもと、JAかづのに所属している。JAかづののアスパラガスの出荷期間は、4月下旬〜9月上旬。濃いグリーンで、太く、ほどよい歯ごたえがある。JA秋田やまもとのアスパラガスの出荷期間は12月下旬〜翌年3月中旬。促成栽培で、夏場に株を養成し、年末年始の端境期に出荷できるように調整している。

❸トマト・ミニトマト　トマトの生産者はJAかづの、平鹿地区共選トマト出荷連絡協議会、JA秋田おばこに所属している。JAかづののトマトの出荷は6月下旬〜10月下旬。平鹿地区共選トマト出荷連絡協議会のトマトの出荷時期は6月下旬〜11月上旬。樹上で赤く色づいたトマトを出荷している。JA秋田おばこのトマトの出荷時期は6月中旬〜10月下旬。定期的に栽培に関する勉強会を行い、高水準のトマトの栽培に取り組んでいる。ミニトマトの生産はJA秋田やまもと、JA秋田しんせいに所属している。JA秋田やまもとのミニトマトの出荷時期は8月下旬〜10月下旬。排水のよい砂地で、環境負荷を軽減した栽培を行い、全生産者がエコファーマーとして認定されている。平鹿地区のトマトは樹上で色づいたもので、出荷時期は6月下旬〜11月上旬。JA秋田しんせいのミニトマトの出荷時期は6月上旬〜11月下旬。良質の有機物にこだわった土づくりを心がけている。

❹和なし　生産者はJA秋田みなみに所属している。出荷時期は8月下旬〜10月下旬。出荷時期の糖度は12度以上でシャリっとした食感。

❺えだまめ　生産者はJAかづの、JA秋田ふるさとに所属している。JAかづののえだまめの出荷時期は8月上旬〜9月下旬。完熟堆肥を活用した土づくりなど、地域循環型農業によって栽培されている。JA秋田ふるさとのえだまめの出荷時期は7月中旬〜10月下旬。さやが紫のえだまめを「紫秘伝」の名で商品化している。

❻ほうれん草　生産者はJA秋田ふるさと、JA秋田おばこに所属している。JA秋田ふるさとの出荷時期は6月上旬〜翌年2月下旬。冬季の無加温栽培で甘味を増す「寒じめほうれん草」である。JA秋田おばこの出荷期間は周年。冬のこだわり「寒じめほうれん草」と夏でもシャキっとした「ＶＳほうれん草」を提供している。

❼スイカ　生産者はJA秋田ふるさと、JAうごに所属している。JA秋田

ふるさとの出荷時期は7月上旬～8月下旬。有機肥料を中心とした肥培管理で栽培し、甘さとシャリ感にこだわっている。JAうごの出荷時期もJA秋田ふるさとと同じ。光センサーで糖度、空洞、熟度を測定している。

❽りんご　生産者はJAかづの、JA秋田ふるさとに所属している。JAかづのの出荷時期は11月上旬～4月中旬。百有余念の歴史をもつ「かづのりんご」であり、色づき、甘味もよい。JA秋田ふるさとの出荷時期は11月上旬～2月中旬。糖度13度以上のものを厳選し、酸味とのバランスの絶妙なものを出荷している。

❾もも　生産者はJAかづのに所属している。出荷時期は9月中旬～9月下旬で、「かづの北限のもも」の名のもとに、全国的にも遅い出荷のももとして知られている。

❿おうとう　生産者はJA秋田ふるさとに所属している。出荷時期は6月中旬～7月中旬。品種は佐藤錦。高い糖度と甘酸っぱさが特徴。

⓫しいたけ　生産者はJA秋田やまもと、JA秋田おばこ、JAおものがわに所属している。三者とも周年出荷している。JA秋田やまもとのものは、肉厚でジューシー。JA秋田おばこのものは、肉厚でボリュームがあり、シコシコした食感がある。JAおものがわのものは農薬を一切使わず、肉厚でボリュームがある。

⓬やまのいも　生産者はJAあきた北、JA鷹巣町に属している。JAあきた北のものはナガイモに比べて非常に強い粘りがある。出荷は11月上旬～11月下旬。JA鷹巣町のものも粘りがあり、独特のうま味がある。すっても、刻んでも、熱を加えてもよい。出荷は10月下旬～11月下旬。

⓭やまうど　生産者はJAあきた白神に属す。出荷は12月中旬～5月下旬。漬物、炒め物、サラダに使われる。

⓮さといも　生産者はJA秋田ふるさとに属する。出荷は8月中旬～10月下旬。「山内いものこ」のブランドで販売。粘りと軟らかさが自慢のさといも。

⓯みょうが　生産者はJAあきた白神に属する。出荷は8月上旬～10月上旬。爽やかな香りと鮮やかなルビー色の彩りが、夏の味覚によい。

地域の野菜料理

じゅんさい（三杯酢・わさび醤油、天ぷら）／麹を使った漬物（カブ、キュウリ、ニンジン、ダイコン、ハヤトウリ、カンラン、ブロッコリー）／秋田ふきの煮物／イモの子汁（さといもが具の中心）／水ゼリ（鍋料理）／とんぶり（生醤油をかけて食べるか、ダイコンおろし和え、酢の物、とろろ和え、酢味噌和えなどで）

加工品

秋田ふきの佃煮・砂糖漬け・塩漬け・味噌漬け／ナメコと食用ギクの缶詰／食用ギクのすし用素材／じゅんさいの瓶詰め／仙北丸なす（ふかし漬け）／いぶりがっこ／秋田もろこし／がっこ　（なた漬け、カキ漬け、石子漬け、樽漬け）

06 山形県

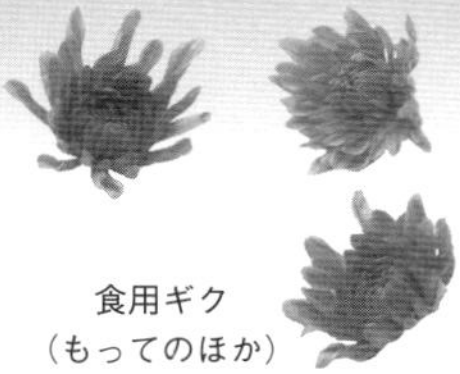

食用ギク
（もってのほか）

地域の特性

山形県は、東北地方の南西部に位置し、北西部は日本海に面し、宮城県と福島県の県境を南北に奥羽山脈が走り、県の中部を出羽山地が貫通する。出羽山地の間には米沢盆地、山形盆地、新庄（最上）盆地がある。日本海に面しては庄内平野が広がる。福島県の吾妻山に発する最上川は、三つの盆地を北へ貫流している。最上川は、江戸時代には舟運《しゅううん》が重要な物資や文化の大動脈となっていた。山形名物の「芋煮会」は、最上川の船頭が考えた鍋物といわれている。盆地のため夏と冬、とくに積雪による温度差の大きいのが特徴である。これらの土地を利用して山形独特の野菜や食用花などを栽培してきて、それが伝統野菜や伝統果実、そのほかの伝統食となってきている。とくに、漬物類の多いのは、冬でも夏でも野菜の供給ができるようにした、生活の知恵であろう。そのためか、山形に住む人々や山形に郷里をもつ人々にとって野菜や食用花の漬物は大切な郷土料理である。

知っておきたい地野菜・伝統野菜

温海《あつみ》かぶ　山形県と新潟県の県境で、日本海の温海海岸から山間部へ8kmほど入った一霞《ひとかすみ》という地域を中心につくられている。昔からの農法の焼畑栽培という原始的な方法で栽培されている。栽培の歴史は古く、「毛吹草」（1632年）に内野かぶ、摂津の天王寺かぶに次いで古い品種として紹介されている。また、寛文12年（1672）に庄内地方の産物を記録した「松竹往来」にも記載されている。江戸時代には、藩主からの上納品としてこのカブとその種子を江戸に持参したといわれている。

本種は洋種系の品種で、和種系の聖護院かぶや天王寺かぶに比べて葉は開いて毛が多い。葉の長さは比較的短い。濃い紫赤色をした丸カブで、土の中の光の当たらない根までも美しく着色している。肉質はしまっていて甘味がある。煮て食べるには硬い。ナマス、漬物にして食べるのがおいしい。

7月上旬に山焼きの予定地を伐採し、1～3週間乾燥させる。8月上旬に、火を入れて焼畑をつくる。燃えつきて1時間ほど後の灰の温かいうちに、種子を播く。生育中の状況により間引きと除草を行い、無肥料・無農薬の栽培を行う。10月には、生育の進んだものから収穫し、11月上旬が最盛期となる。

採種は、栽培農家が各自で行い、収穫したカブの中から形質の勝ったものを選び、宅地近くの畑に植えて、翌年に採種する。

あさつき　地域により「キモト」とよんでいる。野性のものは「ノビル」「ヒルコ」とよぶ地域がある。あさつきの産地は、内陸部と庄内地方に散在的に存在している。日本海沿岸砂丘地の中央部に位置する酒田市十里塚地区のあさつきは、関東地方へ出荷している。

以前は、2～3月が収穫の最盛期であり、雪の下で伸び始めた軟らかい白色状の黄化葉をもつ株を、根付きで堀上げ、水洗いして白くなったものを販売していた。近年は、ハウス緑化という栽培を行っている。8月に植え付けし、9月中頃に追肥を行う。12月には随時株を堀上げて、箱に詰め、ハウスに設置した20～25℃の電熱温床の緑化床に並べる。収穫時期は12月からとなり、1月が最盛期で、2～3月まで続けられている。入室後、1週間ほどで新芽が出て、緑化する。箱から取り出して水洗いし、1球ずつ根を切って調整する。荷姿は、透明のパックに詰めて出荷する。一般には、軽く茹であげて、えごと酢味噌和えにすることが多い。茹で上げたあさつきに削り節をかけ、ショウガをのせ、お浸しで食べることも多い。

だだちゃまめ　だだちゃまめとは、鶴岡市を中心に古くからつくられている茶香《ちゃかおり》エダマメのことで、味と香りがよい。茶香エダマメに似た香りと甘味のあるエダマメは、以前から新潟県の下越地方でつくられていた。これと近縁の山形のだだちゃまめが、江戸時代に庄内地方から鶴岡市近郊に入ったと考えられている。だだちゃまめの呼び名の由来は諸説があるが、一説には山形県の庄内地方では、近年まで父や主人のことを「ダダチャ」とよび、母のことを「ガガチャ」といっており、だだちゃまめは風味の非常によいことから、マメのキング(王様)、すなわち家のキングをまねて「だだちゃ」というようになったという。

比較的粘質の土地でよく育つ。播種時期は5月上旬で、収穫時期は8月20日以降である。一般には、茹でてお茶うけやビールのつまみとして食べる。また、すりつぶしたマメに砂糖を加え串団子に塗って食べる。

民田《みんでん》なす　民田なすは、鶴岡市民田の地名に由来した品種名で、主として漬けものにする丸形の小ナスのことをいう。このナスの由来については、①庄内藩主酒井公の初代の頃に、江戸方面から導入されたという説、②民田部落に近い、南外内島《とのじま》に住み着いた落人が、京都からもち帰ったという説、③民田の近くの八幡神社をつくるために京都から来た宮大工がもち込んだという説がある。いずれにしても、鶴岡近郊での民田なすの栽培は、江戸時代初期か、それ以前と考えられている。

民田なすは早生性で、5月中旬に定植し、7月上旬には収穫できる果実が15g程度の小ナスである。温床栽培で行われる。地元では、浅漬けで食べることが多い。食品加工業者が辛子漬け、粕漬け、味噌漬けに加工している。漬物用のナスには米沢の窪田なす、置賜《おきたま》地方の薄皮丸なす(山形・おきたま伝統野菜)がある。また、民田なすと窪田なすを交配した出羽小なすがある。

延命楽《えんめいらく》・もってのほか　食用ギク。元来、キクは不老長寿の霊草とされ、日本でも平安時代には中国の風習に習い、天皇の御前にキクを飾り、侍従たちにキクの花をひたした酒を振舞ったという。食用ギクにはクロロゲン酸やイソクロロゲン酸などが含まれ、これらが生活習慣病の引き金ともなる悪玉コレステロールの働きを抑える働きがあるといわれている。

延命楽は、庄内地方の食用ギクである。淡紫紅色を帯び、花びらが筒状にまるまった管弁花で、シャキシャキした食感で、香りが高く、苦味もなく、甘味があり、食用ギクとしては逸品とされている。延命楽の名の由来は明らかでない。古代に、中国ではキクを服用すると長寿になるということを聞き、中国から薬用として日本へもち込み、延命楽の名がつけられたのではないかと考えられている。類似のものは山形県のほか、新潟県、秋田県でも栽培されている。また、もってのほかは異種同名であるが、延命楽の愛称にも使われている。もってのほかは、山形市周辺で栽培していて、関東の市場にも出荷している。もってのほかの名の由来は、天皇のご紋であるキクの花を食べるとはもってのほかであるということから、「もってのほかおいしい」と転化したという説がある。このほかの食用ギクには、比較的軟らかい「黄菊」、「寿」や「岩風」という品種もあり、さらにハウス栽培が行われている。食用ギクの栽培は、江戸時代頃から始まったといわれており、山形の伝統野菜となっている。

食用ギクはもっとも遅いもので、10月下旬に収穫する。

庄内では、花をばらばらに外し、茹で上げ、甘酸醤油で調味し、香りと味を楽しむ。

小真木《こまぎ》だいこん　鶴岡市日枝《ひえ》地区（旧・小真木村）では、古くから栽培されているダイコンである。18世紀頃から栽培されていたともいわれている。徳利形の白首ダイコンで、根の長さは35cm前後となる。肉質は硬く、乾燥させると独特の歯ごたえと甘味が出る。「置き漬け」という冬から夏まで長期間漬ける漬物に向いている。庄内地方の正月には欠かせない「はりはり漬け」の食材でもある。

悪戸《あくと》いも　山形市西部の村木沢付近（悪戸地区ほか）で古くから栽培されていた土垂《どたれ》系のサトイモで、食味はよく、粘りもある。長期間の保存に耐える。種芋の確保に困難であり、生産量が減少していたが、近年復活した。収穫は10月下旬～11月下旬。

外内島《とのじま》きゅうり　古くから鶴岡市外の外内島地区で栽培されているキュウリ。弘法大師が出羽三山への旅の途中で、外内島地区でキュウリを食べて、喉の渇きをいやしたという言い伝えがある。果実は、普通のキュウリより短く、長さ15～20cm、太さが4～5cmの楕円形で、緑色は淡く下半分が緑白色で、皮は薄い。6月下旬から約1ヵ月間が収穫期間。漬物、酢の物にする。また、郷土料理の「冷や汁」に使われる。

花作《はなつくり》だいこん　長井市花作地区を中心に、古くから栽培されている伝統野菜である。花作の殿様にダイコンの漬物を献上したところ、たいへん気に入り「花作だいこん」の名がつけられたと伝えられている。漬物にするとパリパリした食感がある。春から初夏、とくに、農家の一番忙しい田植えの時期にかけて重宝する漬物である。栽培が難しく収量は少なくなっているが、現在、篤志家を中心に「スローフード山形」などのバックアップのもとに、復活の取組みを始め、少しずつ栽培者が増えていると伝えられている。根の直径は 9 cm前後、長さ15cm前後の徳利形である。肉質はしまっていて硬く、味としては辛味よりも苦味の強い傾向がある。生食、煮食には向かないが、パリッとした食感は漬物に向く。漬物のつくり方としては、まず塩漬けにして苦味と辛味を抜いた後で、たくあん漬け、味噌漬け、粕漬けに加工する。

雪菜《ゆきな》　米沢藩主・上杉鷹山が考えて、栽培を進め、さらに新潟県のいろいろな品種を取り入れ、農家の人が栽培を工夫したのが現在の伝統野菜としての雪菜である。主として、米沢市長井地区で栽培しているアブラナ科の軟白野菜で、ある程度成長した株を根つきのまま収穫して20株ほどまとめた束をつくり、畑に立てて並べて稲藁《いねわら》と土地を囲い、積もった雪で保温して栽培するという方法である。現在の雪菜は体菜の一種の長岡菜の雑種である。お浸しや炒め物で食べる。収穫までの期間が長く、手間もかかるが、旧正月の頃には、生の雪菜を湯通しして辛味を引き出し、塩漬ける「ふすべ漬け」というのが、この地の郷土料理となっている。また、郷土料理の「冷や汁」には欠かせない野菜である。8月下旬に種を播き、初雪の便りとともに一次収穫し、それを再び土とワラで囲う。やがて、降り積もった雪の中で自らの葉を栄養源とし「とう（花茎)」を伸ばす。「とう」は黄白色に軟化し、再び収穫の時期を迎える。生産者の高齢化が進み、だんだん生産量が減少しているのが、この長井地区の課題となっている。

山形青菜《やまがたせいさい》　明治41年（1908)、奈良から種子を山形へ導入したのが、栽培の始まりといわれている。山形市西部、本沢地区、椚《くぬぎ》沢《さわ》地区、南沼原地区で栽培している。この青菜はタカナの一種で、葉丈は70～80cm、濃い緑色で幅広く、葉柄は肉厚である。漬け込んでもしんなりとならず、パリパリとした食感と辛味がある。雪が降る前に収穫し、畑に寝かせて2～3日天日干しした後に、塩漬けする。葉先は刻んで、ダイコン、ニンジン、シソの実と「おみ漬け」にする。郷土料理の「弁慶めし（味噌を塗った焼き握り）」に、青菜漬けの葉を海苔のように包む。古漬けは塩抜きし、油炒めや煮物にして食べる。

平田赤《ひらたあか》ねぎ　酒田市（旧・平田町）飛鳥、砂越、楢橋地区で、農家で自家用につくられた在来のネギの一種。栽培期間が1年以上もの長い日数を要することと、手間がかかることから、市販されるまでの収量には致らず、細々と栽培を続けている野菜である。主に、保存食として使われてきたが、平成15年（2003）に「平田赤ねぎ生産組合」が立ち上げられ、地域の人たちが一体となり栽培し、増産する運びとなっている。

平田赤ねぎは、鮮やかな紅色で、生は辛味があり、火を通すと軟らかく甘味のあるネギとなる。栽培の過程での土寄せにより、軟白部が鮮やかな紅色に変わり、生を刻むとネギ特有の辛味が強く発現する。薬味、ぬた、揚げ物に使われる。

江戸時代末期、最上川の舟運《しゅううん》の船着場であった平田町飛鳥に立ち寄った上方商人が、湧き水を飲ませてもらったお礼にと、赤ネギの種子をおいていったのが、この地区での栽培の始まりと伝えられている。通常の長ネギの栽培期間が6ヵ月なのに対して、平田赤ねぎの栽培期間は14ヵ月も要する。収穫時期は11月～12月。

藤沢かぶ　鶴岡市藤沢地区の焼畑で栽培しているカブ。栽培が難しく、収穫時も手間がかかることから絶滅寸前の「幻のカブ」ともいわれていた。ダイコンに似た形で、細長く、葉に近い。

2/3が赤紫色、肉質は軟らかく食べやすいことから、甘酢漬け、たまり漬けにされている。

果物類

❶さくらんぼ　バラ科サクラ属の果樹から摘まれた果実が「オウトウ（桜桃）」である。山形では「さくらんぼ」とよんで全国に市販している。

山形県のさくらんぼの主力品種は「佐藤錦」である。佐藤錦の発祥の地は東根市である。そのほかに天童市、寒河江市、村山市で栽培している。佐藤錦は、佐藤栄助（1869〜1950）が、いろいろな品種の交配種をつくり続け、「風味も日持ちもよく、育てやすいさくらんぼ」として見つけ出したものである。昭和３年（1928）に「佐藤錦」の名がつけられた。この中には糖度が31度に達するものもあり、現在ではさくらんぼの代表的品種となっている。収穫は、温室ものは４月下旬〜５月下旬、露地ものは６月上旬〜７月上旬。

❷ラ・フランス（西洋ナシ）　山形県のラ・フランス（西洋ナシ）の生産量は全国の80％も占める。ラ・フランス特有の芳香と果汁がしたたる緻密な肉質がとろけるようなおいしさとなっている。日本へは明治36年（1903）に導入されている。収穫期は10月中旬。

❸もも　山形県では川中島白桃を生産している。長野県長野市の池田正元が昭和46年（1971）に命名した白肉の晩生種。甘味もたっぷりで、滑らかな食感である。

❹りんご　山形県の主な品種はフジ。爽やかな酸味とふんだんに散りばめられた甘味とのバランスが絶妙である。密もたっぷり含む。国光にデリシャスを交雑し、育成した品種。昭和39年（1964）に登録された。日本の生産量の約50％を占めている。

❺ぶどう　夏になると、山形産のデラウエアが店頭に並ぶ。小さい粒の中に秘めた甘さは密のようであるといわれている。甘味と酸味のバランスが絶妙によい。本来は種子のある品種であるが、栽培の途中でジペレリン処理により種無しブドウとなって市販されている。果実の重さは１〜２ｇで、露地栽培の成熟期は８月上旬、ハウス栽培の収穫は４月からである。日本には明治15年（1882）に導入された。

❻柿　代表的なものに「庄内柿」がある。平べったい角型で種のないカキである。明治18年（1885）に、偶然に紛れ込んだ１本のカキの木から、栽培が始まった。酒井調良（1848年）が、種のない不思議なカキの苗木の育成に励み、今日の「庄内柿」を生み出した。果実は甘く、舌で溶けるほど軟らかく、種のないのが特徴である。平らで種のないカキという意味で「平核無柿《ひらたねなしかき》」（核は種の意味）といわれるようになった。

山形県農産物マーケティング推進協議会推奨の農産物

❶メロン　山形県の露地メロンの生産量は全国3位。主としてアンデスメロンを栽培している。主な生産地は鶴岡市、酒田市などが中心で、土壌が砂地であることがメロンの栽培に適している。収穫時期は、ハウス栽培ものは7月上旬～7月中旬、トンネル式栽培ものは7月中旬～8月上旬。最近は「ブライトエル」という品種が人気である。

❷スイカ　山形県の尾花沢《おばなざわ》市周辺を中心に栽培されている「尾花沢スイカ」が有名である。昭和初期から栽培されている「富士光《ふじひかり》」という品種で、1個が8～8.5kgにも達する。一方、大石田町、村山市周辺で栽培している品種は「縞王《しまおう》マックス」である。富士光、縞王マックスともに、その収穫時期は7月初旬～8月下旬までである。JAでは規定の糖度に達したものだけ出荷している。

❸トマト　トマトが日本人の食生活の中に本格的に普及したのは、第二次大戦後に欧米の食生活が急に普及し、サラダのような野菜の生食が日常的に行われるようになってからである。在来のトマトは青臭さが馴染めなかったが、山形県の「桃太郎」という品種のトマトは、甘味があり、山形県でも推奨する野菜の一つとなった。生産者は「畑では一生懸命よいものをつくり、余暇には仲間たちと一生懸命遊ぶ」という新しい農業に果敢に、しかも楽しんで取り組むという、新しいタイプの生産者の生活を示しているという。品質のよい桃太郎の生産には手間がかかる。手間を惜しまないでつくることで山形の品質のよいトマトが生まれている。主な生産地は、山形市、鶴岡市周辺で、収穫時期はハウスものと露地ものを合わせると、1月初旬～12月中旬までと、周年といえる。

❹小なす　大人の手のひらに横に乗る可愛いサイズで、1個の重さが20～30g、表皮がきれいな紺色の小なすである。このナスの生育適温は、22～30℃である。この温度環境と十分な日差しのある5月中旬から定植し、10月に収穫する。十分な日差しにより皮が柔らかく、きめ細かい実に仕上がる。地元では、丸ごと塩漬けや和え物にするほか、スライスして天日乾燥し、夏場の食材としている。

❺丸なす　庄内地方の民田なす、置賜地方の窪田なすとして親しまれている小さくて丸いナス。江戸時代頃、八幡神社をつくる宮大工が、種子を京都から庄内地方へもってきて播いたという由来のナスである。収穫

は7～10月で、最盛期は暑い8月上旬～旧盆までといわれる。果実は1個が10～14gほどである。真夏には、もぎたてのナスを塩で一夜漬けして食べるのが旬の味。プリプリと歯切れがよく、爽やかな香りが漂う。

❻えだまめ　山形のほか、東北地方で栽培しているだだちゃまめである。だだちゃの名の由来は庄内地方の「お父さん」の意味のほか、福島県の伊達《だて》地方から入った「茶マメ」が訛って「ダダチャマメ」と呼ぶようになった説もある。日本一おいしいえだまめという評判がある。ほかのえだまめと違ってアミノ酸の一種のアラニンを多く含むから、おいしいといわれている。外皮はやや褐色で、表面のうぶ毛が茶色。さやの中の種子の数は2個が主体で、外皮が密着し、マメ（種子）とマメのくびれのところでややV字型に曲がっている。収穫期は、甘露種は7月下旬～8月中旬、白山ダダチャ種が8月中旬～8月下旬、晩生甘露種は9月上旬～下旬。生産地は庄内地区、鶴岡地区。

❼きゅうり　代表的なものに酒田きゅうりがある。酒田市だけで栽培されているヨーロッパ系のシベリアきゅうりで、漬物専用種である。とくにピックルス用として珍重されている。

❽にら　山形では、昭和35年（1960）頃から内陸の最上地方を中心に栽培がスタートし、山形としては新しい野菜である。中国では古くから強壮効果のある食べ物として注目されていた。実際にはビタミンB群やカロテンなどの栄養成分の豊富な野菜であり、また栽培しやすい野菜であることから、JA山形経済連が栽培に力を入れている。冬を越して、雪をくぐって春先に出るにらは軟らかくて栄養分も豊富で最高においしい。収穫時期は、たいりょう・パワフルグリーンベルト種は5月上旬～9月下旬、海南・ワンダーグリーンベルトは10月上旬～11月下旬。

❾長ねぎ　山形の長ねぎは、関東の白根部の多いネギの影響を受けて「根深ねぎ」と同様に、「白」ネギ文化圏である。葉鞘《はざや》を白く軟らかく育てるために、ネギの生長に伴って土寄せ（3～4回）を行い、白根部を多くする。秋に蒔いて夏～秋採り、春に蒔き冬～春採りの栽培を行っているので、周年収穫し、出荷している。生産地の庄内地方では河川敷で栽培している。主な生産地は山形市、酒田市、寒河江市など周辺である。品種は、収穫期の初夏のものは「坊主不知」、夏は「雄山」、秋は「元蔵」である。ハウスもの、露地もの問わず周年にわたって収穫される。

❿食用ギク　山形県の「エディブルフラワー（食用ギク）」は、江戸時代

から栽培している伝統的花として有名である。関東、そのほかの地域に生や漬物で市販されている。主な品種は「延命楽」であるが、そのほかに「寿」「岩風」がある。シャキシャキの歯ごたえ、ほのかな香り、ふっくらと甘くほろ苦いのが特徴である。生は、少し酢を入れた湯で茹で上げ、和え物、お浸し、天ぷら、酢の物、吸い物などで食べる。漬物には甘酢漬け、塩漬けがある。

⓫いちご　山形県のいちごは、10月末〜翌年5月上旬まで収穫している。主としてハウス栽培で、クリスマスに欠かせないいちごとなっている。収穫時期は、10月下旬〜翌年5月下旬にかけては「ベルルージュ」、「宝交早生」、「とよの春」などである。山形のいちご栽培は、昭和40年(1965) 頃から水耕栽培を導入して行われている。

キノコ・山菜類

❶原木しいたけ　山形県は、県内の山奥から切り出したミズナラ、コナラなどのほだ木にシイタケ菌を植えて栽培している。河北町、平田町、長井市などの郊外で栽培され、周年収穫している。

❷原木まいたけ　ミズナラ、コナラなどの原木を玉切りしたものを殺菌し、菌種を植えて栽培している。菌を植えてから半年ほど培養して製品とする。秋に収穫できるように栽培されることが多い。鮭川村、最上町、米沢市の郊外が主な産地である。

❸なめこ　ブナ、トチ、サクラなどの原木に菌種を植えて栽培する「原木なめこ」、菌床栽培の「菌床《きんしょう》なめこ」がある。原木なめこの栽培は、真室川町、大江町などが中心で行われている。収穫時期は早生系が1月〜4月。菌床なめこの栽培は鮭川村、鶴岡市などが中心に各地区で行われている。周年栽培できる。

❹えのき　古くから栽培されているキノコで、人工栽培のものは暗いところで栽培するのでカサは白色で柄は長い。天然のえのきは栗色のカサがあり、晩秋から冬にかけて、雪の下でも育つ。このことからゆきのした、ゆきもたせの別名がある。山形県で人工栽培を始めたのは、昭和40年代初めである。鮭川村、酒田市、新庄市、鶴岡市などのほか各地で栽培していて、周年収穫できる。生でも食べられるキノコである。

❺ひらたけ　「しめじ」の名で出回っていることもあるが「しめじ」（占

地）でなく「ひらたけ」（平茸）である。野生のひらたけのカサは20cmに達するものもある。栄養分を含むオガクズを詰めた培養びんで専用の栽培室で飼育したもののカサは大きくなく、全体に固く育ったものは味も香りもよい。ひらたけに因んだ逸話は「今昔物語」や「平家物語」に記載されているほど古くから食べられているキノコである。山形県で栽培を始めたのは昭和50年中頃からで、鮭川村、大蔵村、鶴岡市、米沢市など各地で栽培され、周年収穫されている。

村山伝統野菜　村山地域では、大事に受け継がれて親しまれた野菜や新たな野菜を地域特産物の「地域の逸品」として紹介している。「村山伝統野菜」の定義は①村山地域で、優れた郷土の食材と親しまれてきた野菜、②概ね昭和20年（1945）以前から栽培・利用されてきたもの、③地域で品種、系統が維持されているもの、④現在、種苗の入手可能なもの、などとされている。（参考資料：山形県村山総合支庁産業経済部産業企画課）

❶**山形青菜**　収穫は10月下旬～11月中旬。産地は山形市ほか、管内一円。
❷**陸《おか》ひじき**　通年販売。産地は山形市、上山市ほか。
❸**堀込せり**　収穫は10月上旬～３月下旬。産地は山形市、上山市。
❹**山形赤根ほうれん草**　露地ものの収穫は10月中旬～１月下旬。産地は山形市。ハウスものの収穫は11月下旬～３月上旬。産地は天童市ほか。
❺**蔵王かぼちゃ**　収穫は９月上旬～９月下旬。産地は山形市蔵王地区。
❻**悪戸いも**　収穫は10月下旬～11月中旬。産地は山形市悪戸。
❼**小笹うるい**　収穫は２月上旬～５月中旬。産地は上山市小笹。
❽**金谷ごぼう**　収穫は10月中旬～11月上旬。産地は上山市金谷。
❾**三河ぶき**　収穫は5月上旬～５月下旬。産地は山辺町三河尻。
❿**食用ギク**　収穫は10月下旬～11月中旬。産地は寒河江市、山形市管内。
⓫**根曲竹**　収穫は５月中旬～12月下旬。産地は西川町、朝日町、大江町。
⓬**えごま**　収穫は10月上旬。産地は河北町、西川町。
⓭**南沢かぶ**　収穫は10月下旬～12月下旬。産地は尾花沢市。
⓮**牛房野かぶ**　収穫は11月上旬。産地は尾花沢市。
⓯**次年子かぶ**　収穫は10月下旬～11月上旬。産地は大石田町次年子。
⓰**次年子かぼちゃ**　収穫は９月下旬。産地は大石田町次年子。

地域の野菜料理

雪菜のふすべ漬け／冷や汁／ひょう干しの煮付け／うこぎごはん

加工品

青菜漬け／温海かぶの漬物／菊のナンバン漬け／シソの実漬け／梵天丸（窪田なすの浅漬け）／薄皮小なすの浅漬け

07 福島県

大豆もやし

地域の特性

中通り地方は、昼夜の寒暖の差が大きいので、それを利用した果実である。なし、もも、りんごなどの生産が多い。山間部の会津地方は、古くからコメの栽培が盛んで会津の酒の原料ともなっている。在来種のソバの栽培も盛んである。春先には緑色の野菜として「ちりめん茎立ち」、江戸時代から栽培しているという「会津小菊かぼちゃ」、秋から冬にかけては会津の山間地にはあざきだいこんが自生している。冬に寒い会津は、「会津身不知」のような渋ガキを干して枯露カキをつくる。浜通り地域は、太平洋に面し、四季の魚貝類には不自由はないが、平野地ではコメを始め農作物の栽培にも適しているので、家庭で使われるほとんどの野菜類が生産されている。浜通りでは魚貝類と野菜を材料とした料理が多く利用されている。福島県で果樹栽培が盛んなのは、江戸時代まで養蚕業が行われていたが、だんだん不振になってきたことから、夏は高温多湿で雨が少なく、冬は寒冷という盆地特有の気候に適した、もも、なし、りんごなどの果樹の生産に転換してきたからである。

知っておきたい地野菜・伝統野菜

源吾《げんご》ねぎ

昭和3年（1928）頃から、中通り地区の須賀川市（JR東北本線沿い）を中心に広く栽培されている。福島県農業誌によると、安藤源吾という人が、藍黒《あいくろ》一本太ねぎ（千住黒柄《せんじゅくろがら》）から風土に適した品種として改良馴化《じゅんか》したものである。栽培は、9月上旬に播種《はしゅ》し、翌年4月中旬に移植し、8月中旬・下旬に定植する。直立でなく斜めに植えるのが特徴で、収穫したネギは「曲がりネギ」となる。収穫は10月下旬から始め、翌年2月下旬に終わる。葉鞘《はさや》（軟白色）が太く、葉は厳寒・積雪で枯れて少なくなっている。軟らかく、特有のうま味と甘さがあり、すき焼きのように煮るととろりとする。一般のネギに比べると手間がかかるので、生産者は減っているという。

五葉《ごよう》まめ・においまめ　福島県の在来のエダマメである。「五葉《ごよう》まめ」は「五つ葉まめ」ともいわれている。「においまめ」は「香りまめ」「十五夜香り」「盆まめ」ともいわれている。五葉まめは小葉数が5枚、においまめは3枚の葉がある。栽培は会津地方に多く、次に中通りが多く、浜通りは少ない。五葉まめは、7月中旬以降に出荷し、盆を経て豆名月（10月中旬）の頃まで出荷する。においまめは茹で上がりの香りがよい。このマメについては中国の古文献に福建省から伝来したものともいわれている。

大豆もやし　もやしは大豆、リョクトウ（緑豆）、ブラックマッペなどの豆類を発芽させたものの総称で、大豆を発芽させたもやしを大豆もやしといっている。福島県では、地域振興の野菜として、大豆もやしを推奨している。大豆もやしはリョクトウなどのもやしと比べると、たんぱく質含有量は多く、アミノ酸によるうま味がある。元来、大豆のビタミンC含有量は少ないが発芽したもやしはこれを含む。ただし、茹でるなどの加熱によりビタミンCは溶出してしまう。その他、ビタミンB群、アミノ酸のアスパラギン酸、食物繊維を含むのも特徴である。

雪中《せっちゅう》あさつき　野生のアサツキは、会津地方に多く自生している。二本松安達町周辺の栽培が多い。栽培種と野生種の遺伝子は異なることが明らかにされている。会津地方の野生種は雪の下で収穫するために「雪中あさつき」といわれ、早春の残雪をわきこみながら採取し、夕餉の菜として早春の実感を味わう。栽培品種は「八房《やつふさ》」といわれ、比較的球の肥大がよい系統である。栽培は露地栽培とハウス栽培で行われている。ハウス栽培ものの収穫は、1月中旬～3月下旬で、草丈が25cmほどに伸びたものを収穫する。

利用法は、酢味噌和え、お浸し、鍋物、汁の実、天ぷらなどである。

信夫《しのぶ》冬菜　「信夫」の名の由来は、福島市を含めた一円地域の旧郡「信夫」に由来しており、江戸時代後期に伊勢神宮へお参りに出かけた人が、種子をもち帰ってきたことに始まるといわれている。収穫時期が冬なので、一般には「信夫冬菜」といい、産地の福島市渡利地区では単に「冬菜」とよんでいる。現在は中通り北部を中心に栽培されている。アブラナ科のカブナの仲間である。厳寒期に、濃緑色で光沢のある葉を旺盛に成育する。葉質は軟らかく、食味もよい。葉の形状はしゃもじ形からやや細めのものがある。根は細い。大半は露地栽培で9月中旬に播種し、12月～3月に収穫する。お浸し、汁の実で食べる。

眞渡《まわた》うり

マクワウリの一種である。眞渡うりの名称は、北会津村眞渡（会津若松市北部の西側にあたる）を中心として栽培されていることによる。マクワウリは2千年前に日本に伝わってきたといわれている。眞渡うりのルーツとなるものが、この地で栽培されるようになったのは、大正時代初期に、平山常松氏が栽培したのが始まりで、その後「銀マクワ」と「金マクワ」の交配種として眞渡うりが誕生したと伝えられている。外形は俵型で、10条の縦筋がある。成熟すると果皮は銀色になり、ツヤを帯び、芳香を放つ。甘味があり、食味が多く、軟化しやすい。プリンスメロンが登場すると、このウリの栽培も減少した。眞渡地区の栽培となっている。

きゅうり

県内各地で栽培されていて福島県を代表する野菜の一つである。須賀川市、福島市、二本木市の中通り地区が主な生産地である。「防虫ネット栽培」という技術を利用している。栽培中のきゅうり全体をネットで覆うことで害虫の侵入を防ぐ技術である。夏の太陽と恵まれた水、優れた技術により、新鮮なきゅうりを栽培している。旬は7月～9月。

トマト

会津地方や中通り地方の標高の高い地域（郡山、矢吹地方）では、昼と夜の温度差が大きく、品質のよい夏秋トマトが生産される。6月～10月が最盛期である。品種は完熟型として知られている桃太郎系のトマトで、甘味があり酸味も適度にある。冬場の気候の温暖な浜通り地方（相馬やいわき地方）では、大規模な施設で栽培し、周年出荷している。

アスパラガス　主として会津地方で生産されている。「ハルキタル」「春まちグリーン」という福島のオリジナル品種で、紫色のアントシアニンを含むので紫アスパラガスともいわれている。最盛期は5月で、主産地は喜多方市、田島町、山郡町。

もも　福島県のももの栽培は、明治時代から中国を中心として、福島県北部で始まり、昭和30年（1955）代以降、果実の消費拡大とともに面積が拡大し、現在の主産地（福島市、桑折町、国見町など）が形成された。当時は「大久保」という品種を栽培し、味や病気の点から「白鳳」へと変えたが、現在は甘味が多く、緻密な肉質で、病気に強く、着色のよい「あかつき」という品種が主体となっている。8月には「あかつき」が主体に出回るが、9月には「ゆうぞら」という品種が出回る。外観が「あかつき」に似たもので、食味のよい「暁星」が7月中旬～下旬にかけて出回る。

りんご　福島県でりんごの栽培が行われたのは、明治20年（1887）頃である。福島県のりんごは暖地型のりんごとして定着したものである。主な品種は、人気のある「ふじ」である。福島県の「ふじ」は蜜が入っていることでも知られている。

会津《あいづ》**身不知**《みしらず》　会津身不知は、渋ガキで、焼酎で渋抜きをすると、甘味が強く、とろりとした食感となる。このカキの呼び名は「身のほど知らずほど実をつける」ことに由来する。また、会津は日本酒の製造で有名であるように、秋になると、地元の酒蔵が身不知柿用につくっている焼酎が、スーパーで販売される。主な生産地は、会津若松市門田町で、西向きの傾斜面地で日あたりがよいことから、良質の会津身不知を生産している。

あざきだいこん（弘法だいこん）　もともとは、栽培品種が野生化したのではないかといわれているが、大沼郡金山町の在来種のアブラナ科のものである。野生種は、金山町のソバ畑の雑草として生育している。野生種は根長5～15cm、根茎は3 cm程度、太い側根（岐根）の数が多い。このダイコンの名の由来は、硬くて食べられないため、人を欺くという意味の「あざむけダイコン」にあるといわれる。辛味が強く、地元では皮のついたままおろして、ソバの薬味として使う。現在は、沼沢湖近くの多良府地区で栽培し、8月にさやから種子を取り出さずに播種し、11月頃に収穫する。

会津菊かぼちゃ

福島原産のウリ科のニホンカボチャに属する。江戸時代頃から会津若松市の門田町飯寺《にいでら》地区を中心に栽培されていたという。熟した果実の皮の色は、暗緑色の地色に虎斑がある。縦に10条の溝があり、それぞれに浅い薄い縦溝がある。肉質は粘質で、西洋カボチャとは食感がやや異なる。現在は、会津若松市の一部で少量が栽培されているのみである。

会津丸なす

会津地方で栽培されている丸型の早生ナスである。昭和初期から会津若松市の神指および荒井館の内地区での栽培が定着している。果実は光沢のあるやや巾着型に近い丸型で、直径8～10cmで収穫される。高温時期に色あせしにくく、ヘタ（蔕）で隠れた果実の表面は全部が白くならず部分的に着色する。果皮はやや硬く煮食、焼食用に適する。

あざみごぼう（立川ごぼう）

会津坂下町立川集落を中心に栽培されている。明治末にはすでにかなり広く栽培されていた。昭和初期には東京や大阪へ出荷していたようである。鋸歯がよく発達し、アザミ葉となるところからあざみごぼうの名がある。花色が赤～赤紫で、葉柄は赤軸である。根の基部から根先に向かって徐々に細くなる形で、外皮は褐色である。

慶徳たまねぎ

喜多方市慶徳地区で採種され、会津地方で栽培されるようになったタマネギである。昭和初期に会津地方で採種された中から、改良選抜された、早期抽台性の淘汰と貯蔵性のよいものである。収穫時の皮色は、銅黄色で、横径に対して縦径がやや大きい中甲高の球形である。現在は会津地方を中心に栽培されている。

阿久津ねぎ（阿久津曲がりねぎ）

浜通りのいわき市地区でも古くから栽培しているネギの一種である。郡山市阿久津地区で改良馴化したネギである。明治30年(1897) 頃に同地区の武田鹿太郎という人が富山の薬行商人から受けて種を栽培したのが始まりといわれている。昭和初期に「阿久津一本ねぎ」の名で栽培が広まった。「源吾ネギ」に比較すると枯れあがりが少ない。葉の部分は軟らかく、食味はよい。アミノ酸量が多く、糖度も高いという食味上の特徴も明らかになっている。

荒久田茎立（会津早生茎立ち）

会津若松市北町荒久田《あらくだ》が発祥の在来の苔菜で、アブラナ科のアブナに属する。昭和以前から栽培されていた。小松菜や野沢菜の仲間で、春先にとう立ちした花茎を食べる。収穫時期は3月～4月中旬。冬を越して早春に伸びた花茎は軟らかく、甘味がある。お浸し、辛し和えなどで食べる。

高田梅

果実は日本一大きいといわれる。室町時代に旅の僧侶が、大分県のウメを会津高田町に植えたのが始まりといわれている。ウメとアンズの交配種である豊後梅をもとに改良が加えられた品種である。毎年6月15日～7月5日の「あやめ祭り」の期間中には、ウメ市が開かれ、高田梅を求める人で賑わうという。高田梅の1個の重さは50～80 g で、アンズの血も流れているので甘味もある。

舘岩かぶ

岩館村を中心に栽培されている赤カブで、江戸時代頃に焼畑式で栽培されたものである。8月下旬頃に播種し、10月下旬～11月上旬に収穫する。根の形状は長首で、根の表面は赤紫～赤褐色である。肉質は硬く、甘味が多い。漬物として利用することが多い。

地域の野菜料理

おろしたあざきだいこんと納豆のご飯がけ／ダイコン煮／ざく煮／凍みダイコンの煮しめ／サンマ鍋／コンニャクの煮しめ／切干ダイコンの酢の物

加工品

高田梅のウメ漬け・ウメ酒・ジャム／あんぽガキ／川俣にがり豆腐／湯葉／凍み豆腐／コンニャク

08 茨城県

ヤーコン

地域の特性

茨城県は、太平洋に面し、冬には降雨量が少なく乾燥しているので、この地域の特産の乾燥イモをつくるには最適な気候となっている。利根川、久慈川、那珂川、霞ヶ浦などに関連する水路に恵まれているので、太平洋の沿岸は漁業基地が多いが、筑波山の麓から海岸線に向かって広がる平野部は農業が中心である。

筑波山付近の地質を形成している花崗岩は、筑波山麓から笠間や霞ヶ浦にかけて分布する。筑波山は冷温帯林と温暖帯林の境界地帯に位置していて、800種類以上ものシダ類の植物が生育している。近年、ブナ林の衰退が目立ってきている。原因は周囲にコンクリートの建築物が増え、気候に変化をもたらしていることと考えられている。また斜面中腹の気温は高く、ふもとの気温は低い。とくに、冬の夜間の気温は低いことから、伝統食品の凍み豆腐や凍みコンニャクをつくるのに適している。

利根川流域は、火山や破砕帯などの複雑な地質をもつ山地がある。平野部は関東ローム層に覆われている台地と、それを河川が浸食作用によって形成した「すくも層」という泥炭と黒泥からなる地質から成っている。すくも層は水田に適していることから、稲作は盛んである。

また、霞ヶ浦周辺の水泥地で栽培しているレンコンの生産量は多い。

知っておきたい地野菜・伝統野菜

赤ねぎ

葉鞘の軟白部が赤紫色に発色する分けつ性の強いネギである。明治時代頃から自家用に栽培していた。茨城県北部に位置する桂村の圷《あくつ》地域で良質のものが栽培されていたことから「圷ねぎ」の名で知られていた。現在は、東茨城郡城里町圷地区のほか、石岡市では「ひたち紅っこ」の名で売り出している。圷地区で「赤ねぎ研究会」というグループをつくり、JAひたち野の「赤ねぎ部会」などが栽培と種の保存のため頑張っている。

赤ねぎの栽培は、9月下旬に播種し、翌年3月下旬に仮植えを行い、苗を養成する。その際に発色のよい苗だけを残す。6月～7月にかけて、再び苗を選別し、11月中旬～2月上旬にかけて収穫する。栽培の過程で軟白部を多くするために根深ねぎのように土寄せを4～5回行う。土地の性質は、那珂川中流の沖積土《ちゅうせきど》地帯であるが、畑によって、また同じ畑の中でも株によって、発色の程度や色調にかなりの違いがみられる。その鮮やかな赤い色と、軟らかい肉質を活かす料理、鍋物・ぬた・サラダ・薬味に使われる。

浮島《うきしま》だいこん

「浮島」の名は、霞ヶ浦周辺にある桜川村浮島地区で古くから栽培されてきたことに由来する。浮島だいこんは、自家用に栽培していて、冬の野菜として貴重であった。辛味が少なく、軟らかで歯切れのよい肉質である。主に、たくあん漬けに加工する。葉は黄色で、根は棍棒状で、首部が5～6 cmと細く、尻部は太い。ただし、太くなりすぎたものはスが入りやすい。温暖な気候と砂壌の地帯が良質のダイコンをつくる。

早生種で、9月中旬に播種し、間引き後に土寄せを行う。土寄せを行うことにより「曲がり」が少なくなる。収穫は11月～12月で、収穫後に、少し寒さにあててからたくあん漬けにするものと、2月末まで畑に置いてたくあん漬けにするものがある。現在も自家用に、ところどころで畑の片隅で栽培されている程度で、生産量は少ない。また、べったら漬け用に栽培されている。

貝地《かいじ》高菜

「貝地」の名の由来は、石岡市の市街地にある「貝地」による。貝地高菜は、茎葉は濃緑色、茎が太く、葉身は狭くて、欠刻の多い葉カラシナの一種で、貝地地区を中心に栽培されている。江戸時代には「高菜漬け」として利用していたと伝えられている。高菜漬けは、葉茎を食塩で漬けたもので、春先の漬物が少なくなる頃食べられる。

10月中旬に播種して草丈が40cmほどで収穫する。秋採りしたものやトンネルやハウスで栽培したものは品質が劣る。3月下旬に収穫し、約3％の食塩で一晩漬けてアクを抜き、翌日、再び約1％の塩で漬ける。

冷蔵庫に保存すれば、１年中食べられる。現在では自家用に栽培されている程度である。

れんこん

スイレン科の水生植物のハスの肥大した地下茎である。茨城県は霞ヶ浦周辺の湿地帯で栽培している。高湿性の作物で茎葉の生育適温は25℃～30℃である。現在は、施設栽培の早出しのものもあり、周年出回っている。普通は、春に種れんこんを植え、伸びた新れんこんを秋から掘り出す。７～８月の生育の最盛期に晴天・高温日数の多い年ほど豊作である。周年出荷されるが、８月～12月が多く、とくにおせち料理向けの12月がピークとなる。原産地は中国の揚子江沿岸であるといわれている。日本には、明治時代以降に導入したといわれているが、それ以前から日本に食用在来種群や花食兼用在来種群もあった。現在の品種の主流は、明治初期に導入された中国種である。（関西以西では中国系の備中種である）茨城県のれんこんは、東京市場の９割を占めている。

れんこんは穴が多数開いているので「先を見通す」といわれ、祝い事に使われる。とくに、正月の煮物には欠かせない食材である。煮しめ、酢ばす（酢れんこん）などで食べる。

ヤーコン

キクイモの仲間で、固形分の約70％がフラクトオリゴ糖で、残りが食物繊維と可溶性の糖分で、ヒトの腸内では乳酸菌の栄養源になり、便秘改善などの機能性が明らかになってから、急に注目されるようになった。栽培適地は比較的涼しい山間地である。茨城県はつくば市郊外を中心に栽培が盛んであり、麺類などの加工品もつくっている。千葉県、その他の地域でも栽培しているが、茨城県の特産品としている。原産地は南米アンデス高地の一年中春のような気候のところである。日本には、1985年（昭和60）に導入された。サツマイモのような形をしている。肉質はナシとレンコンの中間の食感で、サクサクした歯切れがあり、ほのかな甘味とみずみずしさが感じられる。生食も可能だが、サツマイモと同様に茹でても、炒め物、漬物でもおいしく食べられる。

茨城県農林水産部園芸流通課「うまいもんどころ推進室」推奨の農産物

❶メロン　水はけのよい肥沃な畑が、メロンの栽培に適している。春から夏にかけて、緑肉のアンデスメロンと赤肉のクインシーマロン、秋はアールスメロンが代表的品種。春から夏にかけては、緑肉メロンはオトメメロンに始まり、アンデスメロン、プリンスメロン、アムスメロン、タカミメロン、赤肉メロンは、ルピアレッドに始まり、クインシーメロン、キンショウメロン、ホームメロンなどが栽培されている。

❷スイカ　大玉スイカと小玉スイカが栽培されている。大玉スイカは県南地域と県西地域を中心に生産し、春から夏に出荷されている。

❸いちご　いちごは天保年間にオランダから伝えられ、「オランダいちご」「クサいちご」といわれた。アメリカから園芸品種が輸入され、品種改良を重ねた結果、現在のような甘い品種や大きい品種などが生み出された。一般にいちごの栽培が普及したのが、明治時代に入ってからである。茨城県が栽培している主な品種は「とちおとめ」である。

果形は円錐形で粒は大きめである。果皮は淡紅色で、酸味が少なく甘味がある。多汁質で滑らかな食味である。代表的産地はJAかしまなだ、JAなめがた、JA北つくば、JA茨城旭村、JA水戸である。主な出荷時期は11月から翌年６月である。出荷量の多い時期は12月下旬～翌年５月中旬である。

❹なし　日本なし系の赤なし（幸水、豊水、新高）が中心に栽培されている。日本なしの日本山ナシを基本とした栽培法は、「日本書紀」（養老４年、720）に記載されているという。茨城県のなしの栽培はハウス栽培から始まり、露地栽培へと移行している。

代表的産地は、JAつくば、JA常総ひかり、JA茨城千代田、JA土浦、JAやさと、JA茨城中央、JAひたち野である。出荷量の多い時期は、幸水が８月上旬～下旬、豊水が９月上旬～９月下旬、新高が10月上旬～10月中旬である。

❺かぼちゃ　茨城県のかぼちゃの主力品種は、えびすかぼちゃとみやこかぼちゃである。日本には戦国時代（16世紀）に、ポルトガル船が九州に漂着した際、種がもち込まれたという。そのために、かぼちゃの名となったと伝えられている。当時は観賞用として栽培していた。食用として使われるようになったのは江戸時代になってからである。

「みやこ」は小型で、果皮は濃緑色で、黒皮に斑が入っている。果肉は厚く、粉質である。「こふき」の果皮は、黒緑色で、果肉は濃黄色で粉質である。甘味は強い。「えびす」の果皮は濃緑地に美しい淡緑色のちらし斑が入っている。果肉は濃黄色で厚く、肉質は粘質がかった粉質で、食味はよい。「坊ちゃん」は手のひらサイズのミニかぼちゃ。果皮は黒緑色で、肉質は粉質で甘い。代表的産地は、JA稲敷、JA茨城むつみ、JA北つくば、JA茨城中央、JAひたちなかである。出荷量の多い時期は6月上旬～8月下旬である。煮物、天ぷら、きんとん、スープ、バター焼きなどで食べる。

❻きゅうり　主産地は、県西地域で、主な品種は、「ハイグリーン22」「エクセレント節成1号・2号」である。原産地は中央アジアである。ヨーロッパでは紀元以前から食べられているが、日本では平安時代から栽培されている。

「ハイグリーン22」はワックスタイプ。果皮は薄く軟らかく、果肉のしまりがよく、歯切れがよい。「エクセレント節成1号・2号」はノンワックスタイプ。果皮は薄く、滑らかで軟らかい。果肉はしまり、食感もよい。周年出荷している。出荷量の多い時期は、3月下旬～7月上旬までと、9月中旬～11月下旬までである。主な出荷時期は7月中旬～9月上旬、12月上旬～翌年3月中旬である。代表的産地は、JA北つくば、JA常総ひかり、JAなめがた、JA茨城むつみ、JAひたち野、JA茨城千代田である。漬物、サラダ、汁の実、煮物、炒め物などにして食べる。

❼ピーマン　ピーマンの原産地は中南米。香辛料として使われていた。日本には16世紀にポルトガル人によって伝えられ、日本全国に普及したのは第二次大戦後、欧米の食生活が日本人の食生活に広く普及してからである。茨城県の主産地は鹿南地域である。県内でも温暖な気候であるところがピーマンの栽培に適している。

品種は「京鈴《きょうすず》」「みおぎ」「ニュー土佐ひかり」である。「京鈴」の果色は濃緑色で、果肉はやや厚い。果実は尻づまりが安定していて、果形の揃いもよい。「みおぎ」の果色は濃緑で、果肉は軟らかい。果実はやや大きめのほうが食味がよく、保存もきく。「ニュー土佐ひかり」の果色は濃緑で、果実は中長である。果肉は軟らかみがある。周年出荷しているが、主な出荷時期は12月中旬～翌年3月下旬、7月下旬～9月中旬である。代表的産地はJAしおさい、JAかしまなだ、JAやさと、JA茨城むつみ、JA茨城旭村、JAなめがたである。味噌炒め、油炒め、サラダ、炒め物、詰め物などに利用される。

❽トマト 原産地はペルー・エクアドルと考えられている。15世紀にコロンブスによってヨーロッパに伝わった。日本には17世紀末には伝えられていたが、野菜として利用されるようになったのは、明治時代になってからである。一般に普及したのは1930年代に入ってからである。果実と野菜の中間的な極めて特徴のある味をもつ食品である。茨城県内では各地で栽培している。生育に強い光が必要で、生育適温は25～26℃である。昼夜の温度差が大きく、湿度の高くないのがよい。品種は完熟系のもので、「麗容《れいよう》」「桃太郎《ももたろう》系」「至福《しふく》」などが多い。近年は、ミディトマト、ミニトマトの栽培も増加している。

「麗容」の果形は豊円腰高で、果実の平均重量は約240 g。果色は濃桃色で、果肉はしっかりしていて食味がよい。完熟してから収穫する。「桃太郎系」は、茨城県で栽培している主力品種である。食味はフルーツのようで人気の品種である。「至福」はやや固めで、熟しても果肉はしっかりしていて、品質の安定性は高い。周年出荷しているが、出荷量の多い時期は、3月上旬～6月下旬、8月下旬～11月中旬である。代表的産地は、JA北つくば、JA茨城旭村、JA茨城むつみ、JAかしまなだ、JAなめがた、JA茨城みなみ、JA岩井である。トマトジュース、ミックスヤサイジュース、サラダ、シチュー、スープ、ピューレ、ケチャップなどに利用される。

❾ねぎ 中国では、もっとも古い野菜の一つであるといわれている。日本に導入されたのは奈良時代頃である。「日本書紀」「万葉集」にも記述されていることから、古くから食用とされていた。茨城の伝統野菜には「赤ねぎ」があるが、軟白部の多い根深ねぎの栽培は多い。県西地区を中心として夏ねぎの出荷の大部分を占めている。

品種は「春扇《はるおうぎ》」「夏扇《なつおうぎ》 3号」「秀逸《しゅういつ》」が栽培されている。「春扇」は、合黒タイプの一本ネギ。軟白部は太く繊維が少なく、肉厚で食味がよい。「夏扇3号」は、黒柄系の一本ネギ。軟白部は太く、葉柄部は首部のしまり、揃いがよい。「秀逸」は、合黒タイプの一本ネギ。葉は濃緑で、葉柄部は首部のしまり、揃いがよい。軟白部は、光沢があり純白である。周年出荷している。主な出荷時期は、9月上旬～翌年1月下旬、5月上旬～5月下旬である。主な産地は、JA岩井、JA北つくば、JA茨城むつみ、

JAつくば市、JA常総ひかり、JA土浦、JA阿見町、JA茨城みどりである。

薬味、炒め物、ぬた、汁の実、焼き物、煮物に利用する。

⑩れんこん　原産地はインドや中国といわれ、日本に伝わったのは5世紀頃といわれている。茨城県の主産地は霞ヶ浦、北浦の沿岸の湿地帯である。現在は、無漂白れんこんを出荷している。一部泥付きのものも出荷している。代表的産地は、土浦、稲敷、なめがた、茨城玉川農協、ひたち野、阿見町の各JAである。とくに、河内町、土浦市のれんこんは有名である。周年出荷している。主な出荷時期は3月上旬～7月下旬、出荷量の多い時期は8月上旬～翌年2月の下旬である。酢ばす、サラダ、梅漬け、天ぷら、含め煮、キンピラ、まぜご飯の具などに使われる。

⑪かんしょ（さつまいも）　原産地はメキシコ中央部からグアテマラ付近。ヨーロッパにはコロンブスによって伝えられ、そこからアジアへ伝わったといわれている。日本には、16世紀末に導入された。江戸時代に青木昆陽によって、沖縄、鹿児島を経て日本の各地に広まったといわれている。現在の日本でもっとも生産量の多いのは茨城県である。茨城県の主産地は県北、鹿行地区である。

茨城県で栽培している主な品種は、べにあずまとべにまさりである。「べにあずま」は茨城県で栽培している代表的品種である。果皮は鮮やかな濃赤紫色で、肉質は粉質で繊維が少なく、食味はよい。「ベニマサリ」の果皮は赤色で、果形は紡錘形である。肉質はやや粘性で甘味がある。周年出荷している。主な出荷時期は3月上旬～8月下旬、出荷量の多い時期は9月上旬～翌年2月下旬である。代表的産地は、JAなめがた、JA茨城旭村、JAかしまなだ、JA水戸、JAひたちなかである。焼く、蒸す、煮物、天ぷら、きんとんなどに利用する。

⑫にんじん　原産地はアフガニスタンである。短根系の西洋種と長根系の東洋種がある。日本には16世紀末に東洋種が伝わったと伝えられている。西洋種は18世紀に導入されていたと推定されている。昭和30年（1955）頃までは、長根種が全盛であったが、栽培、使いやすさなどの点からか、最近では短根種が圧倒的なシェアを占めるようになった。

主な栽培品種は「彩誉《あやほまれ》」「向陽《こうよう》2号」「はまべに5寸」である。「彩誉」の根色は鮮紅色、肌は滑らかでツヤがよく、肉質・食味ともよい。「向陽2号」の根色は鮮やかな紅色で、根は尻部まで太っている。「はまべに5

寸」の根色は橙紅色で光沢がある。糖度も高い。周年栽培されている。出荷量の多い時期は、11月上旬～翌年３月下旬である。主な産地はJAかしまだ、JA水戸、JA茨城旭村、JA茨城むつみである。サラダ、酢漬け、シチュー、煮物、カレーなどである。

⑬レタス　原産地は、中近東、地中海で古代ローマでもすでに食用としていたといわれている。日本では平安時代に入ってから食用とされたといわれている。現在のような玉レタスが本格的に栽培されるようになったのは、第二次世界大戦後在日米軍に欧米風の食生活が導入されてからである。現在は、結球した玉レタスのほかに、非結球のサニーレタス、グリーンカールが栽培されている。とくに非結球レタスのほうが主力に栽培されるようになった。

茨城県の栽培品種は「ステディ」「パトリオット」「アストリア」である。「ステディ」の球形はやや扁平で、葉は濃緑色で、肉厚で軟らかい。「パトリオット」の外葉は光沢のある鮮やかな緑色で、葉は肉厚、玉のしまりもよい。「アストリア」の球形はやや扁平～豊円形の中玉。トンネル栽培やハウス栽培も利用されているので周年収穫できる。出荷量の多い時期は３月中旬～５月中旬、10月上旬～12月上旬である。代表的産地は、JA岩井、JA茨城むつみ、JAつくば、JA常総ひかりである。サラダ、炒め物、中華料理の食材として利用される。

⑭はくさい　原産地は中国である。日本には明治初期に輸入された。本格的に栽培が始まったのは、大正時代からである。現在さまざまな品種が出回っている。

茨城県の主な栽培品種は「菜黄味《なおみ》」「八千代《やちよ》っ娘《こ》」「はるさかり」である。「菜黄味」の球内は鮮やかな黄色で、断面の白・黄・緑色のバランスがよく、葉質は軟らかい。浅漬けに適している。「八千代っ娘」の球内は鮮やかで黄色。品質は軟らかく風味がある。浅漬けに適している。「はるさかり」の球内は黄色で、外葉は濃緑である。春はくさいの品種として栽培されている。温床、ハウス、トンネル栽培が行われ、貯蔵もよくなっているので、周年収穫され、出荷されている。とくに、茨城県の主な出荷時期は２月下旬～３月中旬、出荷量の多い時期は10月下旬～２月中旬と３月下旬～５月下旬である。県西のつくば、常総、土浦、谷田部、岩井市、阿見町などが主産地である。漬物のほかに、鍋物、炒め物には欠かせない食材である。

⓯ほうれん草　原産地はカスピ海南西部。中国を経て、葉のギザギザで根に赤みのある東洋種が、日本に入ってきたのは16世紀である。現在は葉の縁のなめらかな西洋種や東洋種と西洋種の交配種が、ハウスで栽培され、周年出回っている。

茨城県の栽培品種は、秋冬向きで、葉が剣葉で非常に濃緑色の「アスパイアー」、葉は剣葉で、やや濃い緑色の「アクティブ」、寒さにさらすことにより甘味が増す「朝霧」である。出荷時期は周年であり、県内各地で栽培している。JA茨城旭村、JAかしまなだ、JA常総ひかり、JAなめかた、JA岩井、JA茨城みなみ、JA茨城むつみなどが主な生産地である。お浸し、和え物、炒め物など和・洋・中華の各料理に利用されている。

⓰にら　原産地はシベリア地方で、日本には中国から伝わり、「古事記」や「日本書紀」には漢方薬として利用されたと記録されているといわれる。施設栽培により夏場を中心に周年出荷されている。

茨城県の主な栽培品種は、葉色が濃緑色で葉肉が厚い「パワフルグリーンベルト」、葉色はやや淡緑色で、葉軸が広く、葉肉の軟らかい「ワンダーグリーンベルト」、葉色はやや淡い緑色だが、冬採りのものは濃緑となる「グリーンロード」である。JA常陸小川、JA美野里町、JA水戸、JA北つくばなど県南のJAが中心となり栽培・出荷している。とくに、美野里町、小川町はよく知られている。炒め物、餃子の具などに利用される。

⓱みず菜　原産地は中央アジアで、中国で改良された漬菜（アブラナ科アブラナ属）である。日本には中国から伝来した。すでに「古事記」にみず菜の名が記載されているという。「みず菜」は「水入り菜」に由来し、水を入れるだけでよく育つ野菜である。

茨城県の栽培品種は葉色は鮮緑色で、葉軸の非常に細い「早生《わせ》千筋《せんすじ》」「京みず菜」、葉は鮮緑色で葉は細く、葉軸は純白の「京みぞれ」、葉色はやや濃い緑色で極細の「京美人」である。主に、鹿行を中心に、JAなめがた、JA水戸、JAかしまだ、JA常総ひかり、JA茨城旭村で栽培され、周年収穫・出荷している。主な出荷時期は３月～９月、出荷量の多い時期は10月～翌年２月である。サラダ、鍋物、浅漬けなどに利用されている。

⓲ちんげんさい　原産地が中国の小型の結球しない小白菜の一種である。

栽培品種は「青美《せいび》」「冬栄《ふゆざかえ》」「夏賞味」で、JAなめがた、JA常陸小川、JA常総ひかりなどを中心に栽培・出荷している。

⑲なす　茨城県で栽培している品種は、「千両2号」「ころべえ」「筑陽」で、周年栽培・出荷している。出荷量の多い時期は6月上旬〜10月下旬である。JA北つくば、JA茨城むつみ、JA水戸、JA茨城みどり、JAやさと、JAひたちなか、JA常総ひかりで栽培・出荷している。

⑳キャベツ　茨城県県西地域を中心に、JA茨城むつみ、JA常総ひかり、JA茨城北つくば、JAしおさい、JA岩井が中心となって栽培、周年出荷している。とくに、出荷量の多い時期は5月中旬〜7月上旬、10月上旬〜12月上旬である。栽培品種は「輝吉《てるよし》」「金系《きんけい》201EX」「あさしお」である。

㉑だいこん　秋冬だいこん、春だいこんを栽培している。品種は青首系が主力で、栽培品種は「献夏《けんか》37号」「味いちばん」「礼芝居」である。周年栽培・出荷している。出荷量の多い時期は、4月中旬〜5月下旬、10月上旬〜11月下旬である。JA北つくば、JA竜ヶ崎市、JA水戸、JA茨城むつみが栽培・出荷している。

地域の野菜料理

赤ねぎとだいこんのサラダ／水戸納豆料理（天ぷら、チャーハン、納豆汁、納豆餅、納豆そば）／ワカサギとれんこんの酢漬け／ゆば料理（刺身、しゃぶしゃぶ）／こんにゃく料理（刺身、懐石料理）／おやき／水戸ソバ

加工食品

れんこん麺／干しいも／納豆／久慈こんにゃく（凍みコンニャク）／菰《こも》豆腐／凍り豆腐

09 栃木県

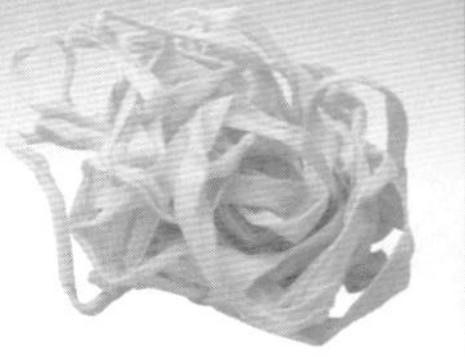
かんぴょう（ゆうがお）

地域の特性

栃木県に隣接する県は埼玉県、群馬県、福島県である。大きく3地域に大別されている。①八溝山地、②北部から西部にかけての那須連山・高原山・日光連山・帝釈山地・足尾山地などの山岳地帯、③県中央部の那珂川・鬼怒川・渡良瀬川の沿岸の平野部の3地域である。

八溝山地は、標高600〜1000ｍの阿武隈高地に続く、比較的なだらかな山地が連なる。また、2000ｍ以上の山脈も連なり、火山、瀑布、湖沼が多い。北部から西部にかけては国立公園に指定されている地域もある。平野部には水田が多い。

栃木県には平野部として関東平野の一部、扇状地の那須野が原があり、山地としては奥羽山脈（那須岳）、下野山地（大佐飛山地、高原台、塩谷山地、帝釈山地）、日光火山群（日光連山）、足尾山地、八溝山地がある。戦場ヶ原、渡良瀬川周辺の気候は、基本的には太平洋気候を示す。ただし、日光市などの北西部山岳地帯の冬は、豪雪地帯となる。冬型の気圧配置が強まると、男体山から空っ風が吹き降ろす。冬の朝は寒く、毎日のように放射冷却により氷点下となるので、乾燥品をつくるのに最適である。

平野地の地質は、泥岩、凝灰岩が基盤になり、その上に関東ロームや軽石が堆積している。軽石層は、男体山の噴火に伴い形成された地質である。軽石層の鹿沼軽石は園芸に適した「鹿沼土」として知られている。

栃木県の特産としては、かんぴょう、湯葉、いちごなどのほか、目立ったものは多くない。食文化として注目されているものに、かんぴょう料理、いちご（とちおとめ、女峰など）、しもつかれ、餃子、ソバ、湯葉、山菜、佐野ラーメン、アユのなれ寿司、イモフライ、マスなどがある。

知っておきたい地野菜・伝統野菜

いちご

栃木県農業試験場で、久留米49号に栃《とち》の峰《みね》を交配して、選抜・育成された品種で平成８年（1996）に品種登録された。果実の形は円錐形で、果皮の色は鮮やかな紅色、果肉の色は淡紅色である。甘味、酸味のバランスがよく、栃木県で育成していた女峰《にょほう》よりも大きく、日持ちがよいので、関東地区では人気のいちごである。栃木県内各地で、ハウスでの水耕栽培が行われるようになっている。出荷は、11月下旬～翌年５月中旬である。

にら

もともとは、冬期の労力活用と安定した収入確保を目的として、鹿沼地域に昭和40年代初期に導入された。その後、水田転作作物としての導入や緑黄野菜の消費拡大とあいまって、栃木県内の各地で栽培されるようになった。周年出荷できるように栽培方法が工夫されている。主な産地は、鹿沼市、上三川町、湯津上村、二宮町、真岡市などの水田地帯が中心である。品種は、スーパーグリーンベルトを中心に、ワンダーグリーンベルト、サンダグリーンベルトが栽培され、１年中出荷されている。

また、ネギとニラを交配してできた「ナカミドリ」が、栃木県の特産物として好評となっている。

ゆうがお

ゆうがおが栃木県に導入されたのは正徳元年（1711）である。江州《こうしゅう》（現在の滋賀県の近江）の水口城主であった鳥居伊賀守忠英が壬生城となったときに、同じ滋賀県の木村村から種を取り寄せて領地内でつくらせたのが始まりといわれている。それ以来日本一の産地を300年以上も続けている。昭和53年（1978）頃までは生産量は増えていたが、現在は中国からの輸入品も増えているため、栽培面積は減少している。現在の主な産地は、上三川町、壬生町、小山町、石橋町などの栃木県の中央部、南部の畑作地帯である。

昭和30年（1955）頃までは、在来種を栽培していたが、栃木県農業試験場は農家の有望種を集め、系統選抜を行い、昭和36年（1961）に果皮がやや青色で晩生種の「しもつけあお」と果皮がやや白く早生種の「しもつけしろ」の２品種を育成し、普及した。その後、ウイルスに強い

「ゆう太」という品種を育成し、普及。現在はこの「ゆう太」の栽培が多く、そのほかに「かわちしろ」や「しもつけしろ」も少量を栽培している。３月下旬に播種し、４月下旬に露地圃地に定植する。開花後２～３週間で６～７kgに肥大した果実を収穫する。かんぴょうは、ゆうがおの果実を細いひも状に剥いて、乾燥させたものである。果実をカンピョウ剥きの機械で、ひも状に２mほどに剥く。これを竿にかけて天日またはハウス内の乾燥機で乾燥させる。巻きずし、炊き込みご飯、味噌汁の具、煮物などに使う。

新里《にっさと》ねぎ

栃木県のネギの栽培は、江戸時代から「野州宮ねぎ」としての記録がある。「宮ねぎ」や「新里ねぎ」などの特徴あるネギも、古くから栽培されている。

新里ねぎは、宇都宮市北部の新里地区で古くから栽培している軟白ねぎの一種である。形は曲がりネギで軟白部はやや短く葉数は少ない。収量が少ないので、現在は数個の農家で自家用に栽培している程度であり、病気に強く、収量の多い交配種Ｆ１が栽培されている。

従来は、冬採りのネギであったが、現在は周年栽培になっている。

現在の栽培法は、春蒔き（３月上旬）と冬採り、秋蒔き（９月下旬）と夏採りがある。栽培過程では、土寄せを３回行い、軟白部を多くつくり上げている。土寄せして栽培する期間を調整することにより、９月、10月、11～12月に収穫できる。

宮ねぎ

現在の栃木市付近で江戸時代から栽培が始まり、栃木市の商人が江戸の地頭役所に出向くときに、宮ねぎを持参したところ、評判がよいので、その後毎年歳暮として江戸へ贈ったと伝えられている。現在の主な栽培地は、永野川が運んだ肥沃《ひよく》な扇状地である宮町、千塚町である。栃木市周辺での家庭菜園でも、宮ねぎを栽培しているほど、人気の品種である。品種は自家採種した在来からの宮ねぎの種を使っている。自家採種のためほかの品種との交雑が問題となっている。そこで、系統選抜して優良系統を残すようにしている。

宮ねぎの栽培は、冬採りが中心で、９月に播種し、翌年８月中旬に定植し、11月下旬から収穫を始める。土寄せは９月下旬、10月下旬の２回行う。

かき菜

かき菜は、アブラナ科の一種で、春先にとう立ちした芯を順次収穫する。古くから栃木県の南部の一部の地域内（佐野市など）で栽培・出荷していた。春の季節の野菜として重宝がられている。現在は露地栽培、トンネル栽培、ハウス栽培が行われている。9月下旬に播種し、10月下旬に定植する。収穫は、ハウス栽培で1月から、トンネル栽培で2月中旬から、露地栽培で2月下旬～3月上旬である。食べ方は、ホウレン草に準ずる。

こんにゃく

江戸時代に栃木県東部と西部地域で栽培が始まったといわれている。本格的に産地化したのは大正時代初期である。品種は在来種から収量性の高い群馬県育成系統の品種に変わってきている。また、生産者の高齢化に伴い、栽培面積は減少してきている。

トマト

栃木県のトマトの栽培は、昭和28年（1953）頃のビニールトンネルの導入により本格化してきている。昭和30年代後半には新品種の導入や作型の分散化、昭和50年代には抵抗性品種の導入、さらには、機械選果施設の整備により、冬春ものを中心に、戸別経営規模が増加した。栽培時期は2月～6月出荷である冬春作型が主力である。とくに、東京都中央卸売市場は、栃木県の4～5月出荷のものが多くなる。最近は越冬作型のものや加工用のものも栽培している。栽培の中心地は県北東部である。

ぶどう

栃木県のぶどうの栽培は、岩舟町、大平町など県の南部を中心に行われている。品種は「巨峰」、「キャンベリアーリー」が栽培されている。2品種のうち巨峰が60％を占めている。最近は、消費者の嗜好や生産の安定性を重視し、巨峰のほかピオーネ、ハニービーナスも栽培している。出荷期間は5月～9月となっている。

中山かぼちゃ

人気のカボチャであるが、栽培が難しく、栽培する土地が限定されている。現在は烏山町を中心に栽培されている。第二次大戦後、北海道の開拓者のつくっていたカボチャが、烏山町の中山地区でも栽培されるようになったと伝えられている。そのために、「中山」の名がついている。北海道から中山へ伝えられた品種から、栃木県農業試験場とJAが協力して、現在の中山独特の品種をつくり上げた。このカボチャは完熟したものを収穫する。

水掛菜

湧き水の温水で栽培する冬のおいしい野菜で、日光市野口地区、今市市で栽培している。アブラナ科の野菜で、生産者は数人で、地元だけで流通しているという野菜である。冷え込みの厳しい日光地方で、真冬に新鮮な青菜を食べるために、湧き水の保温力を利用して、生長を早めるという栽培法である。秋に種を蒔き、気温と水温が同じになる11月下旬から水かけを開始し、12月下旬〜3月に収穫する。冬場だけに味わう地野菜となっている。室町時代から栽培が行われていて、栽培が難しいので継承も困難で、この集落名から「野口菜」ともいわれている。

とうがらし

昭和時代の初頭から大田原を中心に栽培されている。吉岡源四郎という人がとうがらしの販売をしているうちに、栃木県へ移り、とうがらしの本格的栽培を行い、さらに、昭和30年(1955)頃から品種改良を重ね、栃木県のとうがらしを有名にしたと伝えられている。品種は、「栃木三鷹」である。現在使われている日本のとうがらしの品種はほとんど本種である。主として、大田原市の左久山地区で栽培し、10月頃には、とうがらし畑は真っ赤になる。

地域の野菜料理

スッポン煮／こんにゃくの田楽／こんにゃくの狸汁／いも串（串いも）／おんかいも／酢マメ（ひたしマメ）／すむつかり（酢憤・すみつかり・しもつかれ）／法度汁《はっとじる》

加工食品

かんぴょう（昆布巻きの巻き紐、巻きずしの芯、ばらずしの具）／日光湯葉（刺身、甘煮、吸い物、鍋物、から揚げ（揚げ湯葉））／こんにゃく（糸こんにゃく、凍りこんにゃく（凍《し》みこんにゃく））／らっきょうの溜り漬け

10 群馬県

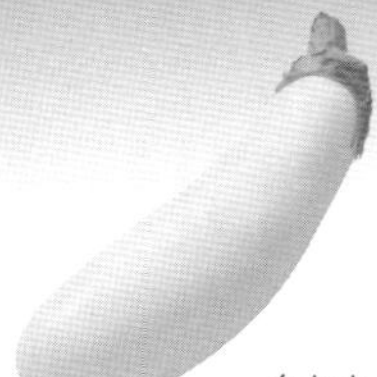
白なす

地域の特性

気候は、大部分が太平洋岸式気候であるが、利根郡や吾妻郡では、日本海側の気候や内陸性の気候を示す日もある。県庁所在地の前橋の夏の気温が40℃近くとなることがある。

北部は赤城山、谷川岳などの山があり、山間部の冬は、降雪量が多く、平野部は乾燥で知られている。群馬県は豊富な水資源と日照時間に恵まれ、標高10mの平坦地から1400mの高冷地まで、1年中、新鮮な野菜が栽培されている。雄大な山々と緑深い渓谷のある吾妻地区（草津、嬬恋、中之条、東吾妻など）には、温泉もあり、また高原野菜などの栽培が盛んである。南部は関東平野の北端にあたり、前橋市、高崎市、太田市など工業都市として栄えているところが多い。浅間山、赤城山などの火山灰の関係で、礫を含んだ粘質土壌で、リン酸や塩基類の含有量が多い。

群馬県の特産物として下仁田のねぎやこんにゃく、太田市のスイカ、やまといも、嬬恋村のキャベツは有名である。郷土料理ではとんとん汁、名物料理ではJRの峠の釜飯、みそぱんなどが知られている。

知っておきたい地野菜・伝統野菜

下仁田《しもにた》ねぎ

群馬県の特産のネギで、肉質は軟らかい。味と姿からネギの王様ともいわれている。下仁田ねぎの名の由来は原産地の下仁田に由来する。下仁田を流れる鏑《かぶら》川は、下仁田の市街地を過ぎると西牧川と南牧川に分流し、谷間を流れる。この地域を「南牧七谷、西牧八平」といい農業が営まれている。そこで栽培している野菜の一つが下仁田ねぎであり、江戸時代から栽培が続いている。幕府や大名に献上したことから「殿様ねぎ」の名もある。明治時代以降は、お歳暮やみやげ物にも利用された。大正時代に入り下仁田地区の山から平野部に至る広い範囲で栽培されるようになった。昭和時代に入り、一時、品種改良により下仁田ねぎの特性が失われたこともあったが、現在は再び優良系統の下仁田ねぎが復活した。現在の下仁田ねぎの特性は、非分けつ性の一本ネギで、太くてずんぐりし、極めて特異な形状・草姿であり、ほかのネギと区別しやすい。品種としては加賀群に似ている。草丈は60cm前後、葉鞘部の長さは15～20cmと短く、太さは5～6 cm。1本あたりの重量は200～300 g。

下仁田ねぎにはダルマ系、西野牧系、利根太系の3系統がある。現在の栽培品種はダルマ系と西野牧系の中間の中ダルマ系であるが、地域によってはほかの系統のものを栽培している。10月中旬を中心に播種し、4月の仮植えを経て7～8月に定植し、11月～翌年1月にかけて収穫する。下仁田地域の土壌は、礫を含んだ粘質性の土壌で、リン酸や塩基類を豊富に含み、排水がよいのが、ネギの栽培に適している。しかし、下仁田ねぎは多湿に弱く、とくに夏のような高温下での多湿に対しては弱く、病気になりやすい。一般には泥つきで販売されている。鍋料理に使うと軟らかく、コクがあっておいしい。

下植木《しもうえき》ねぎ　このネギは、江戸時代から伊勢崎市下植木（旧・佐波郡殖蓮村下植木）で栽培している。主として、冬季の煮物用のネギとして用いられてきた。味は煮て軟らかく、焼いて風味がよく、葉の先端まで食べられる。そのおいしさについては、「伊勢崎風土記」（寛政10年、1798）に紹介されているという。

下植木ねぎは、下仁田ねぎに類似する一本ネギであるが、葉身と葉鞘基部の形状に違いがみられる。葉身は太く、葉先は下仁田ねぎに比べれば長い。葉鞘部は18cm前後である。地域の都市化による農地の激減、高齢化に伴う生産者の減少などから、本種の維持に問題があったが、最近は地域の特産物としての復活の努力が、生産者や関係者の手で進められている。栽培は、10月上旬に播種し、7月上旬中心に定植し、11月下旬～12月にかけて収穫する。収穫は12月に終わる秋冬ネギである。

石倉ねぎ　このネギの名の由来は、前橋市を流れる利根川の石倉町による。昭和初期に石倉町在住の篤志家が、鈴木ねぎと砂村赤昇を交配して、このネギの有利性を説明したことから「石倉根深ねぎ」と命名し、昭和8年（1933）に石倉採種組合を設立している。現在の石倉町周辺は、市街地化が進み、かつてのようなネギ畑や桑畑の面影はなくなってきている。町の北西にある上石倉神明宮の片隅に、御影石の石倉ねぎの碑がある。石倉ねぎは、耐病性に優れていることから、秋ネギとして自家用に栽培されている。

沼須《ぬます》ねぎ

群馬県を流れる片品川が、同じく県内を流れている利根川に合流する直前の河岸段丘最下段に、沼田市沼須地区がある。このネギの名はその地名に由来する。なお、沼田市の市街地は、この河川段丘の最上段に位置する。いつ頃から栽培が始められたかは明らかでないが、昭和初期には産地が形成されたといわれている。

下仁田ねぎの利根川太系に近い一本ネギである。このネギは病気に対する耐性が弱く、栽培が不安定なので、品質が低下した。そこで、品種の固定化などの研究が行われたが、本種の復活は難しかった。現在、沼須ねぎとして栽培されているものも本来の系統のものを伝えていないと考えられている。

尾島《おしま》ねぎ

利根川左岸の新田郡尾島町と周辺で栽培されている。この地域は肥沃な沖積土壌と、笠懸《かさがけ》扇状地の末端の洪積土壌が分布する。尾島のネギは、大正時代の後期には地方の市場に出荷していたというから、大正時代には栽培されていたといえる。このネギの特徴は、河川の氾濫による肥沃な土壌で生産するため、品質がよい。病気に対する対策として品種を改良し、現在の産地で維持を図ってきた。

在来《ざいらい》水ぶき

発祥の地は、群馬県吾妻郡の中之条町地域が中心となっている。この地区は、利根川支流、吾妻川中流左岸、そのまた支流である清流四万《しま》が合流するところに位置する。群馬県産のフキのほとんどは、吾妻で栽培したフキである。この地区で栽培が始まったのは昭和31年（1956）頃である。その後、コンニャクの補完作物としてJAが推薦したことで、フキの栽培面積が拡大し、生産量も増加した。

「吾妻在来」の特性は、草丈60～70cmで、茎部のアントシアニンの色の発現はない。空洞はやや大きい。

陣田《じんだ》みょうが

陣田みょうがの原産地は、群馬県倉渕《くらぶち》村陣田地域である。この地域は、榛名山の西麓にあり、利根川の支流、烏川上流の吾妻郡境の標高600 m前後の高原にある。気候的には表日本の気流が山にあたって霧や降雨をもたらすという特徴がある。したがって、夏は朝夕涼しく比較差のある気象が、ミョウガの生育に適している。周辺は、落葉樹林の落ち葉が堆積し、有機物に富んだ土壌となっている。夏に花蕾を収穫する花ミョウガの栽培が、陣田みょうがの特徴である。これを夏ミョウガともいっている。陣田みょうがが世に広まったのは、陣田の農家の人が、昭和の初めに高崎市へ出荷したのが始まりといわれている。戦後は木箱に詰めて出荷したが、現在はポリ袋やダンボール箱に詰めて出荷している。

白なす

普通のナスの果皮の色は黴青紫色であるが、白なすや青なすといわれる品種は果皮に青紫の色素のアントシアニンが形成されない品種である。果皮に葉緑素が形成されれば青なす系のもので、葉緑素も青紫色のアントシアニンも形成されない品種は白なす系のナスになる。幼果は白味を帯びているが、生育し果実が大きくなると果皮は緑色に変わるものが多いので青なす系に属するものが多い。白なすの果皮はやや硬いが、果肉は軟らかく、アクが少ない。果肉の中での種子のでき方が遅いので口当たりはよく、食べやすい。果肉の断面には隙間のように見える小孔が多く存在している。焼きナスに調理すると甘味が増す。このことが、栽培を続けている秘かな楽しみと思われる。埼玉県、新潟県、宮崎県、鹿児島県（白丸なす、白長なす）でも栽培している。

上泉《かみいずみ》理想だいこん

前橋市の市街地の東はずれにある前橋市上泉町が産地である。ここは、赤城山の広大な裾野の末端で、関東平野と接する地域でもある。耕土が深く、ダイコンの栽培に適しているため、良質のダイコンを栽培することができる。この地区の農業に携わる何人かの篤志家が品種改良に手がけてできあがったのが、上泉理想だいこんである。このダイコンは練馬だいこんの改良種にあたる。干しダイコンに適する草型や根型をもつ。

現在は、上泉より赤城山に入った前橋市嶺地区で生産が続けられている。なお、近くにある時沢集落、藪塚、笠懸などの地区もダイコンの栽培と干しダイコンの生産地として知られている。

国分《こくぶ》にんじん

大正時代初めに、滝野川の種苗商人より仏国大長にんじんの種子を導入し、試作し、母体選抜による品種改良が行われた。その結果、昭和2年（1927）に同志13人で、採種組合を結成して、組織的に採種、品質改良、販売開拓などを進め、全国的に知られる名となった。昭和33年～34年（1958～1959）を境に、連作による採種量の減少、食生活の変化などによる長ニンジンの種子の需要が減少し、短根種のニンジンが人気となった。それでも、大間間《おおまま》町では長ニンジンを栽培し続け、差別化商品となっている。

短根種に比べ、肉崩れがなく、肉質もしっかりしている。

CO菜

アブラナ科の野菜で「シーオー」「摘菜《つみな》」「かき菜」などとよばれている。CO菜は冬季から春先の青物の端境期の野菜として、昭和30年～40年（1955～1965）に栽培された。外観はナタネに似ていて、葉は大形で肉厚、葉柄は太くブルームが多い。耐寒性が強い。伊勢崎、太田周辺の平坦な地域で栽培している。現在の栽培品種はCO4号というのが多い。

宮内菜

名の由来は、育成者の宮内偵一氏の名にある。昭和30年（1955）に育成開始、芯摘みアブラナの交雑種の後代から育成し、昭和47年（1972）に登録されたアブラナの一種である。葉が淡緑色、照りがなく、浅い切れ込みがあり、内側に湾曲しているのが特徴。軟らかく、アクがなく甘い。

宮崎菜

富岡市宮崎地区で古くから栽培されているカラシ菜の一種。宮崎地区は洪積台地で、この野菜の栽培に適していた。この地区には宮崎神社や上野《こうずけ》国一宮の貫前《ぬきさき》神社があるなど歴史的には重要な地域でもあった。冬の青物不足対策として栽培されてきている。浅漬けは、ぴりっとした辛味と歯切れのよさが人気である。

べにばないんげん

大正9年（1920）に中南米から北海道を経て、群馬県の吾妻郡に導入されたインゲンといわれている。群馬県内では、群馬園試験高冷地分場で改良を重ね、現在の栽培品種を育成している。俗に「花マメ」の名で土産として喜ばれているのがべにばないんげんで、夏の最高気温が28℃前後の高冷地（標高700m以上）で栽培しているものである。べにばないんげんは煮豆としては、大粒でコクがあり、その形もよく人気のマメである。

幅広《はばびろ》いんげん　大正時代の終わり頃、北海道から六合村梨木の竹内という人が導入したのがきっかけで、集落全体に広がった。品種改良を続け、草丈は高くなり、つる性のものとなっていて作業しやすい品種である。花色は淡紫で、平さやの筋なしのインゲンである。さやには厚みがある。茹でると濃緑となり、食味は甘く、軟らかい。

在来いんげん　群馬県の中山間地帯に古くから自生しているインゲンで、「うずらマメ」「白マメ」「黒マメ」などの呼び名のほか、「なりつくし」「ふろー」「ほおかぶり」などの別名もある。若莢として食することもできるが、実ってからの種子も利用する。

下仁田こんにゃく　群馬県のコンニャクは室町時代後期の永正2年（1505）に、紀州から伝えられたといわれている。下仁田で本格的に栽培を始めたのは、明治9年（1876）である。篠原粂吉氏が手がけたのが始まりである。下仁田地区の山間部は、雨量が多く、湿気があり水はけがよく、コンニャクの栽培には最適である。

コンニャク（サトイモ科）の原産地は熱帯のインドシナである。日本には、平安時代に中国から伝わった。コンニャクはアルカリ性の石灰乳を混ぜてゲル化し、茹でて固まらせたものである。鎌倉時代の禅林料理に取り入れられ、その後江戸初期には江戸の人々に取り入れられたと伝えられている。幕末の弘化3年（1846）には、「蒟蒻百珍」という料理本も出版されている。

群馬県はコンニャクの日本一の生産地である。品種は「あかぎおおだま」で、荒粉から製粉まで行っている。はまくろ、みょうぎたか、みやままさりなどの栽培品種もある。

JA全農ぐんま、JAグループ群馬推奨の農産物

❶トマト　完熟トマトを出荷している。生産額は全国5位。中毛地区、西毛地区（藤岡、高崎）、上毛地区（笠懸、新田）、北毛地区（昭和、利根、片品、白沢）で栽培している。気候を利用した栽培、ハウス栽培、加工用トマトの栽培など、各農家が調整しているが、大規模経営が進んでいる。

❷ほうれん草　トンネル栽培は、標高差を利用して栽培し、周年出荷している。冷涼な北毛地区は5月～11月に栽培する。中毛地域は冬春ほうれん草を中心に栽培し、東部の平坦地ではハウス栽培が多い。

❸きゅうり　1月～6月まで出荷する促成栽培と9月～11月まで出荷する抑制栽培がある。生産地は、東毛地区（板倉、館林）、中毛地区（前橋、佐波東）、西毛地区である。施設栽培法による大規模経営が行われている。

❹レタス　5月～10月を中心に出荷している。産地は、北毛地域の高冷地で、セル成型苗を利用した機械化一貫体系により大規模経営が行われている。

❺キャベツ　7月～10月に出荷される夏秋キャベツが生産されている。夏秋キャベツは嬬恋、長野原のような冷涼な気候を活かして栽培し、春キャベツは前橋、富士見などの平坦な地域で栽培されている。嬬恋村でキャベツの栽培を始めたのは明治時代で、その後に本格的な栽培が始まっている。

❻小麦　農林61号を主に、「つるぴかり」「ダブル8号」などを栽培。主として、パン用の小麦となる。

❼梅　和歌山県に次ぐ生産量を有する。「白加賀」のほかに、「南高」「梅郷」も栽培している。群馬県の振興物として推進している。

地域の野菜料理

アカシアの天ぷら／凍りダイコン（凍みダイコン）／こんにゃく料理（汁の実、煮物、おでん、けんちん汁、照り焼き、田楽、刺身）／つみっこ／峠の釜飯

加工食品

こんにゃく、こんにゃく粉／凍りダイコン／ジャム・ジュース類（リンゴ、ウメ、ブルーベリー）／ソバ類

11 埼玉県

さといも

地域の特性

埼玉県は、江戸川・中川などの河川が南北に流れ、流域は低地でコメを中心とした農業が盛んな地域である。地形は、児玉・小川・飯能を走る八王子構造線によって、東西に分けられる。東側の平地部で、西側は山岳部となっている。東側の平地部は、古来利根川や荒川、入間川などの流域であり、低地や台地（大宮台地など）が広がるほか、一部に丘陵（比企丘陵など）もある。

西側の山地部は、関東山地に含まれ、その中央部に秩父盆地がある。海に接していないため、内陸性の気候（夏は高温多湿、冬は低温乾燥、昼夜の寒暖差の激しい気候）を示す地域もある。とくに、海からの距離が離れている県北側・西側で、その傾向が強い。秩父地方の山地は、盆地型の気候や山岳気候を示す。

埼玉県の「日本一」として、ねぎの収穫量、ブロッコリーの収穫量、小松菜の収穫量があげられている。

知っておきたい地野菜・伝統野菜

くわい　オモダカ科の植物。原産地は中国。野菜として利用されているのは日本と中国のみのようである。日本には、奈良時代に中国から伝来していたといわれている。埼玉県内で栽培が始まったのは江戸時代中期といわれているが、天明6年（1786）に関東地方を襲った大水害のときに、くわいは農家を救ったといういい伝えがあるので、この頃にくわいの栽培が盛んであったとも推測されている。明治時代初期には、綾瀬川流域の村々でくわいを栽培していた。綾瀬川は、東京の千住へ続いていることから、河川を利用して当時の江戸に舟で輸送したと考えられる。綾瀬川流域は低湿地でくわいを栽培するには適していたが、さらにその台地に掘ったムロは、種子くわいの貯蔵に好条件だった。

このような立地条件からくわいの栽培が盛んになったと考えられる。

栽培している品種は、塊茎の皮色の青藍色の「京くわい」（青くわいともいう）で、水稲の田植え時期より少し遅い6月下旬～7月上旬に、水田に植え、需要のもっとも多い正月を目安に収穫・出荷する。最近は、栽培や選別など一部が機械化されている。水田、水作業など立地条件や作業が限られているので、競争相手になる産地が限られている。

くわいは、塊茎の形状から、「目（芽）が出る」ということわざがあり、それが正月の料理や結婚式、そのほか「健康立身出世」「子孫繁栄」などめでたいときに、素朴な庶民の願望や期待をこめた縁起食材としてお祝いの料理に使われている。

埼玉青なす

日本のナスには、果皮の色は紫であるが、果実の形が卵型、長形、大丸、小丸などいろいろな形がある。しかし、埼玉青なすは果皮の色は緑色（普通「青」といっている）をした丸ナスである。青ナスは、明治時代の初期に、中国から導入され、奈良漬けに使われた。埼玉青なすも古くから、自家用と漬物用として栽培されていた。中山道沿いで、現在の上尾《あげお》市から鴻巣《こうのす》市にかけての地域にもち込まれたと考えられている。

埼玉青なすの特徴は、果皮、へたの部分が緑色で、花の色（花弁）が白色である。白ナスともいわれているが、白ナスの系統のものではない。果皮の色が鮮緑色で、果実の重さが100 g～200 gのものを収穫・出荷している。最近は、直売所が各地に設置され、夏になると直売所で見かけ、味噌汁の具、煮物などの家庭料理に利用されている。

紅赤《べにあか》

サツマイモの一種。埼玉県の川越はサツマイモの生産地として有名であり、サツマイモを使った加工食品も多い。川越は、埼玉県の南部に位置し、ここで生産されているサツマイモは「川越さつまいも」の名もあり、おいしいサツマイモの代名詞となっている。この地方にサツマイモが導入されたのは、享保20年（1735）以後であると伝えられている。すなわち、現在の所沢市（当時は南永井村）の吉田という人が、寛永4年（1751）に現在の千葉県（上総国）から種子を導入したことに始まったという。この土地の地質は、サツマイモの栽培に適していたことから、ここを中心にサツマイモの栽培が定着し、普及していった。この地域の地質は、洪積火山灰土壌の軽しょう土地帯の台地で、地下水位が低く、水源に乏しいため水田がない。サツマイモにとっては、干ばつでも畑作地帯として利用できる地質となっている。サツマイモは夏に収穫するので、水資源が乏しいこの土地でも適しているのである。川越で栽培している主な品種の「紅赤」は、明治時代に見つけたおいしい品種である。当時の川越は、政治・経済の中心であったから、サツマイモは川越に集荷し、「川越いも」として江戸、そのほかの地域に売られ、同時に「川越いも」の名も広まった。

岩槻《いわつき》ねぎ　南埼玉郡慈恩寺村の現在の岩槻市が原産のネギである。江戸時代の図説「成形図説」（文化元年、1804）には現在の岩槻（もと、南埼玉郡慈恩寺村大字小溝）、栃木県の佐野、足利、日光、群馬県の上野《こうずけ》あたりに、品質のよいネギが栽培されているということが記載されている。岩槻に集まったネギは、元荒川から古利根川を経て江戸へ送られたことから「岩槻ねぎ」とよばれている。この地区では「慈恩寺ねぎ」「小溝ねぎ」の名で流通している。

岩槻ねぎは、加賀系の葉ネギに属する。品種は分けつ性で、葉鞘は千住系や晩生ねぎのように長くなく、九条ねぎより太く、短い葉身である。葉鞘の軟白部は緑色を帯びていて、葉身にはブルームが出やすい。食感は軟らかい。

残念ながら、岩槻ねぎは千住系根深ねぎの普及とともに、市場から消えている。

潮止晩《しおどめおく》ねぎ　潮止晩ねぎは、千住ネギの産地である潮止村（現・八潮市）の農家が、「晩ネギ」の中から晩抽性、収量性、形質の優良系統を選抜・改良したものである。千住系根深ねぎと九条ねぎが自然交配したものが出発となっているようである。現在は、選抜淘汰が繰り返され品種固有の特性は純度が高くない。「吉川晩《よしかわおく》ねぎ」「越谷《こしがや》太《ふと》」など、狭い地域の中で品種名として扱われているものも多い。

新晩生《しんばんせい》小松菜　東京都が東京府といわれていた頃に、小松菜は、南葛飾郡小松村（現・江戸川区小松川）で「葛西菜」とよばれていたアブラナ科の野菜で、1800年代初めの頃から「小松菜」

とよばれるようになった。埼玉県には、埼玉県の東部（三郷市、八潮市、草加市など）と隣接する東京都葛飾区、足立区から埼玉県東部に導入され、冬菜として栽培されたといわれている。昭和45年（1970）に、埼玉県内の採種業者がいろいろあった品種から優良な統一品種を選び、さらに産地、流通などの技術者が優良品種を選び、これが「新晩生小松菜」と命名された。さらに、最近は、周年栽培される新しい品種の小松菜が栽培されるようになり、この新晩生小松菜は減少し、自家用程度に栽培されるだけとなっている。

山東菜《さんとうさい》

山東菜は、半結球白菜である。原産地は中国で、11世紀頃にカブとツケナの自然交雑した半結球性のハクサイの原型が誕生したといわれている。日本には、江戸時代後期に渡来し、明治中期頃から東京の西新井地域（現在の足立区）で栽培された。大正時代になり、隣接する埼玉県草加市、八潮市、吉川市、越谷市、岩槻市の荒川沿いと中川沿いで栽培し、普及した。この地域の地質は、やや低湿で肥沃な沖積土壌であり、山東菜の栽培に適していた。現在は、八潮市、吉川市、越谷市の中川沿いと岩槻市の元荒川沿い（大野島地区）で栽培している。冬の庶民の漬物の食材として欠かせない。

べなか

半結球ハクサイの若採りしたものをべなかといっている。べなかの名は、海苔の採取に用いる小船「ベカ船」の「ベカ」同様に「小さい」を意味する。べなかは、小松菜の栽培で知られている東京都江東地域で栽培されていた。埼玉県への導入は小松菜と同じように、隣接する東京の地域から導入された。べなかは耐暑性があることから、夏の野菜として栽培し、小松菜は冬の野菜として栽培している。べなかの品種には「東京べなか」と「べなかさんとうさい」がある。

深谷ねぎ

県北部の深谷市周辺（利根川沿い）で栽培されている。深谷は、かつては藍の産地であったが、明治初期に藍の値が暴落したのをきっかけとして、ネギの栽培が行われた。このときに北海道、東北地方へ販売するにあたり、「深谷ねぎ」の商標を使用した。

JAさいたまグループ推奨の農産物

❶ほうれん草　平成16年（2004）度の作付面積は全国１位となっている。主な産地は、県北部（深谷市、本庄市）、県西部（川越市、所沢市、狭山市、三芳町、富士見市）、県東部（さいたま市）、県南部（新座市）などである。９月～１月に播種し、秋蒔き、冬蒔きがある。２月～４月に播種するものは春播きである。

❷ねぎ　岩槻ねぎ、潮止晩ねぎ、深谷ねぎなど古くから栽培されている品種がある。ねぎ全体の作付面積は、全国で２位（昭和16年度）である。現在は、深谷ねぎのように軟白部が多い根深ねぎの栽培が多い。

❸ブロッコリー　栽培面積は年々増加し、作付面積は全国２位にまで達している。主な産地は県北部（岡部町、深谷市、本庄市、上里町、江南町、熊谷市、美里町）、県東部の吉川市である。

❹さといも　作付面積は年々減少している。主な産地は、所沢市、狭山市、川越市、新座市などである。作型は、３月～４月に定植し、９月～翌年１月にかけて収穫するマルチ栽培がとられている。周辺ではさといもの仲間のヤツガシラが栽培されている。

❺かぶ　作付面積は、平成２年（1990）を境に、年々減少している。川越市、富士見市、三芳町、所沢市、深谷市などが主な産地である。栽培法は春蒔き、夏蒔き、秋蒔き、冬蒔きがあり、周年出回っている。

❻きゅうり　年々、作付面積は減少しているが、生産量は国内でも比較的高い。深谷市や本庄市などの県の北部、羽生市、加須市などの県東部、秩父地域などで栽培している。促成栽培、半促成栽培、トンネル栽培、半促成無加温栽培、晩抑制栽培などで栽培されているので、周年出回っている。埼玉県独特の品種には「落合」（明治時代に育成した品種）、「霜不知」（昭和初期に育成した品種）がある。

❼なす　作付面積や生産量は、年々減少している。主な栽培地は本庄市、深谷市などの県北部、庄和町、越谷市などの県東部などで、水田地帯の転作物となっている。トンネル栽培、露地栽培（早生栽培、抑制栽培）、半促成栽培など各種の栽培が行われているので、周年出回っている。

❽なばな（のらぼう菜）　嵐山町、小川町、ときがわ町周辺で栽培している。のらぼう菜栽培会が発足され、栽培と普及に力を入れている。

❾トマト　年々の作付面積は横ばいである。深谷市、上里町、本庄市、

県東部の北川辺町周辺で栽培している。促成栽培、半促成栽培、抑制栽培、長期越冬栽培などが行われているので、周年出回っている。ミニトマトの栽培も行っている。

⑩かんしょ（さつまいも） 県の南部で栽培しているが、作付面積は年々減少傾向にある。マルチ栽培が行われている。「川越いも」が有名である。川越城主が、時の将軍・徳川家治（10代）に献上したという。皮の色が鮮やかな紅色で食味がよかったことから、「川越いも」の名がつけられたともいわれている。また、「紅赤」も有名である。埼玉県の関東ローム層がサツマイモの栽培に適している。

⑪大和いも 主産地は、妻沼町、深谷市、本庄市などの県北部、さいたま市などの県南部。10月～3月に収穫する。埼玉県では、ネギ栽培の輪用作物としてつくられている。

⑫えだまめ 主な栽培地は、草加市、さいたま市、川越市、所沢市、狭山市、越谷市、春日部市、三郷市、本庄市などの周辺。露地栽培（早熟栽培）、トンネル栽培、ハウス栽培などが行われ、6月頃～8月頃まで収穫、出荷されている。埼玉県で初めて栽培されたのは、明治初めで、東京と隣接している草加市であるといわれている。昭和に入ってから、需要の増加に伴い水田を転作したこともあった。

⑬しゃくし菜 秩父地方で、ハクサイの代わりに栽培してきた。「しゃもじ」に似ているので「しゃくし菜」の名がある。艶がよくシャキシャキしている。11月になるとJAの農産物直売店で販売されている。漬物に利用される。

地域の野菜料理

くわいのから揚げ／くわいのおろし揚げ／くわい煎餅／キャラブキ／ハスよごし／山菜料理（フキノトウ、フキ、セリ、ノビル、ツクシ、サンショウ、タラの芽、ワラビ、キノコ）／深谷ねぎ（ぬた、ネギ焼き）

加工食品

秩父菜漬け（しゃくし菜の塩漬け）／イモ餅、イモ団子、武蔵野焼き、イモ煎餅、イモ松葉、イモ羊羹、干しイモ／武蔵野焼き

12 千葉県

陸《おか》ひじき

地域の特性

大岡越前は、甘藷先生とよばれた青木昆陽に、江戸の小石川薬草園でさつまいもの栽培の実験をさせた後に、大岡氏の領地である上総豊海不動（九十九里町）で大規模な栽培を行わせている。現在でも、千葉県の成田周辺ではさつまいもの栽培が盛んである。千葉県全体は海抜50ｍ前後の平坦な地域であり、太平洋岸式気候で温暖である。昔は江戸、現在は京浜地区という大消費地が目の前にあるので、野菜類などの農産物ばかりでなく、水産物の生産の役割も大きい県である。利根川、印旛沼、八鶴湖《はっかくこ》、そのほか小さな沼が多く、水源に恵まれているので水田も多い。それほど高くない山は、海からの風を防ぎ、温暖な気候を保ち、果物の栽培に適している。千葉県の日本一にはかぶ、さといも、ねぎ、ほうれん草などの野菜類があり、またスイカ、びわ、みかん類などの栽培も盛んである。

知っておきたい地野菜・伝統野菜

だるまえんどう

エンドウマメの栽培は、明治時代には安房地方ですでにソラマメと一緒に畑、桑園、水田の裏作として行われていたという。大正時代初期にはつる性（高性）の白花の「日本絹さや」という品種、大正時代後期には「赤花矮性」という品種が栽培され、その後、各地域で品種改良されている。最近の農地の宅地化に伴い、これまでの品種の栽培面積が減少してきている。

だるまえんどうは、矮性白花の品種で館山市西岬地域で、昭和10年（1935）代から栽培されてきた。これは「渥美白花絹莢《あつみしろばなきぬさや》」という品種である。この品種は、海岸の砂地畑あるいは房総半島の南斜面で、霜の降りにくい場所での栽培が適している。

最近は、エンドウマメの畑は、ゴルフ場や観光用の花摘み園に変わり、だるまえんどうの栽培量は減少してきて、現在は、赤花系・白花系とも、個々の農家で狭い畑の露地栽培やハウス栽培が行われている。もっとも早いもので11月下旬から収穫している。

黒川系寒咲《くろかわけいかんさき》花《はなな》菜《な》

ナバナの一種。ナバナは、切花用の「唐菜《とうな》」の名で、明治時代から栽培されていた。原種はハクサイであり、野菜として商品化されたのは明治18年（1885）といわれる。ナバナが脚光を浴びるようになったのは昭和36年（1961）頃で、安房地方では水田の裏作として栽培されるようになった。この頃の品種は「京都伏見寒咲花菜」であったが、その後鋸南町で「金木系寒咲花菜」、和田町で「黒川系寒咲花菜」を育成し、この地域で栽培が盛んになった。

黒川系寒咲花菜は、濃緑で頂上蕾が大きい。房総地区のナバナは、花用の栽培が多くなり、野菜用は少なくなっているのが現状のようである。

早生《わせ》一寸《いっすん》そらまめ

昔から房総地区はソラマメの栽培が盛んで、4月の終わり頃から関東圏の市場に出回っている。房総のソラマメは、明治20年（1887）代から栽培されていた。東京への出荷は明治30年（1897）頃からで、船便で出荷していた。大正7年（1918）になって、俵に詰めて出荷するようになった。大正11年（1922）に出荷基準が決められ、1等品に「一寸そらまめ」という品種が選ばれた。この頃は在来種と一寸そらまめが混然として栽培されていた。本格的に一寸種が栽培されるようになったのは昭和11年（1936）である。

一寸種の条件は、一つのさやに2粒の種子が入っていて、白花で、さやの先端が丸みを帯びていて、粉質であることとなっている。「早生一寸そらまめ」は、「大阪一寸」と「八分」との交雑種で、昭和15年（1940）頃から定着した品種で、普通、一つのさやに3粒の種子が入っている品種である（4粒の種子が入っていることもある）。館山市周辺で栽培されている。4月の終わり頃～5月初旬にかけて収穫する。熟した早生一寸そらまめは、さやごと天火で乾燥し、乾いたら種子を取り出して陰干しし、少量の重曹を入れた湯で煮て、砂糖と醤油で味つけした「おたふく豆」として食べるのが、房総地方の食べ方である。

房州中生《ぼうしゅうなかて》カリフラワー

この品種のカリフラワーは、南房総の気候風土が育てた野菜といわれているほど、この地域でヒットした野菜である。カリフラワーの栽培は、明治30年代から現在の富山町勝山地区で行われていたといわれている。本種の房総中生カリフラワーは、多数の品種が交じり合ってできたものであると推察されている。この種子は第二次世界大戦以前から農業試験場で保存され、現在も房総地区で栽培されている。現在は、主に「大球《おおだま》」系と「彼岸」系が栽培され、交雑を避けるため、自分の種子は自分の畑で採種するという自家採取種子が使われている。

坊主不知《ぼうずしらず》ねぎ

本種は昭和10年（1935）頃、隣接する埼玉県から導入されたものである。3月頃播種し、1年以上後の5月頃収穫するので、「晩《おく》ねぎ」ともいわれている。松戸市、船橋市、柏市周辺で栽培されている。種が採れないので、苗は株分けして増殖するという特性がある。まったく球形の散花序（「坊主」といわれている）が出ないことも特性である。葉の中にネギ特有の粘質物がない。

はぐらうり

シロウリで、成田市周辺では「はぐらうり」とよんでいる。マクワウリとの交雑種で食感は軟らかく、「歯のぐらつく人でも食べられる」ことから、この呼び名がある。成田市やその周辺での本種の栽培は、大正時代の初期に、加工業者に納入するようになってから本格的に行われるようになったようである。

成田山新勝寺に関係する加工業者との契約栽培が中心で、一部は浅漬けにするが、多くは成田の名物の「鉄砲漬け」に使われる。昔から、正《しょう》五九《こく》の月といい、正月、五月、九月は忌むべき月とされ、災厄を払うために寺社に参拝した。成田近辺の人を中心とした関東の人々は成田山新勝寺に参詣した。このとき、参詣人にお茶うけとして鉄砲漬けが出され、また参道では土産品として販売されていた。現在もお土産として参道や商店街で販売されている。漬物加工業者は、ダイコンの漬物をつくり、その後で鉄砲漬けに加工するというサイクルをとっている。現在の栽培地域は、印旛郡富里町周辺で、ほとんどは、鉄砲漬けの加工用に栽培されていて、生産量は非常に少なくなっている。加工用は、国内産だけでは不足するので、東南アジアから輸入しているのが現状である。

大浦ごぼう

直径10cm前後、長さが1～1.2mに達する長いゴボウで、八日市市大浦地区の特産である。このゴボウに関しては、成田山新勝寺と関係のある伝説がある。すなわち天慶2年（939）に平将門が乱を起こしたため、朝廷から平将門の討伐を任じられた藤原秀郷が、戦陣に出かける前に、戦勝を祈願して成田山新勝寺で、大浦ごぼうの料理で酒宴を開き、勝利に終わって凱旋したときも、大浦ごぼうの料理で祝ったという伝説が残っているとのことである。それ以来、大浦ごぼうは「かつごぼう」ともいわれ、縁起物として使われるようになったといわれている。

大浦ごぼうは昭和41年（1966）に、八日市場市の文化財となっているほか、椎名忠四郎という栽培農家が、成田山新勝寺から感謝状を受けている。現在の栽培は、水田と台地の間の狭い帯状の畑に限られている。

びわ

千葉県の南房総市地域が日本のびわの栽培の北限であるといわれている。5月頃～6月中は、南房総市富浦地区はびわの出荷、観光用のびわ園で賑わう。江戸時代末期に中国からびわが導入され、19世紀に優良品種の「茂木《もぎ》」として普及した。南房総市富浦で栽培していたということは、宝暦元年（1751）の栽培記録に残っている。主な品種は、大房（100g前後)、田中（60g～70g)、富房である。房州びわは、4月下旬からハウス栽培ものが出回り、その後露地物も出回る。

なし

千葉のなしは江戸時代から栽培されている。果皮の褐色の赤ナシ系が中心で、幸水、豊水、新高などが栽培されている。そのほかに、あさづき、愛宕なども栽培されている。なお、現在は鳥取県が産地として有名になった二十世紀梨は、千葉県が原産で、明治31年（1898）につくり出した栽培品種である。

落花生

落花生が日本に導入されたのは江戸時代といわれている。本格的栽培が始まったのは、明治時代以後で、その後生産量は増加し、千葉県の主な生産物となっている。落花生の花が咲いた後、子房柄が地中に潜り、先端の子房が肥大してさやとなる。通常は、一つのさやに二つの種子が入っている。栽培品種には千葉半立《はんだち》、なかてゆたか、在来種の豆落花生がある。豆落花生は、一部農家で自家採種しているのみである。可食部の種子は、脂質含有量が多いのが特徴である。

陸《おか》ひじき（若芽ひじき）

日本、中国からヨーロッパ南西部まで分布している。わが国では、海岸に自生し、古くから食用野草とされていた。作型としてはハウス促成（1～2月に播く)、トンネル早熟（3月播き)、露地（4月播き）栽培がある。草丈10cmほどで、本葉は6枚ほどになったら収穫する。かつての主産地は山形だったが、現在は各地で栽培されている。灰分が多く、英名は「塩の草」の意味である。カロテン含有量も多い。茎の軟らかい部分を水で洗い、熱湯で茹でてから、お浸し、辛子や酢味噌での和え物などで食べる。

千葉県農林部推奨の農産物

❶トマト　1年中出回っている。とくに春から初夏、秋から初冬にかけての生産量は多く、3月～11月には豊富に出回る。生産地は佐倉市、飯岡町、一宮町、八街市、富里市、銚子市である。

❷きゅうり　生産量は全国5位である。県内どこでも栽培している。とくに、船橋市、干潟町、旭市、大網白里町、九十九里町。

❸かぼちゃ　横芝町、芝山町、富津市などを中心に栽培されている。収穫期は6～7月。

❹なす　野田市、君津市、八街市、九十九里町での栽培が盛んである。収穫時期は3～6月（野田市)、3～7月（九十九里町）である。

❺しろうり　旭町での生産が盛んで、春先から秋にかけて生産され、産出額は全国1位である。

❻だいこん　年中栽培している。とくに、秋から初夏にかけての生産量が多く、1～3月は全国1位となる。八街市、富里市、銚子市、成東町で栽培している。

❼にんじん　印旛地域を中心に、東葛飾地区、香取・山武地区で栽培されている。産出額が全国1位である。5～6月、12月～2月が収穫時期。

❽かぶ　東葛飾地区、東庄町を中心にほぼ周年栽培されている。

❾はくさい　野田市（春作)、八街市、千葉市（秋冬作）などで中心に栽培されている。

❿キャベツ　野田市（10月～11月)、銚子市（11月～翌年5月）を中心

に栽培されている。

⓫なばな　千葉県を代表とする野菜で、安房、君津地域の温暖な気候を利用して栽培し、12月～３月まで出荷している。

⓬小松菜　千葉市、船橋市、松戸市など都市近郊を中心に栽培されている。出荷量も多い。

⓭そらまめ　野田市（10月～11月）、銚子市（11月～翌年５月）を中心に栽培されている。

⓮スイカ　作付面積は全国2位である。５月中旬～７月中旬にかけて出荷される。

⓯えだまめ　東葛飾地域を中心に栽培されている。主に、小糸在来種が栽培されている。６～７月が収穫期。

⓰スイートコーン（未熟トウモロコシ）　銚子市（７月）、松尾町・横芝町（６～７月）を中心に栽培されている。

⓱さやいんげん　市原市、君津地域（５～６月）を中心に栽培されている。

⓲さつまいも　生産量は鹿児島県に次いで多い。江戸時代中期の八代将軍・吉宗の頃に、薩摩（鹿児島）から取り寄せた種イモから、小石川薬園（植物園）で栽培を試み、さらに馬加《まくはり》村（現・幕張）へ移植したのが栽培の始まりといわれている。関東ローム層がさつまいもの栽培に適している。現在は、香取地域（北総台地）を中心に栽培している。品種はべにこまち、べにあずま、むらさきいもなどが多い。ビールの原料などにも使われる。

⓳その他　ほうれん草、ねぎ、葉たまねぎ、やまといも、しゅんぎく、はす、さといも、ちんげんさい、みかん、ブルーベリー、さつまいも、米など。

地域の野菜料理

大浦ごぼう（ひき肉と昆布を詰めて、ダイコンとともに煮る）／そらまめのおたふく豆

加工食品

鉄砲漬け／味噌／醤油／落花生みそ

13 東京都

千住ねぎ

地域の特性

現在の東京都の気候は太平洋気候で、夏に降水量が多く、冬に晴天が続くという特徴がある。都内の23特別区は、宅地やオフィス街となり、農作物をつくる余裕はそれほどない。世田谷区、練馬区、墨田区、荒川区、江戸川区などに残っているわずかな農地での小規模農業がみられる程度である。ほとんどの農地は、多摩地区や島嶼地域などに集中している。江戸の中心へ野菜を供給した西郊農村では、台地・丘陵からなる武蔵野台地から狭山丘陵が続き、畑が多い。東郊農村は荒川、綾瀬川、中川（古利根《ふるとね》川）、江戸川などの河川が形成する低地で水田が多い。水田地帯は葉柄物の産地であった。

武蔵野台は、箱根・富士火山の火山灰由来の関東ローム層の赤土層であり、水はけがよく、植物の生育に適していた。代表的野菜には練馬だいこんがある。一方、伊豆大島、八丈島を始めとする島嶼地域は、温暖な気候と火山性の耕地に合う植物が自生していた。あしたばのように、健康食として注目され栽培するようになったものもある。

東京市といわれていた頃、コメや野菜の栽培条件から、東部水田地帯、多摩川上流水田地帯、多摩川下流畑作地帯に分けられた。たとえば、東京の東部は、さんとうさいの大産地であったことから半さんとうさいが、西部は結球性のはくさいが、糠漬けや浅漬けの素材として使われた。水田のない武蔵野台地上の北部畑作地帯の基本食は、麦を混ぜたご飯だった。いも、だいこんなどの利用も多かった。武蔵野台地は、青梅を扇の要として東に広がり、東部もかつては前菜物の栽培が行われていたが、人口の増加に伴い都市化し、農地は消えてしまった。東京の西部に位置する奥多摩山間部は日常食としてさつまいも、さといもなどのイモ類の利用が多かった。

知っておきたい地野菜・伝統野菜

江戸野菜

江戸野菜とは、江戸時代に諸国の大名が地元の野菜の種子を江戸にもち込み、それを品種改良し、江戸から現在まで栽培が続けられている野菜といわれている。練馬だいこん、千住ねぎ、小松菜などは代表的な「江戸野菜」といわれているが、ブランド野菜として認定はされていない。

江戸・東京野菜

明治時代になり、欧米から日本にはない野菜が入った。これらは、昭和30年代頃（1950～1960）まで、東京で品種改良や栽培が盛んになった。この野菜を、江戸野菜と合わせ、江戸・東京野菜といっている場合もある。

代表的江戸・東京野菜には、千住ねぎ、滝野川ごぼう、金町小かぶ、東京うど、大蔵だいこん、練馬だいこん、亀戸だいこん、小松菜がある。さらに、馬込三寸にんじん、品川大かぶ、谷中しょうが、目黒のたけのこ、馬込半白きゅうり、しんとりなども加わる。練馬だいこんや亀戸だいこんは露地栽培で行われている。出荷時期は、千住ねぎは周年、滝野川ごぼうは11月中旬～２月中旬、馬込三寸にんじんは11月上旬～12月下旬、大蔵だいこんは10月下旬～12月下旬、練馬だいこんは11月中旬～１月下旬、亀戸だいこんは11月上旬～12月下旬、品川大かぶは、11月上旬～１月中旬である。

のらぼう菜

アブラナ科に属し、西洋アブラナの一種。油の原料として江戸時代初期から各地で栽培していた。江戸時代には、天明・天保の飢饉を救った野菜として伝えられている。葉や蕾はお浸しにして食べた。前年の８月に種を蒔き、冬には花や茎が伸びて蕾をつける。この花茎、蕾を食用とする。埼玉県飯能市でも栽培しているが、東京では青梅市を中心とした東京西郊の山麓地帯で栽培されている。

胡麻和え、お浸し、味噌汁の実、炒めてマヨネーズで食べる。油とよく合い、苦味やクセがない。

うど

ウコギ科の多年生草本で軟化した根を食用とする。うどを日光にあてずに軟白させる「ムロ栽培技術」がとられている。地下のうど穴を使って株を伏せこむ栽培技術は、東京都だけである。東京でのうどの本格的栽培は江戸時代末期の文化年間（1804～1818）に、現在の武蔵野市吉祥寺で行われた。第二次世界大戦後、一時栽培面積が減少したが、後に増加し、現在は良品質で、都市近郊の有利性を活かした栽培をし、現在では東京都の特定野菜の一つとなっている。うどの品種は、自生しているものから長い年月をかけて選抜され、現在の主要品種は「紫」の系統である。この品種は、昭和12年～13年（1937～1938）頃に愛知県から導入した品種に、軟化系の品種を交配し、「紫芽《むらさきめ》の白《しろ》」という品種として栽培している。そのほか、昭和58年（1983）に東京都農業試験場で選抜した「都」「多摩」がある。軟化栽培には、促成軟化、普通軟化、抑制軟化がとられている。武蔵野台地の関東ローム層は、４～５ｍ深く掘っても地下水が出ることなく、軟化室を掘るのに格好なところがうどの栽培に適している。

あしたば

セリ科の植物で、伊豆諸島、伊豆半島、三浦半島、紀伊半島などの温暖地の沿岸に自生する多年生の植物である。伊豆諸島では自生しているが、栽培もしている。江戸時代の文献に、八丈島の人々が朝夕の糧として食用していたことが記載されている。近年になって、あしたばのビタミン類、食物繊維などが注目され、昭和57年（1982）の「四訂日本食品標準成分表」に初めて食品として記載された。極めて早く生長し、一度摘んでも、翌日には生長しているので「明日葉（あしたば）」の名があるといわれている。生育から、葉柄の赤い系統（赤茎種）と赤みのない系統（青茎種）がある。赤みの発現は、栽培地や生育ステージによって異なる。

葉柄を含む葉は、お浸しや胡麻和え、天ぷらで食べるほか、乾燥して粉末にし、茶の代わりに使われるほか、佃煮にも加工される。最近の健康食ブームで人気の盛り上がった食品である。

小笠原かぼちゃ

第二次大戦前、小笠原は小笠原かぼちゃの産地として知られたところである。小笠原は亜熱帯の気候で、常夏の島であることから、冬でも露地栽培ができ、12月の冬至に東京市場を中心に出荷されていた。品種は、黒川かぼちゃの系統から選抜され、１号から３号まで品種改良された。昭和19年（1944）、第二次世界大戦が激化し、本土への引きあげを余儀なくされた島民は、このカボチャの種子を八丈島へもち込み、その後農業試験場で品種改良に努めた。

小松菜

アブラナ科の一種である。江戸時代初期の江戸・葛西付近に葛西菜という菜があり、味のよい漬菜であることから、全国的に知られた。その後、小松川の椀屋《わんや》久兵衛が、この菜を改良し、関東を中心に普及していった。八代将軍徳川吉宗が鷹狩りの際に賞味して、大変おいしかったことから、これを「小松菜」と名づけた。旬は冬なので冬菜ともいわれる。筋っぽさがなく、辛味、えぐみも少なく、お浸しや浅漬けで食べる。

練馬だいこん

練馬地方での練馬だいこんの栽培は、江戸時代に始まった。この地方の表土は深くてダイコンの栽培に適していたからというのが、栽培の理由である。練馬だいこんには、たくあん漬け専用の「練馬尻細だいこん」、生売用で煮食、べったら漬け、ぬか味噌付けなどに使われる「練馬秋づまりだいこん」があった。現在は、品種改良して練馬系だいこん（大長系で、首は細く、歯切れもよく、たくあん漬けに適している）が誕生している。練馬地区は、昭和20年（1945）頃まで、ダイコンの生産地の代名詞となっていた。しかし、収量は多いが、深く根が張って収穫に労を要するところから、現在は栽培が限られていて、伝統野菜を継承するために、練馬区のイベントや体験事業用に行われている篤農家がいるだけで、市場には流通していない。旬は11月中旬〜12月下旬。干してたくあん漬けにするほか、煮物、ダイコンおろし、浅漬けなどに利用された。

高倉だいこん・東光寺《とうこうじ》だいこん

高倉だいこんは、八王子を中心とする多摩地区の野菜として誕生した。大正10年（1921）頃、原善助氏が「みの早生」と思われるダイコンを「練馬尻細」の間に一作おきに混作し、自然交配でできた後代を選抜してできたとされている。昭和22年（1947）には、モザイク病に強いダイコンとして高い評価を受けた。昭和26年（1951）には「高倉だいこん」として登録をしている。高倉だいこんの特性は、早太りの練馬だいこんより葉は大きく、濃緑色で、根の長さは70cmほどと、やや長いほうである。太さは6.6～6.9cmほどでやや太い。根重は1.5～2.0kg程度。肉質はやや硬いが、甘味がある。

東光寺だいこんは、日野市を中心とする南多摩地域の野菜として誕生した。日野市の東光寺において古くから栽培しており、高倉だいこんが世に出る前から東光寺において練馬系のダイコンを栽培していた。高倉だいこんよりウイルスに強い。首部（約3 cm）は細く、中央部から尻部にかけて最も太い。根の先へ行くほど細くなる。根径は6 cm前後。たくあん漬けにするとやや水っぽくなるが品質はよい。

梅　青梅市は古くから梅を栽培している。「梅郷」「玉英」という品種で、梅干しに向く。

東京都内産野菜（JA東京中央会）

❶小松菜　江戸時代に江戸川の小松川に生えていた菜を栽培したのでこの名がある。

❷ほうれん草　作付面積は、JA東京みらい、JA東京あぐり管内が多い。

❸キャベツ　作付面積は、JA東京あおば管内が多い。

❹じゃがいも　作付面積は、JAあきがわ管内が多い。

❺だいこん　大蔵だいこん（世田谷）、亀戸だいこん、練馬だいこんなどがある。

❻さといも　作付面積はJA東京みらい、JA東京あぐりが多い。

❼スイートコーン　JAあきがわ管内の直売店で、収穫直後のものが市販されている。

❽えだまめ　JA東京スマイル管内の収穫が多い。

❾ブロッコリー　作付面積はJA東京むさし管内が多く、次にJA東京みどり管内とJA東京みらい、JA東京あぐり管内。

❿さつまいも　作付面積はJA東京島嶼管内が多い。

⓫ねぎ　作付面積はJAマインズ管内が多い。

⓬にんじん　作付面積はJA東京みらい、東京あぐり管内が多い。

⓭はくさい　作付面積はJA八王子管内が多い。

⓮なす　作付面積はJA八王子管内が多い。

⑮かぶ　作付面積はJA八王子管内が多い。
⑯トマト　作付面積はJA八王子管内が多い。
⑰きゅうり　作付面積はJA八王子管内が多い。
⑱カリフラワー　作付面積はJA東京むさし管内が多い。
⑲ごぼう　作付面積はJA東京みらい、JA東京あぐり管内が多い。
⑳かぼちゃ　作付面積はJA八王子が多い。
㉑うど　作付面積はJA東京むさし管内が多い。
㉒たまねぎ　明治時代に本格的栽培が行われ、作付面積はJA町田市管内が多い。
㉓レタス　作付面積はJA東京みらい、JA東京あぐり管内が多い。
㉔さやいんげん　作付面積はJA八王子管内が多い。「つるありインゲン」「つるなしインゲン」の2種類がある。
㉕いちご　作付面積はJA東京みらい、JA東京あぐり管内が多い。
㉖さやえんどう　作付面積はJA東京島嶼が多い。
㉗つまみな　作付けはJA東京スマイル管内が占めている。
㉘わさび　作付けはJA西東京管内が占めている。
㉙しゅんぎく　作付けはJA東京スマイル管内が占めている。
㉚わけねぎ　東京特産野菜の一つとなっている。作付面積はJAマインズ、東京スマイルが多い。
㉛なし　品種は「稲城」で「幻のナシ」といわれてる。
㉜ぶどう　品種は「高尾」。立川市の東京農業試験場で、巨峰を交雑組み合わせして開発した。稲城市の特産となっている。
㉝原木しいたけ　主な産地はJA西東京、JAあきがわ、JA八王子、JA町田管内。

島嶼《とうしょ》特産の農産物

❶あしたば　東京都中央卸売市場で売られるあしたばの90％は、東京島嶼産である。
❷絹さやえんどう　大島を中心に生産されている。軟らかく、揃いがよいので高級品として取り扱われている。
❸パッションフルーツ・マンゴー　小笠原諸島の亜熱帯気候はパッションフルーツ・マンゴーの栽培に適している。

地域の野菜料理

塩梅汁《えんばい》／きんぴらごぼう／江戸天ぷら

加工食品

乾燥キノコ／乾燥野菜／茹でたキノコ・蒸したキノコ／茹でた野菜・蒸した野菜／茹でた豆・蒸した豆／塩漬けキノコ／こんにゃく／たくあん漬け／べったら漬け／福神漬け

14 神奈川県

湘南レッドたまねぎ

地域の特性

神奈川県は、関東地方の南西部に位置し、広い関東平野を有している。気候は、温暖で雨量の多い太平洋側気候に属している。箱根や湯河原などの温泉地帯や、名所・旧跡が多い鎌倉がある。多摩川を境に、東京都側と神奈川県側に区別されている。神奈川県側には、多摩川、鶴見川、相模川、酒匂川、早川などが流れ、それらの上流には相模湖、津久井湖があり、水資源がよかった。西部には丹沢山地が連なり、県南部・県東部に向かって標高が低くなり、平野部が広がっている。相模川の右岸は、台地へとつながり、南に三浦半島が伸びる。三浦半島は、東京湾、太平洋、相模湾に面し、太平洋からの温暖な風が、農作物の栽培を有利にし、夏の野菜も冬の野菜も生育しやすい条件となっている。さらに、東京への海上輸送が便利なことも三浦半島の野菜の生産が拡大した理由ともなった。昔からこの地に根づいているダイコンは、大正時代に「三浦だいこん」と命名された。冬も温暖なこの地では、冬にも根が太くなることから「冬だいこん」の別名もある。三浦だいこんは、おでん、ふろふきなどに使われていたが、栽培上の問題から青首だいこんを栽培する農家が増えている。その一方で、栽培しやすい新しい赤だいこんなどの栽培を手がけているところもある。

多摩川流域の神奈川県側の川崎は、江戸時代からなしやももの栽培が行われていたが、京浜地帯の工業の発達のために果樹園が減少していった。三浦半島の農地には、洪積台地と谷間の沖積地が広がっている。三浦半島の田畑はダイコンを栽培するには適していたので、重量野菜のダイコンの栽培・出荷はきつい労働であった。また水は天水に頼らざるを得なかったために水田はなかった。藤沢、茅ヶ崎から丹沢山地へ続く平坦地の土質は、冬には霜柱が深く、関東ローム層で田畑が多い。箱根に続く山間部の平坦地の一部は川沿いに水田があり、そのほかは雑穀の栽培がされている。小田原、藤沢、茅ヶ崎の海岸をもつ湘南地帯は温暖で、みかんや野菜の栽培にも適している。丹沢山の麓や山間部では、主に大豆、麦、いも、小豆などが栽培されている。

知っておきたい地野菜・伝統野菜

梅

神奈川県の梅の名所としては曽我の梅林がある。小田原城は、明応4年（1495）に戦国大名・小田原北条氏の居城となり、関東支配の拠点とされた。藩主は、城内や武士の屋敷に梅の木を植えさせ、小田原に近い前羽海岸でとれた塩で梅干しをつくらせた。宿場の膳の一品としてや、箱根の山越えの弁当のおかずとして需要があった。曽我は小田原の東境にある曽我丘陵のふもとに南北に連なっている一部の地域を指す。曽我兄弟の成人地としても知られている。青梅用には「白加賀」「玉英」が栽培され、梅干しや梅漬け用には「十郎」が栽培されている。生梅はアミクダリンという毒性のある青酸配合体を含むので、生食はできない。塩漬け、梅酒などの加工品や料理の材料として利用される。

三浦だいこん

気候の温暖な三浦半島で栽培され、冬から春にかけて収穫されるダイコンである。もともとは、「練馬尻細」が在来の「高円坊」や「中ぶくら」と交雑して、昭和初期に成立した煮食用冬ダイコンであった。根の中央部よりやや下の部分が一番太くなる。肥大した根は、2～4 kgに達する。肉質は緻密で白い。甘味があり煮崩れしないのでおでん、ふろふきなどに使われる。

昭和54年（1979）の台風による不作を補うために、首都圏に導入された青首だいこんが契機となって、三浦半島では青首だいこんが大半を占めるようになった。

大山菜（大山そだち）

神奈川県の西部の伊勢原で栽培しているカラシナの仲間で葉カラシナである。伊勢原の北部にある大山の麓の子易《こやす》地区の地域特産品である。葉が大きいので「おおっぱ」、または栽培地の地名から「子易菜」ともよばれている。

湘南レッド、早生湘南レッド

生食用のタマネギの「湘南レッド」が栽培されるようになったの

は、昭和28年（1953）に中郡・橘町の片木節夫氏がアメリカから試験的に導入した「スタックトン・アーリー・レッド」の品種改良を重ねて優良株をつくり出したことによる。昭和36年（1961）に「湘南レッド」と命名された。湘南レッドは、草勢の強い中晩生種で、球の外観は鮮やかな紫紅色、輪切りにすると赤い同心円の輪が表れる。辛味と刺激臭は少なく、水分が多く、甘味に富む。ただし、球の貯蔵性は低い。9月下旬に蒔き、翌年6月上旬に収穫。小田原市、川崎市、中郡で栽培されているほか自家用にも栽培されている。

湘南レッドよりも収穫期が1週間から10日早い生食用赤タマネギが「早生湘南レッド」である。神奈川県農業総合研究所が、湘南レッドを親として開発した品種である。昭和56年（1981）から繰り返し栽培していて平成2年（1990）に固定化を確認し、平成5年（1993）に品種登録した。湘南レッドに比べれば、球の重量は軽い。梅雨入り前に収穫できる。

湘南　ネギの品種。神奈川県では、根深ねぎとして千住群と株ねぎの品種が栽培されており、葉ねぎは加賀群と九条ねぎが栽培されている。また、栽培量は少ないが、根深ねぎの「湘南」と「株ねぎ」、葉ねぎの「真ねぎ」が地方種として栽培されている。

「湘南」は、神奈川県園芸試験場が育成し、昭和37年（1962）から神奈川県内で栽培の始まった千住合柄《あいがら》系の品種である。三浦半島・逗子産で、草勢がよく合黒《あいぐろ》系統と埼玉県深谷産の分けつ性の合柄系統を混種・交雑して育成した品種である。葉身は細長く、1株が2～3本に分けつし、葉柄の伸びがよい。

禅寺丸柿《ぜじまるがき》　神奈川県原産のカキの品種。鎌倉時代初期に神奈川県都築郡柿生村字王禅寺（現在の川崎市麻生区王禅寺）で、自生していたという古い品種。江戸時代には渋ガキとして出荷していた。果実は小さくて甘味がある。10月上旬～中旬に成熟する不完全甘ガキである。伊勢原市大山付近には、樹齢200～300年のカキの木がある。

かながわブランド振興協議会推奨の農産物

❶からし菜　「大山菜」という商品名で販売されている。大山地域では古

くは江戸時代から昭和30年代前半まで、この地の特有の漬物として旅館の宿泊者の食卓に提供されていた。塩でもんで刺激を与えると風味がよくなるので、添加物を使わないで塩のみで漬けこんでつくる。

❷とうがん　生産地は三浦半島で、平成4年（1992）から「三浦とうがん会」を結成し、大とうがん、小とうがんを栽培している。作付面積は、収量とも年々増加している。栽培期間が長く、保存性が高いので、販売期間は長い。

❸キャベツ　生産地は横浜市、横須賀市、三浦市、藤沢市、綾瀬市で、出荷は1月〜7月、10月〜12月である。明治20年代から「かながわキャベツ」として三浦半島を中心に栽培を始めた。現在は、神奈川県全体の地域で、安全性や食味のよい高品質のキャベツの生食用栽培に取り組んでいる。

❹かぼちゃ　神奈川県では、大正時代に藤沢市でねっとりした食感の「日本かぼちゃ」の栽培を始めた。昭和初期からは三浦半島でホクホクした食感の「西洋かぼちゃ」の栽培を始めた。いずれも「こだわりのかぼちゃ」として市場へ出荷している。三浦野菜生産販売連合会は、統一した基準を設け、「三浦かぼちゃ」を栽培している。三浦かぼちゃは、ホクホクした食感をもつ品種「みやこ」を、着果後45〜50日以上つるにつけておく完熟かぼちゃとしている。

❺津久井大豆　津久井地区では、昔から栽培しているが、市場にほとんど出回らないため「幻の大豆」とまでいわれている。品種は「津久井在来」で、昔ながらの味の大豆として見直されてきている。アミノ酸量が多く、味噌、豆腐の加工に向いている。

❻かぶ　茅ヶ崎で栽培しているかぶは、白くて軟らかいので、品質がよい。この地域の土壌の性質は、火山灰土や砂れきからなり、冷涼な気候であることからかぶの栽培に適している。秋・冬に栽培されている。

❼だいこん　三浦だいこんは有名である。生産地は三浦市、横須賀市である。三浦半島は、海に囲まれ、太陽の光をいっぱいに浴び、冬でも温暖で、だいこんの栽培に適している。現在は小型〜中型の根の上部が淡緑色の青首だいこんが主流となっている。辛味、甘味があり、水分が多く、生食から煮物まで広く利用できる。

❽小松菜　生産地は横浜市、平塚市、茅ケ崎市で、周年出荷している。神奈川県では、明治40年（1907）頃に、横浜市で栽培を始め、その後各

地に広がった。平塚市では昭和50年（1975）に基幹作物として定着した。
❾サラダ用野菜　横須賀・三浦地域では、サラダ用に品種改良された皮の薄いかぼちゃやなすを栽培している。

鎌倉野菜

「鎌倉野菜」という名が一般の人に馴染むようになったのは、平成10年（1998）頃からであろう。イタリア料理やフランス料理のレストランで、JR鎌倉駅に近い鎌倉市内のJA販売店で売られている野菜を「鎌倉野菜」というようになった。この販売店には、鎌倉市、藤沢市周辺のJAに属している農家が提供している。１週間のうちに、その販売店で売る曜日や日にちを、農家の人々が交代で決めている。野菜類は季節の野菜なので、スーパーなどで販売している野菜類よりおいしい。トマト、きゅうり、レタス、ルッコラ、ズッキーニなどのほか、日本野菜や西洋野菜などさまざまな種類が販売されている。また、レストランによっては契約農家もあり、神奈川内のレストラン関係者ばかりでなく、東京のレストランの関係者も購入に鎌倉まで訪れる。

なし類

❶長十郎　明治28年（1895）頃、神奈川県橘樹《たちばな》郡大師河原村出来野（現在の川崎市大師河原）の当麻辰次郎氏のなし園で偶発実生《みしょう》として発見された赤なしである。当麻家の屋号をとって「長十郎」とした。果実の形は円形または偏円形で、１個の重さは250～300ｇで、９月上旬～中旬に熟する。肉質は硬くて歯ごたえがある。特有の風味と甘味がある。
❷多摩川なし　川崎市で栽培・収穫されるなし全般を多摩川なしという。とくに、多摩区になしの果樹園が多い。川崎では江戸時代から栽培されていた。本格的に栽培されるようになったのは、江戸時代中期からである。主要品種は、幸水、豊水などと、後に神奈川県の旧園芸試験場で育成した菊水などである。伊勢原市、厚木市周辺でも栽培している。

みかん（ハウスみかん）

生産地は小田原市、湯河原町、真鶴町、南足柄市、大井町、中井町、松田町、開成町、山北町と神奈川県の南部地域である。神奈川県は、温州みかんの産地としては北限に近く、甘味は淡いといわれているが、甘味と酸味のバランスはよい。主として「大津４号」「青島みかん」という品種を栽培している。12月～翌年３月まで出荷している。

ハウスみかんは、平塚市、大磯町、二宮町、小田原市、湯河原町、真鶴町、南足柄市、山北町、秦野市で栽培している。出荷は８月～10月である。環境をコントロールして栽培しているので、夏でも甘味と酸味のバランスのよい温州みかんを賞味できる。

スイカ

生産地は、三浦市、横須賀市で、三浦野菜生産販売連合会の特産物となっている。「三浦スイカ」は「ぼかし堆肥」という土づくりを導入して栽培する、甘くてシャキシャキした食感のスイカである。

「ラグビーボールスイカ」は、消費者のニーズを取り入れ、小型のスイカを開発中にできたスイカで、昭和57年（1982）に、神奈川県園芸試験場三浦分場で育成された。丸ごと冷蔵庫で貯蔵することができるという利点がある。

地域の野菜料理

山窩《さんか》料理（鶏肉の刺身、イノシシ鍋、山鳥料理、山菜料理、野兎料理）／精進料理／けんちん汁／だいこんとマグロの煮付け／大山菜のおやき

加工食品

梅干し／梅ドリンク、梅ジャム／大山菜の漬物、大山菜ふりかけ

15 新潟県

八色《やいろ》しいたけ

地域の特性

新潟県は、本州の日本海側のほぼ中央に位置し、北東から南西に細長く伸びている。気候は、日本海側気候で、冬は日照時間が短く降雪が多い。夏の日照時間は長く、雨量は少ない。冬の降雪量は、新潟の銘柄米の「こしひかり」の生産に影響を及ぼす。降雪量が少ないと田植えからコメの収穫までの水不足となりやすい。

新潟県の日本一は、魚沼産で栽培されている「こしひかり」である。全国的においしいコメとして、さらに産出量の多いことで全国1位である（平成17年（2005）度）。信濃川が広大な越後平野を潤し、肥沃素な大地とコメづくりに適した気候が、味わいのよい「こしひかり」を育んでいる。とくに、おいしい「こしひかり」の産地として知られている魚沼地方は、全国でも有数の豪雪地帯で、春の訪れとともに清冽な雪解け水が山野を潤し、昼夜の温度の差が大きく、山間地の恵まれた気候条件のもとで、品質のよい「こしひかり」が生育するのである。

新潟県は、北部県境の朝日、飯豊《いいで》山地、南部の県境の三国山脈と妙高高原などの山地に囲まれ、これらの山地から流れる阿賀野川、信濃川が、越後平野や柏崎平野、高田平野を肥沃な土地にし、イネの栽培に適した土壌にしている。佐渡島の国中平野も穀倉地帯を形成している。

新潟市周辺は、なすの嗜好には評価の厳しい地域であるといわれている。なすの種類も多いが料理の種類、加工の種類も多い。新潟のなすの在来種は、明治以来丸なすが多く、長なすは昭和に入ってから栽培されたものが多い。

知っておきたい地野菜・伝統野菜

女池菜《めいけな》　新潟県鳥屋野地区女池を中心に、古くから栽培されているアブラナ科のとう菜の一種。小松菜の仲間で、しゃもじのような形をしている。とう菜の種類でも、「とう」のまだ短く、蕾もほとんど出ないものが出荷されている。シャキシャキした食感と甘味、ぬめりがある。明治の初期に、女池新田の素封家・新田半人《にったなかと》氏が新潟市の流作場《りゅうさくば》地区の玄的《げんてき》から「新潟県特産奨励の元祖」といわれている「女池菜」の種子を、隣人の蒲沢家にもち込んで栽培したのが、この菜の栽培の始まりといわれている。当初は「玄的菜」といわれ、蒲沢家では明治時代から現在も、この菜の種子を採種し続けている。女池菜は、ハウス栽培は行わず、いったん雪の下で越冬させてから、雪解け後に、トンネル栽培を行ってから出荷している。現在も純正「女池菜」の種子は、鳥屋野地区以外へのもち出しは禁止されている。

長岡菜　アブラナ科に属する漬菜の仲間。明治以降に中国から導入した「体菜《タイサイ》」または「雪白体菜」の系統の漬菜といわれている。現在も南蒲原郡中之島大沼新田と同郡栄町尾崎で採種と栽培が続けられている。大沼新田産の種子については、最初は「大沼菜」の名で販売されていたが、大正時代後「長岡菜」の名として全国に流通したといわれている。本種は、明治初期に導入された「体菜」と在来種の自然交雑したものと考えられている。長岡菜の栽培農家は、漬菜としては最高においしいと評価しているが、最近は「野沢菜」におされ、栽培面積が減少している。

大崎菜　本種はアブラナ科に属し、産地は南魚沼市の八海山麓の大和町大崎である。栽培を始めた時代は、女池菜よりも古く、寛文年間（1661～1673）から始まったといわれている。大崎地区は、北面に丘陵を背負い、積雪が比較的少なく、火山性地下水の湧水が豊富で、水かけ菜の栽培に適していた。江戸時代から明治時代中期にかけては、魚沼川から信濃川の川船輸送の便利もよかったので、普及するにも便利だった。よく分けつするので、同一株から根元を順次かきとり、冬中、出荷を続けることができる。現在も大崎菜の種子は門外不出である。しかし、ほかの地区では、類似の種類の種子（八色菜《やいろな》、芹田名、大和菜など）が販売されているようである。

その他のとう菜

五月菜（山間部）、川流れ（CO菜となっている）（下越地方）、城之古菜《たでのこしな》（十日町）、大月菜（六日町）、弘法菜（金城山）

かきのもと

下越地方では、古くから食用ギクとしている秋ギクで、これを「かきのもと」といっている。同じものを、中越地方では「おもいのほか」とよび、山形県では「もってのほか」とよんでいる。花色は、アントシアン色素による桃紫色で、その色の濃さは系統によりやや違いがみられる。新潟地方では、ツマものなどの飾りとするほか、丼ものにのせて食べる。

甘露、鶴の子

新潟県にはマクワウリを「甘露」とよんで、旧盆の入りの8月13日に仏壇に供える習わしのある地方があるといわれている。現在は、メロンを供えるようになっているが、古くはマクワウリを供えた。甘味がなく、食感もヌタヌタしておいしいものではなかった。「鶴の子」というマクワウリも、旧盆には供えた。これが使われるようになったのは江戸時代からと推測されている。

魚沼巾着

ナスの品種。南魚沼郡城内村（現在は、魚沼市六日町）の下原新田の栗田忠七氏が、明治30年（1897）の水害の折に、群馬県富士見村へ出稼ぎに行き、その帰りに入手した早生ナスと、在来種の丸ナスの交配によりできたのが「魚沼巾着なす」といわれている。明治45年（1912）3月に、「城内茄子採種組合」が県内の指定採種組合として設立され、代表的に新潟の丸ナスとして県外にも出荷された。昭和28年（1953）に漬物用の「梨なす」の普及に伴い、栽培面積は減少している。本種の果皮は黒紫色で、形はやや長形、純丸型、やや平たい巾着型などの系統がある。現地の復活系統は、やや平たい巾着型であった。その後、園芸試験場では、丸ナスとの交配を試みていた。味噌漬けなどの貯蔵漬けに適したナスである。

中島巾着

原産地が長岡市中島地区のナス。明治40年代に、小川文四郎氏が現在の南蒲原郡田上町から導入した「亀田巾着」の種子がルーツではないかと推測されている。本種は、典型的な巾着型のナスで、春・秋は色つやもよいが、夏季は黒紫色から赤紫色に変わり光沢も衰えるという果皮の色素の変化がみられる。煮崩れがないことから、煮食に向いている。県外の人には、「中島巾着」の名では生産地などが判断しにくいところから「長岡巾着」の名で市販しているところもある。

一日市《いといち》なす　外皮が赤紫色の丸ナスで、原産地は新潟市一日市《ひといち》である。ルーツは、新潟市大形地区、阿賀野川河畔の「一日市なす」にあり、昭和30年代に出現した「早生大丸（長岡交配種）」の食味と違いがないことから、一日市なすの栽培面積が減少している。

十全《じゅうぜん》　ナスの品種。栽培の中心は、白根市である。中蒲原郡の村松町（旧・十全村）の篤農家が入手した「泉州なす」と在来種の交配により育成された品種である。皮は薄く、肉質はしまり、当座漬けに向いている。現在の流通量は少ない。

梨なす、黒十全　泉州ナスの系統で、昭和15年（1940）に長岡市の大島に導入されたナス。昭和30年代初めは、三条市に導入され、「黒十全」の名で販売し、その後、巻町で交配種の「新潟十全」として北越地方で販売された。下越地方では、「黒十全」を「十全」としてとり扱っている。長岡地区では「梨なす」の名で流通し、東京市場にも出荷している。

鉛筆なす　果実の先が尖っているので、「鉛筆なす」の名がある。鉛筆は明治維新の産物なので古くからある品種ではない。昭和に入ってからこの品種が育成されたと推測されている。元祖は、白根市の笠巻地区で栽培されていた。ルーツは九州宮崎県の「佐土原」とも推測されている。1個の重さは30g前後の小ナスで、当座漬けに利用されている。果皮、果肉ともに軟らかいのも特徴である。

久保なす　鉛筆なすとは兄弟関係の品種であるが、やや長めの型ナス。北蒲原郡豊浦町久保に土着した品種。当座漬用の小ナスである。果皮が軟らかすぎるので、遠距離出荷は向かない。

やきなす

豊栄市笹山地区で栽培されている焼きナス用（時には、ふかしナス用）の品種で、１個の重さは250 g～300 gに達する。白根市の「鉛筆なす」を導入し、焼きナス専用に育成したもので、「佐土原」の特性も有している。夏には果皮の色が退色するという欠点がある。やきなすの種子は、この地区から門外不出となっている。

白なす

北蒲原郡笹神村大室で昭和初期から栽培されているナス。丸ナス系で、現地では白なす（白鳥なす）とよばれている。幼果はかなり白みを帯びていて、淡い緑色なので青ナスの系統といわれている。煮付けに使っても汁の色を汚さない。果肉がよくしまり煮崩れもしにくい。

八幡《やはた》いも

佐渡島の佐渡郡国仲平野の西部にある真野町、佐和田町は海成砂土からなり、園芸地帯を形成している。八幡いもは、この地域を中心に栽培されている。ルーツは関東系の中生「土垂」で、種イモはやや細長い。最近は、富山県系の「大和早生」におされ、栽培面積が激減している。

かぐらなんばん、おにごしょう

ピーマン形の、辛味の強いトウガラシである。頚城郡、魚沼市、十日町市、小千谷《おじや》市、古志郡、栃尾市などに分布している。小千谷地区ではかぐらなんばんといい、古くから栽培されている。クシャクシャした球形であるのが特徴。頚城郡ではおにごしょう、でんでこ、ししごしょうなどとよばれ、やや雑駁《ざっぱく》で形が崩れたものや、球形に近いものもある。また、ピーマン型やシシトウ型もある。伝統食品の「ピリッコ」の原料として栽培されている場合が多い。

こひめうり

村上市や新津市では禅宗の仏壇に供える１個50 g前後のマクワウリである。「ひめうり、ごしょうりょうさまのうり（御精霊様の瓜）」などの呼び名もある。熟した果実は白色、果皮も白色である。

本かたうり

佐渡島の佐渡郡真野町に伝来するシロウリ（シマウリ系）である。かたうりは新潟でのシロウリの地方名である。熟果は、銀色の筋が現れるので、「銀うり」の呼び名もある。このウリのルーツは京都の丹波半島や石川県の能登半島にあると推測されている。現在の流通は地元だけである。

高田しろうり

高田市高土《こうど》町が本種の発祥の地といわれている。果皮は淡緑色で、果実はやや大きく、長形で、早生である。近年は、高田市での栽培は減少し、西蒲原郡巻町の北越農事（株）で種子を取り扱かっているのみである。県の指定採種組合がある。

米山《よねやま》しろうり

原産地は、新潟市米山地区。しかし、現在の米山地区は、新潟市の都市化のために、この地域での栽培は行われていない。特定の採種組合がないが、佐渡では採種していたといわれている。果肉は厚く、種子は少ない。果肉はやや軟らかい。現在は種子を北越農事（株）で販売している。

居宿《いしゅく》の葉ねぎ

小ネギよりはやや大きく、九条葉ネギよりも小型の葉ネギである。現在、栽培の中心である居宿は、新潟県白根市の対岸、西蒲原郡味方《あじかた》村の最北端の黒埼町に接する集落である。「居宿の葉ねぎ」は品種名でなく、この地区で栽培されている集団のネギの商品名である。本種の種は市販されていないし、栽培面積は激減していて、新潟市場では最高級品となっている。

砂ねぎ

新潟市西郊の砂丘地での栽培の多いネギである。極めて軟らかく、ちょっとした風でも葉折れを起こしやすい。「砂ねぎ」の呼び名は、新潟市内野町での呼び名。「青山ねぎ」「坂井ねぎ」「坂井輪ねぎ」の名もある。明治時代から栽培されていた品種で、現在の加賀ねぎに似た品種である。砂ねぎは、砂丘地の温暖な気象によると思われる。

千本ねぎ

1本が千本までに能率よく分けつするネギとして知られている。佐渡郡真野町西三川《にしみかわ》から新潟市の砂丘にもち込んだ品種で、ルーツは関西系のワケギと推測されている。非常に軟らかいネギである。

五千石《ごせんごく》ねぎ

根深ねぎ（一本ネギ、白ネギ）の仲間である。明治44年（1969）８月の信濃川の氾濫により、被害を受けた現在の西蒲原郡分水町の五千石の美田に適切な野菜として栽培され、品種の改良を重ねてきた。大正12年（1923）５月に「五千石葱採種組合」を設置し、農事試験場の指定採種組合となり長い間採種を続けている。本種の特徴は、雪国に対する順化が進み、耐寒・耐雪力がよいことである。

赤かぶ

新潟県の最県北、山北村は山地が海岸に迫るところが多くあり、焼畑農法が行われている。その焼畑で栽培が適しているのが「赤かぶ」である。本種のルーツは、山形県の温海市で栽培している「温海かぶ」と同じであると推測されている。

寄居かぶ

明治時代は現在の新潟市寄居町で栽培していた「寄居かぶ」は、新潟市の都市化で栽培面積が激減してしまった。現在は巻町の北越農事（株）で種子を販売している。本種は、北前船で関西と新潟の交流が行われているときに、関西系のカブがもち込まれて、栽培されたと推測されている。根部の肥大が早く、根形はやや平たい球形である。色沢は純白ではないが、葉が優れていて、風味もよい。

黒埼茶豆

エダマメの品種。群馬、新潟はエダマメをよく食べるところである。新潟のエダマメは、群馬のものに比較するとやや早めに収穫し、鮮度保持がよいことが特徴である。現在栽培しているものは「ちゃまめ」といわれているが、栽培地の黒埼町大字小平方の名をつけ「小平方《こひらかた》ちゃまめ」とも「黒埼ちゃまめ」ともよばれている。明治中期に山形産の「だだちゃまめ」を導入したことから、栽培が始められた。かつては、８月下旬に収穫していたが、品種改良の結果、７月下旬から出荷できるようになっている。

いうなよ

エダマメの品種である。「いうなよ」の呼び名は「あまりおいしいから嫁にいうなよ」が由来であるといわれている。新潟市沼垂の松田雲蔵種苗店が、昭和の終わり頃に、農家に採種させ、10月に収穫できるようにした晩生種である。

肴豆《さかなまめ》　エダマメの品種。昭和45年（1970）頃、長岡市の荒川定夫氏が、長岡市関原方面から導入した品種で、外観、味ともに優れたエダマメである。長岡市農協で「肴豆」と名付けた。9月に収穫する晩生種で、毛茸も白く食味がよい。

刈羽豆《かりわまめ》、越後娘　エダマメの品種。新潟県内の各地で普及している「十五夜香り」というエダマメの収穫が終わった9月下旬〜10月下旬にかけて収穫する。この「刈羽豆」は以前から西蒲原郡に存在している晩生種で、刈羽郡地方に伝来していた品種である。「肴豆」に比べると毛茸の色はやや褐色が濃い。青豆で緑色はそれほど濃くないが、茹でると濃くなり、味もよくなる。北越農事（株）が、この刈羽豆から選抜した種子を「越後娘」として販売している。

一人娘　エダマメの品種。新潟県で栽培している在来種エダマメの中で最も晩生種で、収穫は10月20日以降である。品種の名の由来は、何本か同時に栽培すると共倒れになるので「一本マメ」といわれていたものを、「一人娘」と誰かが名付けたといわれている。

三仏生《さんぶしょう》トマト　小千谷市三仏生地区には、信濃川の下流がかかり、野菜の栽培に適している。ここで採れる地方品種のトマトが三仏生トマトである。「ウインゾール種」と「ボンデローザ種」の導入と、交雑後代が本種を生み出したと考えられている。現在は、完熟トマトの全盛時代に入っているが、その前に栽培が激減している。

刈羽節成《かりわふしなり》きゅうり　柏崎市橋場に明治時代初期から栽培されていたキュウリである。大正11年（1922）に、「刈羽節成採種組合」が設置され、種子の保持に努めた。現在は、北越農事（株）が種子を確保している。

曽根にんじん　新潟県南蒲原郡田上町曽根で栽培されているニンジンである。この地区は信濃川の大川津分水により、広大な河川敷地が耕土の深い畑となり、立派なニンジンを産出した。現在は、農家が自家栽培しているだけのニンジンである。

小池ごぼう　西蒲原郡小池村（現在の燕市）大曲の清水五作氏が、大正3年（1914）に東京の滝野川から赤茎の品種を導入し、改良し、育成してきた品種である。現在は新潟県園芸試験場に種子が保存されている。

種《たね》苧《す》原《はら》かんらん　古志郡種苧原村（現在の山古志村）原産のゴボウである。明治43年（1910）に、現在の山古志村の篤農家、樺沢忠次氏が導入した晩生種を改良したものである。

八《や》色《いろ》しいたけ　新潟県南魚沼市の八色椎茸生産組合で栽培され、ブランドしいたけとして販売されている。1個25g以上で肉厚で大型である。八色しいたけ栽培は地域活性化の推進ともなっている。

新潟県の指定野菜

❶だいこん　新潟県内の産地は、夏物は津南町と中里村、秋冬ものは新潟市と巻町。出荷量のうち約6割が漬物用である。だいこんの栽培面積は、耕地の都市化、住宅化、生産者の高齢化のために減少している。
❷にんじん　県内の産地は、春夏ものは豊栄市、秋ものは津南町、冬ものは豊栄町と中条町。
❸ばれいしょ　コメ処魚沼地方で収穫され、新潟の郷土料理のジャガイモの酢のものに使われる。
❹さといも　県内の産地は五泉市。出荷は8月下旬から始まり、秋を中心に貯蔵による6月出荷まで行われる。煮崩れしないきめ細かい白色肌で、適度なぬめりがある。
❺キャベツ　県内の産地は新潟市と横越町。
❻ねぎ　下越地域の砂丘地帯に作付けが多く、「やわ肌ねぎ」のブランドで京浜方面に出荷している。夏ネギの新ブランド「やわ肌ねぎっ娘《こ》」の普及拡大を計画している。「やわ肌ねぎ」は県内の砂丘地を中心に栽培さ

れている。10～11月の秋冬ねぎは甘みがある。

❼なす　県内各地に、伝統野菜としてのなすの種類は多く、新潟のなすの食文化を継承している。地域特産の品種は、各地で郷土料理にも活かしている。漬物用の「黒十全」が人気。作付面積は日本一だが、自家用が多いので、出荷量は多くない。ほとんどが露地栽培で、6月中旬～10月頃まで出荷される。

❽きゅうり　県内の産地は冬春ものは白根市、夏秋ものは豊栄市。

❾トマト　加工用トマト、ミニトマトが出荷されている。県内の産地は生食用が豊栄市、白根市で、加工用トマトは津南町。

❿えだまめ　日本一の栽培面積を有している。5月出荷のハウス栽培ものから10月の晩生種まで豊富な品種を楽しめる。とくに、黒埼茶豆は風味がよく、人気である。

⓫越の丸なす　新潟県園芸試験場が育成した味噌漬け用に育成した丸ナス。外皮の黒紫色が濃い。西頚城郡能生町で、東京市場向けに栽培されている。

⓬そらまめ　平野部の水田を活用して栽培されている。秋に植えられたものは冬の風雪にもまれ、春には好気象にはぐくまれて、風味豊なソラマメが収穫される。6月が出荷の最盛期。

⓭アスパラガス　新潟のアスパラガスは秋にたっぷり栄養を蓄え、雪が消えた後の天候に恵まれ、一気に芽を出す。出荷は4月～6月。露地栽培とハウス栽培で出荷調整できる。

地域の野菜料理

女池菜のお浸し／大崎菜のお浸し・油炒め・一夜漬け／なす料理（煮食、焼き（ふかし））／八幡いも（郷土料理「のっぺい」）／ダダチャマメ（茹で）

加工食品

魚沼巾着なすの味噌漬け／新潟のなすの加工品（一口漬け・普通漬け・貯蔵漬け）／ピリッコ／だいこんの漬物（たくあん漬け）／おけさ柿／ササ団子

16 富山県

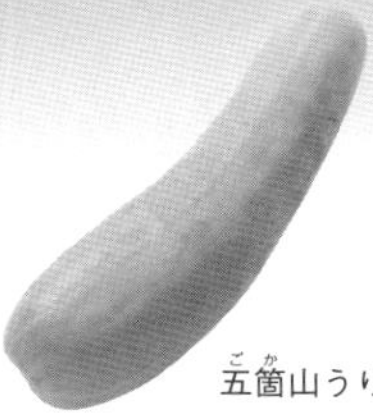

五箇《ごか》山うり

地域の特性

富山県は、本州の日本海側の中央部に位置している。気候は、日本海側気候で、夏は高温多湿、冬は大雪が降り、年間降水量が多い。3000 m級の山々が連なる立山連峰や、日本一深いV字型の峡谷の黒部渓谷がある。富山平野や砺波平野、射水平野、黒部川扇状地は、立山連峰、飛騨山脈、両白山地、飛騨高地などの山岳地帯から富山湾に注ぐ、片貝川、小矢部川、庄川、利賀川、神通川、常願寺川などの中流に位置するので、肥沃な土壌となっている。また、「みくりが池」「みどりが池」「地獄谷」などの水源も農作物の生育に関連している。各河川が形作った沖積平野であり、山麓部は複合扇状地であり、水資源は豊富である。

知っておきたい地野菜・伝統野菜

利賀かぶ

利賀村の冬は雪深く、古くから貯蔵性のある野菜類が栽培されている。利賀かぶも貯蔵性があるので古くから栽培されている紅カブである。各農家で採種し、自家用に栽培しているので、各戸で形が異なる。長方形のものから偏円形のものまでいろいろある。尻の形もさまざまで、尻のしまりのよい丸型や尻の先がとがっている丸型、サツマイモ型などがある。8月下旬に播種し、10月～11月に収穫する。塩漬けにし、冬の期間の保存食としている。現在は、主として「飛騨紅かぶ」を栽培している。

平野だいこん

射水平野の黒ボク地帯で栽培されている、たくあん用の品種である。収穫時の地下部は、直径2.5cm前後と細く、長さは40cm前後である。肉質は硬い。9月に播種し、10月下旬～11月上旬にかけて収穫する。収穫後、寒風にさらし、たくあん用のダイコンに仕上げる。たくあんの消費が減少していることから、栽培量は減少している。浅漬けや酢漬けなどに使用すると硬いのが欠点である。ほとんどの農家が、品種の維持のため、自家採種用の量を栽培している。

草島ねぎ

大正時代頃から神通川の河口の西側の草島地区のみで栽培していた。本品種は千住合柄系であるが、赤柄系に近い品種である。葉の色はやや淡く、耐暑性は弱い。雪解けの水をたたえた神通川の側で栽培しているので、河面を通る風が涼しく、水が豊富なため、夏の生育でも障害がみられないようである。本種は、加熱料理により甘味が増すことから、今でも人気のネギであるが、収穫期の前進化に伴い栽培量は減少し、「金長《きんちょう》」という品種の栽培に移行しつつある。

富山大かぶ

富山県内の呉西地区で栽培している品種の大カブである。この地区は加賀料理の影響を受けている地域であることから、昭和40年（1965）頃までは、このカブを塩漬けし、サバやブリを挟んで麹で漬ける「かぶら寿司」をつくっていた。本品種の直径は12〜13cmで、やや扁平であり、色は白く、塩漬けにしても食感がよいのが特徴である。現在の、かぶら寿司用のカブは、生育が早く、大きさや形の揃いのよい「早生大かぶ」の栽培が主流となっている。この品種は京都の漬物の千枚漬けの原料としても使われている。

どっこ

明治時代には、すでに富山県内の高岡市周辺で栽培されていた太キュウリ。果実の長さは30cm前後、太さは７cm前後、１個の重量は１kg程度に達する。果肉は厚く、日持ちがよい。そのため、明治時代の中期から、氷見港や新湊港から出航する遠洋漁業の生鮮野菜として船積みされた。冷蔵庫が発達・普及しても、この二つの港から本種のキュウリを船積みする習慣は残っている。石川県の「加賀太きゅうり」に、本種が導入されてから定着し、加賀野菜の重要な品種となった。現在でも自家採種を繰り返していることから、生産者の間で品質が異なることがある。あんかけ、詰め物などに料理されることが多い。

五箇山《ごかやま》かぶ

古くから、富山県内の五箇山地域で栽培している。洋種系の紅カブの一種。形は、長い形のものから偏円形など、さまざまある。肉質は緻密で、貯蔵性がよい。煮物にしてもそれほど軟らかくならない。漬物に加工すると有機酸のために酸性となり、カブのアントシアン系の赤色色素が発色して鮮やかな赤色になる。

五箇山うり　富山県の五箇山の特産野菜。細長いが、切ると中身が黄色なのでカボチャと呼ぶ場合もある。大きいものはカンピョウの原料にも使われるが、ほとんどは、ウリのように煮付け、炒め物に料理する。

銀泉《ぎんせん》まくわ　富山県内の富山地域、砺波地域で古くから栽培されているマクワウリ。俵のような形で、重さ400ｇ～600ｇ。外皮は黄色で、８～10条の銀白色の縞がある。果肉は白色で肉厚、食感は歯切れがよい。甘味があるので、生食にも適している。

かもり　富山周辺で、古くから栽培しているトウガンの一種（ウリ科）。外皮は濃緑色で、白粉がみられる。形は丸型のもの、リンゴ型のもの、長楕円形のものなどいろいろある。味にクセがなく、各種日本料理に使われる。とくに、煮物、酢の物、和え物などに向いている。

入善《にゅうぜん》スイカ　明治20年（1887）頃、富山県黒部地域でアメリカから輸入したウリ科のラットル・スネーク種がルーツのスイカである。入善町で、明治30年（1897）頃栽培を始めたといわれている。大正時代（1912～1926）には、朝鮮半島やロシアへ輸出したこともあった。ラグビーボールのような形をし、直径30cm前後、長さ40cm前後、重さ15～20kgにもなる。外皮は緑色で普通のスイカのような縞模様があり、厚い。果肉はピンク色で、爽やかな香りとサクッとした食感と甘味がある。黒部市で栽培されていた「黒部スイカ」も本種の仲間である。現在は、栽培は激減している。もち運びの際には、保護のために「桟俵《さんたわら》」といわれる座布団のようなもので挟んでからしっかり縛る。

富山県庁農産食品課食のブランド推進班推奨の農産物

だいこん、にんじん、ばれいしょ、さといも、はくさい、キャベツ、ほうれん草、レタス、ねぎ、たまねぎ、きゅうり、なす、トマト、ピーマン

地域の野菜料理

かぶら寿司／いとこ煮／よごし／ぶりだいこん／タケノコ料理（刺身、酢の物、木の芽和え、あんかけ、甘煮、田楽、白和え、タケノコご飯）

加工食品

富山干し柿／葉わさびの漬物／山菜漬け／みょうがの酢漬け／きくいも味噌漬け、ウドの粕漬け／しろうりの醤油漬け（富久野漬け）／梅干し／赤かぶ漬け／五箇山豆腐／ずいきの甘酢漬け

17 石川県

打木赤皮甘栗かぼちゃ

地域の特性

本州のほぼ中央の日本海側に位置し、南北に細長く伸びる地形をしている。日本海に突出した能登半島を有する能登地方と、古くは加賀国といわれ、両白《りょうはく》山地が北東から南西に連なり、日本海に向かって金沢平野が広がっている加賀地方に分けられる。気候は、日本海側気候で、冬は気温が低く雪の降る日は多い。加賀の平野部の積雪は多く、能登の冬の温度は加賀のそれに比べるとさらに低く、積雪も多い。全体に日本海を流れる対馬暖流の影響によりコメや野菜類の栽培に向いている。加賀料理の「加賀」は、地理的には現在の石川県の南部を指す。歴史的な「加賀百万石」の「加賀」は前田藩の領地で、石川県の北部の「能登国」、現在の富山県の「越中国」の一部、「加賀国江沼郡」を示している。したがって「加賀」といっても非常に広いのである。

金沢平野には、両白山脈を水源とする河川（犀川、手取川など）が流れ、さらに河北潟もあるので、水資源に恵まれていることも野菜類の栽培に適している理由である。

知っておきたい地野菜・伝統野菜

加賀野菜

加賀百万石の地域ではぐくまれた特徴ある野菜の栽培が古くから受け継がれている。このように古くから栽培されている伝統野菜の中で、金沢市が中心となって金沢市農産物ブランド協会が認定したのが「加賀野菜」である。昭和20年（1945）以前から栽培され、現在も主として金沢市周辺で栽培されている野菜が、加賀野菜として認定されている。江戸時代から栽培されている金時草《きんじそう》、せり、加賀れんこんのほか、明治時代以降に栽培され、育成された二塚《ふたつか》からしな、だいこん（源助だいこん）、金沢青かぶ、加賀太きゅうり、へた紫なす、みょうが、しいたけ、うり、わらび、かぼちゃ、さつまいも、中島菜などがある。

源助だいこん

正式な呼び名は「打木源助」といい、石川県では数少ないオリジナル野菜である。かつて、金沢市打《うつ》木《ぎ》町の篤農家・松本佐一郎氏が愛知県の源助総太（宮重系）と打木在来種（練馬系）の自然交雑から選抜したもので、昭和17年（1942）に「打木源助」として栽培を始めた。昭和40年（1965）後半には300haもの栽培面積があったが、現在では2 haと減少している。

根の形は、長さ25cm前後、太さ8～10cmで、尻のほう（根の先端のほう）がずんぐりした形をしている。首部は淡緑色である。肉質は極めて軟らかく、甘味が強い。おでん、ふろふき、酢和え、おろしとして食べる。また、かぶら寿司のように、このダイコンを輪切りにし、横に切り込みを入れてそこにブリやサバを挟み、麹で漬ける「ダイコン寿司」に使われる。軟らかいのでたくあん漬けには向かないが、ダイコン寿司には向いている。かぶら寿司に比べると食味がやさしい。

みょうが

加賀料理では、江戸時代からみょうがの子（花芽）を使っている。汁、煮物、煎物、吸い物、和え物、梅漬け、塩漬け、香の物などに使っていた。

金糸《きんし》うり

別名「そうめんかぼちゃ」、「糸うり」、「錦糸うり」ともいう。ウリ科のペポカボチャの一種。縦長の楕円形で、直径20cm前後、長さ30cm前後に達する。表面の皮は硬いが、茹でて果肉をほぐすと素麺のように細長くほぐれる。繊維が横に巻いているので、輪切りにすると繊維状に長くほぐれる。石川県の加賀地域では、あまり馴染みはないが、能登では多く栽培されている。酢の物、和え物、サラダなどで食べられる。

金沢青かぶら

石川県、中でも金沢の伝統食品の「かぶら寿司」の原料となるカブである。「かぶら寿司」がつくられ始めたのは、江戸時代に、現在の金沢市金石の漁師が船の安全と豊漁を祈願して奉納したことに由来するといわれている。本種は、緑色カブ群に属し、葉柄は緑色で、葉の毛茸《もうじょう》（葉や茎などにある毛のようなもの）

はほとんどない。根の形は、球に近い楕円形で、直径10cm前後、根の重さ500ｇ～600ｇの青首大カブである。

中島菜

発祥地は、能登半島のほぼ中央に位置する中島町である。もともとは、自家菜園で伝承されてきたものである。２～４月に収穫し、漬物にすることが多い。惣菜としては、煮物、和え物、炒め物とする。中島菜は、漬菜類のカブナ類に属し、葉の形はダイコンの葉に似ている。根はカブのようで大きくならない。中島菜は中島集落の土壌に適し、ほかの土壌では生育ができない。中島菜には、血圧を下げるアンジオテンシンがほかの野菜よりも多く含まれ、この粉末を添加した加工食品の開発に取り組んでいる研究者がいる。

加賀太きゅうり

ずんぐりとした太いキュウリである。果実の長さは20～23cm、太さは７～10cm、重さは700～1000ｇに達し、食味がよい。産地は金沢市の砂丘地・打木町や河北郡高松町である。現在はハウス栽培が行われている。肉厚で、肉質が硬いため漬物には適さない。煮物にもっとも適している。しばしばつくられる料理はあんかけで、金沢の料理の「じぶ煮」に向いている。スープの具にもよい。

金時草《きんじそう》

正式な呼び名は「水前寺菜」といわれるように、水前寺沼のある熊本県で古くから栽培されていた。金沢へは、江戸時代に伝えられたといわれている。葉の裏が美しい赤紫色であることから、サツマイモの「金時」をイメージして金時草とよぶようになった。

亜熱帯原産のキク科に属する。生育適温は20～25℃で、５℃以下になると生育が止まり、地上の部分は枯れてしまう。現在、国内で本格的に経済栽培を行っているのは、金沢市の山間部で、これを食べる習慣のない能登地域や富山や福井では栽培していない。露地栽培が主流であるが、トンネルやハウスでも栽培している。金沢市内のスーパー、専門店、近江町市場で販売している。一般には、お浸し、酢味噌和えで食べるが、じぶ煮仕立て、かき揚げなどにも使われる。

五郎島さつまいも　元禄時代に、五郎島村の住民が薩摩（鹿児島）から種イモをもち帰ったのが始まりといわれている。戦中、戦後の食糧難時代には、重要な食料であった。糖度10〜12度でほかの種類のサツマイモに比べれば甘く、食味がよい。

加賀れんこん　加賀藩五代藩主・前田綱紀が参勤交代の折に、美濃からもち帰り金沢城内に植えたのが始まりと伝えられている。当時は、花は仏花として利用していた。その後、城中で栽培されたハスの根が上層武士間で食用（薬用）に供されるようになった。現在、金沢市小坂地区、才山地区、河北潟干拓地を中心に栽培されている。加賀レンコンは太くて節間が短く肉厚で、そのうえデンプンを多く含み、粘りがあり、もっちりした食感とシャキシャキした歯触りがある。食べ方には、ハス蒸し、れんこん豆腐、おろしれんこんの味噌汁などがある。

へた紫なす　丸ナスで、明治22年（1889）頃、金沢市近郊の有松地区で栽培されていた「小木《おぎ》」という系統から見出された品種であると伝えられている。へたの下まで紫色で、肉質は軟らかく、皮は薄い。果実は短卵形で、黒紫色をしていて、つやがよく日持ちもよい。一口なすの宿漬け（ぬか漬け）、なすの素麺かけなど金沢郷土料理に使われる。

打木赤皮甘栗《うちきあかがわあまぐり》かぼちゃ　昭和8年（1933）に金沢市打木町の篤農家・松本佐一郎氏が福島県からもち込んだ「赤皮栗」を育成し、選抜した。昭和18年（1943）頃に、品種が固定化した。第二次大戦後は金沢市安原地区での栽培が広まった。昭和27年（1952）頃からは関西・関東方面にも出荷するようになった。一般には、煮物とする。そのほか、スープ、和菓子にも使われる。

諸江せり　江戸時代から金沢周辺（弓取郷の安江地区）の田圃に自生または栽培していた。柿本庄右衛門氏が、水質のよい湧き水がある諸江に、安江より導入したと伝えられている。その後、浅野川の伏流水を利用した栽培も行っている。草姿は直立性で、葉は鮮緑色で低温においても、アントシアンの赤紫色の色素が発現しない。食べ方は、お浸し、ごま和え、鍋物の具、天ぷら、おすまし、卵とじなどがある。

二塚《ふたつか》からしな　金沢市二塚地区を中心に、大正時代から水稲の後作として、自家栽培されている。冬場から早春にかけて、食卓に欠かせない野菜として重宝されている。ワサビに似た辛味のあるアブラナ科の野菜。一時栽培が途絶えたが、平成10年（1998）に用水路や犀川の河川敷で自生していたものを、再び二塚地区に播種して復活し、現在もお浸しや漬物で利用されている。

加賀つる豆　白花種で、金沢の花園地区を中心として栽培されている。平安時代から栽培されていたが、金沢周辺で本格的にハウス栽培を始めたのは昭和20年（1945）代からと伝えられている。耐乾性は強いが、低温には弱い。収穫量が多いことから、地元では「だらマメ」といっている。さやの中の豆が肥大しないうちに収穫し、若いさやも一緒に食べる。炒め煮、ごまよごし、煮しめ風ふきよせ、ツナ和えなどの食べ方がある。

金沢一本太ねぎ　長野県松本地方から原種が金沢へ導入され、金沢一本、金沢太ねぎ、金沢根深太ねぎを経て育成された。明治末期から金沢ねぎの改良を重ね、昭和37年（1962）頃から金沢一本太ねぎができるようになった。加賀群に属し、越冬性、耐寒性、耐病性が強い。すき焼きや鍋の具に向いている。

たけのこ　金沢には「地物《じわもん》」という言葉がある。別所のたけのこは一例である。別所は、金沢近郊のたけのこの産地である。金沢では、取れたてのたけのこはアク抜きのための下茹でを行わない。新鮮なたけのこはアク抜きしなくてもえぐ味を感じない。堀りあげてから長時間したものには、アクが残る。

はじかみ　ショウガの品種。金沢市内には、日本で唯一の香辛料の神社、波自加彌《はじかみ》神社がある。ショウガの古名「ハジカミ」

に由来する神社で、毎年6月15日に大祭が行われる。この神社は養老2年（718）に創建された。

金沢市農産物ブランド協会推奨の農産物

だいこん、かぶ、にんじん、ごぼう、さといも、やまのいも、キャベツ、ほうれん草、ねぎ、たまねぎ、なす、トマト、きゅうり、かぼちゃ、ピーマン、さやえんどう、えだまめ、さやいんげん、スイートコーン、いちご、スイカ、メロン、レタス、ブロッコリー、たけのこ

地域の野菜料理

二塚からし菜のお浸し

加工食品

二塚からし菜の当座漬け／かぶら寿司

18 福井県

古田刈《こたかり》かぶ

地域の特性

本州の日本海側のほぼ中央部に位置しており、大きく北側の嶺北《れいほく》地方と、南側の嶺南《れいなん》地方とに分けられる。すなわち、敦賀市と南越前町の境の山中峠から木の芽峠を経て栃ノ木峠に至る山稜が福井側を嶺北、小浜側を嶺南と区別している。気候は、日本海側気候に属し、冬に曇りやすく雪が多く、夏は気温が高く日照時間が長い。北陸地方の西部に位置するので、食材においては北陸地方のほかの県と類似しているところが多い。嶺北の日本海沿いに展開する福井平野は、穀倉地帯として知られている。この平野には、九頭竜《くずりゅう》川、足羽川が流れ、その上流域は、サトイモの産地と知られている大野盆地、勝山盆地がある。嶺北の山地は、積雪が多く、嶺南は積雪は多くない。嶺南はリアス式海岸に沿って湖北山地、丹波高地を背に小平野が展開する。対馬暖流の影響を受ける海岸地区は温暖で、スイセンが栽培されている。福井平野は銘柄米のコシヒカリの発祥地としても知られている。

知っておきたい地野菜・伝統野菜

穴馬《あなま》かぶら

アブラナ科に属し、洋種系のカブの一種。福井県と岐阜県の県境にある和泉村は、豪雪地帯で、本種は越冬野菜として古くから栽培されていた。各農家で品質が微妙に異なっているので、品質を統一するために、昭和59年（1984）に当時の和泉村と和泉村特産物生産組合が特産化に取り組み、和泉村の合併前の「穴馬」の名をつけて穴馬かぶらとした。カブの形は丸い扁平なものから紡錘形のものまでさまざまな形がある。肉質は軟らかく、肌はすべすべしているものから、ごつごつしたものまでいろいろある。野性味を感じられる品種である。8月に播種し、10月下旬ころからカブが大きくなる。霜に遭うと苦味が取れ、甘味も増す。系統的には赤カブと野沢菜が交雑してできたものといわれている。漬物のほか、サラダ、スープ、味噌汁の具などに利用される。

河内赤かぶ

標高300～400 mの足羽郡美山町で栽培されている。このカブの栽培は、平家の落人と関係のある人によって行われていたと伝えられている。聖徳太子によって、奈良県から岐阜県を経て、さらに福井県の大野市を経て美山町に入ったとも伝えられている。伝統野菜や地野菜の、ほかの生産物で問題になっているように、農家の人々の高齢化、過疎化により、本種の栽培面積も激減している。

形は、豊円球から扁円球とさまざまで、色は鮮紅色である。品質はやや硬く、ほろ苦味と甘味のミックスした山菜独特の風味をもっている。肉質はやや硬い。酢漬け、糠漬け、麹漬けとして食べる。

勝山みず菜

主な産地は勝山市。京水菜と同じアブラナ科の品種で、シャキシャキした食感が特徴。食用部はミズナと違って太い。アクがなく、みずみずしいこと、畝《うね》の間に水を流して栽培することからみず菜と名づけられている。勝山市内で栽培している集落ごとに、「北市水菜」、「郡《こおり》水菜」、「さんまい水菜」、「平泉寺《へいせんじ》水菜」ともいわれる。秋に播種し、雪の下で越冬させ、春先からトンネル栽培、露地栽培を行う。明治時代以前から地方野菜として受け継がれている伝統野菜である。春一番の味が楽しめ、お浸し、煮浸し、漬物などで食べられる。

古田刈《こたかり》かぶ

敦賀市の古田刈地区で、市場向けの生鮮野菜としてつくられてきた特産のカブである。本種は、もともと古田刈の集落で栽培されてきた「古田刈かぶら」である。古田刈の名前の由来はアイヌ語にあるのではないかと推測されている。しかし、本種がこの地に導入された由来には、江戸時代に行脚にきた僧侶が京都からもち込んだという説、大正時代から古田刈で自生していたという説もある。一時、栽培がみられなくなったが、平成10年（1998）に、福井県農業試験場にあった種子を使って復元した。腰高・扁円の中型カブで、田圃で700 g～800 gほどに達する、肌は純白で光沢がよく、肉質は軟らかい。春の摘み菜として使われる。

山内かぶら

遠敷郡《おにゅう》上中町《かみなか》鳥羽の最南端にある集落の「山内」の名をつけたアブラナ科のカブラ。福井県全域で栽培されている欧州系のカブラといわれている。和種系白丸カブと欧州系の青首カブを交配させたものであるとの説もある。これまでに、山内かぶらが守られてきたのは篤農家によると伝えられている。その後、福井県農業試験場でこの品種の種子を保管している。肉質はしまり、硬い。したがって長期間漬け込む漬物に適している。とくに、冬を越して春先に伸びてくる「とう（花の茎)」を利用した新芽の浅漬けは絶品である。

真菜《まな》

敦賀市の黒河川の最上流にある「山」という集落に、古くからなくてはならない野菜として栽培されてきた。抽台の遅い不結球ハクサイの仲間とされているが、現在は自家採種のナタネと交雑した品種と考えられている。毎月３月末には、この集落をあげて真菜祭が行われている。早春の「とう」を食べる。雪が解けて、各葉の間から伸び出してきた上部の軟らかい葉とともに食べる。とうと葉を塩もみし、４～５日後に食べる。

四月菜《しがつな》

雪解け後、４月を中心に収穫するアブラナ科の漬け菜で、「如月菜《きさらぎ》」「五月菜《ごがつ》」など、収穫の時期により呼び名が異なる。本種の先祖はナタネで、長年の間に交雑した品種が多い。四月菜は、明治初期に水稲の裏作として栽培していた食用油用のナタネが野菜化したものと考えられている。品種としては洋種系の朝鮮菜種（黒種）と推測されている。

越前白茎《えちぜんしろくき》ごぼう

中国大陸から日本に渡来した後に、越前（福井県）に土着した葉ゴボウ（茎や葉を食べる）であり、栽培は平安時代から行われていたと推測されている。現在、本種を栽培している地域は、福井県坂井郡春江町西方寺《さいほうじ》である。この地域では、一般に根を食べるゴボウを「赤ゴンボ」といい、越前白茎ごぼうを「白ゴンボ」とよんでいる。本種は越冬後の芽立ちが早く、昔は山ブキの代わりに市場に出したと伝えられている。根は１cm前後と細く、若取りしたものは繊維も軟らかい。茎は白茎で30～50cmに達する。葉はほろ苦味がある。周年収穫できるが、旬は３月。根は炒め物、炊き込みご飯、かき揚げなどに使う。

花らっきょう

明治の初め頃、三国町黒目の漁網を扱うテグス（天蚕糸）商人によって、和歌山からもち込まれたと伝えられている。最初は自家用に栽培されていたが、毎年「飛砂」により農作物が被害を受けているところに、被害を受けないラッキョウがもち込まれ、明治30年（1955）頃から生産が拡大していった。大正13年（1924）には「黒目ラッキョウ組合」が設立するまでになった。「花らっきょう」の名の由来は、小球の両端（ハナ）を切り取ってタイコ型にしたこと、また、ビンに詰めた場合に色が白く冴え、花のように見えることなどである。甘酢漬け、醤油漬け、べっこう漬け、みりん漬けなどがある。最近は、ワイン漬け、キムチ漬け、黄金漬けなども登場してきている。

大野さといも

奥越地方の大野市、勝山市、和泉村を中心として栽培されている。石川早生と大野在来の2品種がある。この地方が、昔からサトイモを栽培している理由として、①地域の土壌と気候が適していた、②豪雪地帯なので越冬食品として定着した、③真名川、九頭竜川などの氾濫が水稲の栽培を不可能にし、サトイモの栽培へ向けた、などがあげられる。サトイモは子イモをたくさんつくることから、「子を多く産む」に結びつけて、祝い事の膳に使う習慣がある。雑煮の具、報恩講の料理、ころ煮、でんがくなどで食べる。

矢田部ねぎ

小浜市の南川上流の谷田部集落で栽培している。この地区は、5世紀頃から京都とつながりが深かったので、京都からもち込まれたと考えられている。形や性質は京都の九条ねぎとも似ている。すき焼き、鍋物、天ぷら、焼肉、汁の実、酢味噌和え、薬味などに使う。

かわずうり

漬物用のウリで、果実の表面が淡緑色の肌に濃緑色のカエルの背中のような模様があるので、カエルのことを福井ではカワズということから、この名があるらしい。本種が福井市場に出回るようになったのは昭和20年（1945）代である。栽培の発祥は、福井市の近郊の野菜産地（東安居《ひがしあご》地区）である。系統的には、成歓《せいかん》マクワウリのシロウリ型である。歯切れがよく、食味もよい。糠漬け、浅漬けなどの漬物で食べる。

板垣だいこん

福井市板垣で栽培されている。この地域は、足羽川に接しているので、ダイコンの栽培には適している。ダイコンは江戸時代には「文化の花」といわれ貴重な野菜であったので、この地で栽培が定着したと推測される。この地での本格的なダイコンの栽培は明治初期で、足羽川沿いの肥沃な畑に、麻との輪作で始まったと伝えられている。本種は、細根の中央の部分がやや太いのが特徴である。肉質は緻密なため日持ちがよく、ス入りは遅い。

木田ちりめんしそ

福井では梅の栽培が明治20年（1887）頃から行われ、福井県の伝統食品の一つとなっている。梅干しに欠かせないのがシソであることから、福井では明治中期からチリメンシソの栽培を始めている。古くから、福井市木田地区でこのチリメンシソを栽培している。小カブとチリメンシソを同時に混播し、生育の早いものから収穫している。木田ちりめんしそは、木田野菜生産組合から出荷されている。梅干しの色づけ、赤シソジュースなどに利用される。

吉川なす

鯖江市吉川地区で、1000年以上も前から栽培されていると伝えられている。扁円から巾着形の丸なすで、果皮の色は黒紫で光沢があり、薄い。肉質は緻密である。1個250 g 前後にも達する。京都の賀茂なすの親は吉川なすといわれている。京都との深い関係からこれらのナスの交流もあったと思われる。煮物、焼き物に向いている。

福井県農林水産部販売開拓課推奨の農産物

秋冬だいこん、秋冬さといも、スイカ、春だいこん、冬にんじん、秋植えばれいしょ、春植えばれいしょ、秋冬はくさい、冬キャベツ、ほうれん草、たまねぎ、夏秋きゅうり、秋ねぎ、秋冬きゅうり、冬春トマト、夏秋トマト、夏秋なす、夏秋ピー

マン

地域の野菜料理

報恩講料理（永平寺の野菜料理）／赤ズイキのすこ／打ち豆汁／ラッキョウ（甘酢漬け、醤油漬け、みりん漬け、キムチ漬け、ワイン漬け）

加工食品

河内赤かぶの糠漬け、酢漬け、糀漬け／真菜の塩蔵品（古漬け）／ラッキョウの漬物（甘酢漬け、醤油漬け、べっこう漬け、みりん漬け）

19 山梨県

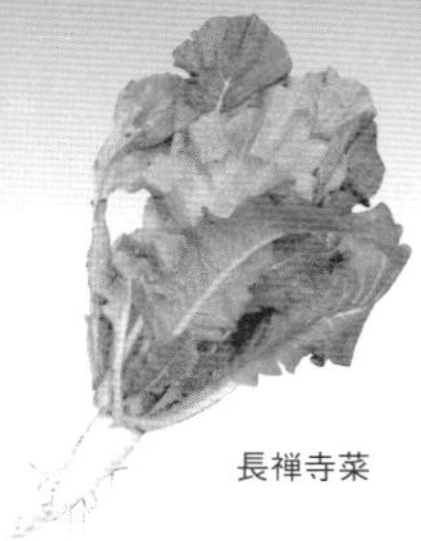
長禅寺菜

地域の特徴

山梨県は、本州、中部地方の東部に位置する。県の北西端には北岳を中心とする赤石山脈がある。北から東部にかけては八ヶ岳、雲取山、南には富士山、御坂《みさか》山がある。県中央部の平地は、これらの山々に囲まれた甲府盆地を形成している。気候は、内陸性の気候で、寒暖の差が大きい。八ヶ岳や富士山などの山岳地域は、冬の寒さが厳しく夏は涼しい山岳気候である。盆地や八ヶ岳山麓では、日照時間が長く、年間の降水量も少ない。とくに、北杜《ほくと》市は、日照時間が日本一長い市として知られている。甲府盆地には周囲の山々から富士川へ続く笛吹川、釜無川が流れ、清らかな水に恵まれ、ミネラルウォーターやウイスキーの生産に適している。また、隣県の神奈川県横浜市に飲料水を供給している。富士山の周囲にある富士五湖は、田畑の水源ともなり、果物の栽培の適地も形成している。生息している淡水魚は、県民の重要なたんぱく質の供給源となっている。

知っておきたい地野菜・伝統野菜

もも

山梨県は江戸時代から果物の栽培を行っていた。その中でも、ももはおよそ200年前から続いている。飛躍的に生産量が伸びたのは1960年代で、現在は全国一に達している。県内各地で温室栽培から露地栽培まで、各地域の特徴を活かした栽培をし、生産量を高めている。山梨県のももの品種には、出荷時期が6月下旬の「ちよひめ」、6月末～7月中旬の「白川白鳳《はくほう》」、7月上旬～中旬の「夢しずく」、7月中旬～下旬の「白鳳」、7月下旬～8月上旬の「川中島白桃」などがある。中でも、白鳳や浅間白桃は人気がある。

すもも　プラムともいわれているすももの栽培が、山梨県で本格的に行われるようになったのは、大正時代である。現在の南アルプス市（旧・中巨摩郡落合村）を中心として栽培を始めた。現在の生産量は、山梨県が日本一となっている。品種には「花の見頃」（食べ頃：4月上旬〜4月下旬)、「大石早生」（6月中旬〜7月上旬)、「サンタローザ」（7月上旬〜7月下旬)、「ソルダム」（7月中旬〜8月中旬)、「貴陽」（7月中旬〜8月中旬)、「太陽」（7月下旬〜8月下旬）がある。主な産地は、南アルプス市、山梨市、甲州市、笛吹市などである。生食のほか、果実酒やジャムに加工する。

ぶどう　山梨県のぶどうの栽培の歴史は古く、養老2年（718）に行基が、現在の甲州市の勝沼地区にある大善寺に薬園を設け、中国から伝わったぶどうを薬の材料として栽培したといういい伝えがある。また、文治2年（1186）に、勝沼地区の住人である雨宮《あまみや》勘解由《かげゆ》が山に自生していたぶどうをもち帰り、植えたといういい伝えもある。また、鎌倉時代には勝沼地区でぶどうの栽培が始まっていたことは確かで、江戸時代には棚式栽培法が伝えられ、栽培が本格的となり、同時に「甲州ぶどう」の名が広まった。明治時代になり、政府の奨励もありワインの醸造が始まっている。

現在、市場に出回っている甲州産のぶどうの品種と出回り期間は次の通りである。(参考資料：（財）山梨県公園公社)

❶**デラウエア**　出荷期間は4月中旬〜9月上旬。
❷**巨峰**　出荷期間は5月上旬〜10月上旬。
❸**ピオーネ**　出荷期間は6月上旬〜10月中旬。
❹**ロザリオビアンコ**　出荷期間は6月中旬〜10月中旬。
❺**甲斐路**　出荷期間は7月上旬〜11月上旬。
❻**甲州**　出荷期間は9月下旬〜11月中旬。

あけぼの大豆　白ダイズの一種。南アルプス市（旧・南巨摩郡中富町）の曙地区で栽培している。この地域は、富士川沿いの国道から西に入ったところで、標高約500mの位置にある。明治時代に関西地方から導入されたようである。十粒並べると6寸になることから「十六寸《とうろくすん》」という名称があった。曙地区で長年栽培していることから「あけぼのダイズ」と命名された。6月中旬に播種し、成熟期は11月下旬と晩生の品種である。茹でて食べるほか、豆腐、味噌に利用される。

長禅寺菜《ちょうぜんじな》　アブラナ科のカラシナの一種である。甲州市の北方、愛宕山麓に臨済宗巣立寺の長禅寺の付近で栽培されていた「地菜」である。この寺は、武田家とゆかりの寺で、住職の鈴木主圭が境内で栽培していた漬菜といわれている。この漬菜の栽培は、この寺の付近の住人も行い、さらには漬菜の漬物をつくり売り出し、ここの住民の生活費の役に立ったと伝えられている。「長禅寺菜」の名は誰言うとなくつけられたという。地元では「寺菜」または「長禅寺前菜」ともいわれている。葉柄は太くて長い。根部は短円錐形で、肥大していて直径4～6 cm、長さ10～11cm、重さ150 g前後、草丈は1 mにも達する。地上に出た部分が淡緑色になる。かつては、根を切り取り、葉を湯通しし、日陰で干したり、凍らせて貯蔵した。塩漬け、味噌汁の具に使う。漬物は冬の食べ物として重要であった。

鳴沢菜《なるさわな》　アブラナ科のカラシナの一種。鳴沢菜が栽培されている鳴沢村は、富士山の北西山麓の標高約900 mの高原であり、富士山を真南に望む地域である。冬は気温が低く、野菜が不足するために、葉は乾燥させて貯蔵し、根は切り干しにして貯蔵している。この地域は文化11年（1814）に成立したところであると推測されていて、江戸時代から栽培している。本種は葉が大きく濃緑色、葉片は葉柄の基部まで波状についている。根は円錐形で、肥大は早く、糖分が多い。根の重さは80～100 gとなる。地上に露出する部分は、赤紫色で、地中に入っている部分は白色である。赤紫色の色素は、アントシアン系の色素で、霜にあたると色素が出る。この地区は、鳴沢菜を地域の重要な野菜と位置づけ、大切に保護してきている。種子の採種も、各自の家庭のよい畑で、もっともよい条件の株を採種用として選抜し、防寒のための垣根をつくって越冬させるという方法で、品種を受け継いでいる。鳴沢菜の葉柄部は青菜、漬物、干し菜として利用される。

甲州もろこし

乾燥したトウモロコシの種子を粉にし、食用とするフリントコーン（顆粒種）の一種。現在、食用に栽培している甘味のあるスイートコーンとは異なる品種。富士山麓の高原の鳴沢村、河口湖町、忍野村などで栽培されている。これらの地域は、標高が高く冷涼であり、かつては稲作ができず、主食はジャガイモ、アワ、キビ、トウモロコシであった。この地は、日本在来のトウモロコシの主産地として知られていて、文久元年（1861）頃にはすでに栽培していたと推定されている。甲州もろこしの特徴は、草丈が2.5m前後で、円筒形の細長い穂をもつ。完熟した種子は固く光沢がある。5月中旬に播種し、収穫は10月上旬であるところも、スイートコーンとは異なる。

大野菜《おおのな》

アブラナ科に属する漬菜の一種。山梨県南巨摩郡身延町の富士川の右岸の段丘にある大野地区で栽培されている。この地区は、古くからこの漬菜を栽培しているが、いつ頃からこの地で栽培するようになったかは不明である。この地は身延山久遠寺を訪れる人の多い地区でもある。従来は、大野菜の栽培は、自家消費用として行われていたが、最近は、漬物用として、また身延山の特産物として販売されている。葉はカラシナに似ていて、味は独特の辛味と風味をもっている。お浸し、和え物、汁物の実、炒め物などで食べられる。10月中旬～11月中旬に播種し、春先に摘む花茎がおいしい。花茎を摘んでも、腋芽を次々と出す。

茂倉《もぐら》うり

南巨摩郡早川町新倉字茂倉地域で栽培されているウリ。この新倉町は南アルプスの麓の早川の上流に位置し、標高約800mに位置する。明治時代から自家消費のために栽培されていた。円筒形で、果実の半分以上に黄色の縞模様があり、太くて短い。果長は16cm前後、果重は140g前後である。さらに熟すると黄色みが全体に現われる。5月中旬に播種し7月上旬から収穫する。味噌仕立ての汁にいれる。ショウガ、ミョウガなどと共に醤油漬けにする。

おちあいいも、つやいも

ジャガイモの一種。多摩川の源流である丹波川が流れる、北都留郡丹波山村で、おちあいいも、つやいもの2種類の在来バレイショが栽培されている。おちあいいもは古くから栽培されている。隣接する塩山市落合地区から丹波山村へ導入されたことから「おちあいいも」の名がある。男爵やメークインなどの普及で、本種の栽培をする農家が減少したが、近年は少しずつ増えている。つやいもは昭和20年（1945）代ごろから栽培されているが、起源は不明である。肉質はやや粘りがあり、重さは70 g前後である。

山梨県農畜産物販売強化対策協議会推奨の農産物

長かぶ、なす、トマト、きゅうり、キャベツ、スイートコーン、さといも、だいこん、レタス、クレソン

地域の野菜料理

ほうとう／うどん飯／お焼き／茂倉うりの冷や汁

加工食品

ぶどう酒（ワイン）／枯露柿／月の雫／すもも（ソルダムワイン、プラム酒、ジャム）／長禅寺菜の塩漬け

20 長野県

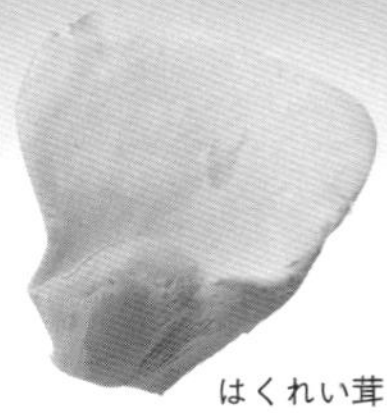
はくれい茸

地域の特性

本州の中央部に位置する長野県は、飛騨山脈、木曾山脈、赤石山脈による山岳地である。その中に、長野、上田、佐久、松本、諏訪、伊那の盆地がある。木曾川、天竜川などの河川が、長野県内を流れていて、厳しい渓谷もある。自然に恵まれているが、農産物を栽培する平地は少ない。気候は、北部では日本海側気候を、それ以外の地域は全般的に寒暖差の大きい内陸性気候を呈している。

雨量が少なく、昼夜の寒暖の差が大きいのは果実の栽培に適している。また涼しく、乾燥した空気を活かし、りんご、ソバ、高原野菜、寒天、凍り豆腐などをつくり、長野県の経済を支えている。また、冬の間は、雪が多く、寒さで外出することが困難なことが多いので、漬物や佃煮、干物など保存できる食品をつくる知恵が生まれてきている。海のない県なので、たんぱく質供給源としてはダイズを使った食品の活用が多い。

知っておきたい地野菜・伝統野菜

松本一本太ねぎ

長野県松本市岡田地区では古くから栽培されていて、江戸時代には関東地方、中京地方へのお土産用、贈答用として珍重されたと伝えられている。長さ90cm以上、軟白部は40cm前後、重さ300 g前後で、軟白部が曲がっている。加賀群に属し、冬季に休眠するため、苗のまま越冬させ、夏に植え替えをする。収穫は10月～11月。肉質は軟らかく、甘味は強い。刻んでネギ味噌、鍋物にする。馬肉を使った郷土料理の「桜鍋」には欠かせない食材。

王滝かぶ

アブラナ科に属し、赤カブの仲間。長野県中央本線の木曾福島駅に近い山岳地帯の王滝村で栽培している。栽培が始められた時期は不明であるが、江戸時代には、信州から名古屋藩へ年貢として差し出されたとの記録が確認されている。王滝かぶの原型はスグキ（酢茎）ではないかと推測されている。スグキの漬物は、京都の漬物として未だに健在である。とくに、その乳酸菌は健康によいことが注目されている。長野県では王滝かぶの漬物の越冬した古漬けが人気で、漬物として利用するほか、煮物にも使っている。赤カブ系のカブであり、根の色は赤紫色である。その色素はアントシアン系の色素である。形は長円形のものが多い。球形のものも扁円形のものもある。「すきん漬け」に利用する。篤農家が王滝村を中心に、品種の管理に努めている。

稲核菜《いねこきな》

アブラナ科に属し、カブ菜の仲間。安曇村稲核地区は東に松本、西に飛騨地方を望む、両者の接点にある高地に位置する。古くから人の交流の盛んなところであったらしい。そのため、本種のルーツは飛騨の赤カブと考えられている。稲核菜は、このような立地条件下のもとで、江戸時代から育成されたツケナである。以前から平坦地で広く使われていたが、現在では安曇村を中心に栽培されている。本種の形状は野沢菜に似ている。葉身、生長点部、カブにアントシアン系の赤色が発現する。カブの形状は丸みのある円錐形である。収穫は11月初旬である。主に、塩漬けにして食べる。

野沢菜

アブラナ科に属し、カブ菜の仲間。北信越に位置する野沢温泉村が原産である。宝暦年間（1751～1763）に、野沢温泉村の健命寺の八世晃天園瑞和尚が、京都からもってきた天王寺かぶの種子を栽培したのが始まりと伝えられている。現在でも健命寺の一画には、本種を継続栽培している田圃がある。一部の種子は「寺種《てらだね》」とよばれて流通している。本種は葉柄が長く、葉は緑色、葉柄は淡緑色で、葉身や生長点部、カブにアントシアン系の色素が発現する。11月～12月に収穫する。葉を塩漬けにする。

小布施なす

ナス科に属し、丸ナスの仲間。明治時代から長野県上高井郡小布施地区で栽培され、大正時代になって北信州地方に広く普及した。果実は比較的大きく、扁平で花痕《かこん》は大きく、色艶はやや劣る。肉質はしまり煮崩れはしにくい。夏の「おやき」の具材にするほか、煮ナス、からしナスに使われる。

くるみ

長野のくるみの栽培は江戸時代から行われていた。品種はカシグルミとペルシアクルミの交配種である。果実は大きく、豊産の品種である。主産地は、東御《とうみ》市を中心とした東信地方である。麺類のつけだれ、和え物、餅などに使われている。

羽広菜《はびろな》

アブラナ科に属し、カブ菜の仲間。長野県伊那市の羽広で、江戸時代以前から栽培され流通していた。羽広地区の僧侶が、この種子を中国からもってきたとも伝えられている。収穫時期は11月下旬で、葉は浅漬けにする。切り干し、煮物などに利用する。

木曽菜

アブラナ科に属し、漬菜の仲間。現在の木曽福島町（旧岩《いわ》郷《ごう》村）で栽培されている。以前は「岩郷菜」といわれた。その後、福島菜、福島はとり菜、木曽菜と呼び名が変わった。本種の葉の形は、びわ形～長倒卵型で、欠刻は少ない。葉柄は短く、草丈は低い。カブは円錐形で小さく、上部にわずかのアントシアン系の色素が発現する。葉質が軟らかいので「すんき漬け」の材料とする。

八町《はっちょう》きゅうり

須坂市八町で栽培されている。同町の関野正次郎という人が、昭和20年（1945）代初期に、節成り性の「立秋」と須坂市の豊洲地区で栽培されていた地這きゅうりを交配し育成した品種とされている。短形でずんぐりむっくりした果形で、肉質は緻密である。昭和30年代より生産が増えたが、その後衰退している。最近は、自家採種が行われている。

開田《かいだ》かぶ

アブラナ科に属し、赤カブの仲間。西南に御嶽山を遠望する高原の台地の開田村で栽培されている。江戸時代には栽培されていたという記録がある。カブは扁円形で小さい。上部・尻部の厚さにはやや個体差がある。葉はダイコンの葉に似ている。カブの色は全面が紫紅色である。肉質は緻密である。収穫は10月下旬～11月初旬。開田かぶとして伝統を守り普及している。すんき漬けに使われる。

諏訪紅かぶ

赤カブの仲間。諏訪湖周辺の諏訪市・岡谷市の西南方面にある茅野市で栽培している。昭和の初期に、諏訪一円、伊那地方に種子が流通した。野沢菜に似ている。草丈は50～60cmで、野沢菜より短い。カブの形は長円錐形である。カブの上部にはアントシアンの色素が発現する。ぬか漬け、味噌漬けにするほか、切り干ししたものを煮物として食べる。現在は、諏訪地方で栽培しているが、広域には流通していない。

赤根だいこん

赤カブの仲間。木曾山脈の南端に位置する下伊那郡清内路《せいないじ》村では、「赤根だいこん」として栽培を続けている。草丈は短く、葉柄基部は扁平で、葉身上部が生長・肥大し、幅広のへら形となる。カブの大きさはダイコンよりは短い。カブ全面にアントシアン系の色素がつく。清内路村を中心に栽培している。観光用に販売もしている。酢漬けにする。

雪菜

アブラナ科に属する。長野県の冬は、雪が多く寒い。漬物に加工して雪の下で越冬、貯蔵する。これらの雪の下で越冬させる菜類を雪菜という。地域在来の野菜として、優れた特性をもっているのは「飯田冬菜」といわれている。本種は耐寒性に優れ、凍結による損傷が少ない。

沼目しろうり

ウリ科に属する。須坂市沼目地区で栽培しているシロウリで、江戸時代から栽培されている。果肉が厚く、軟らかいので、浅漬け、奈良漬けなどの漬物に利用する。

戸隠地《とかくしじ》だいこん

アブラナ科に属し、ダイコンの仲間。長野市の北西、北信濃に位置する戸隠村で栽培されている。以前は、在来の地ダイコンの「上野地だいこん」とよばれていた。適度な辛さがあるので、戸隠名物のソバのたれに入れるおろしダイコンとして人気である。長い間、自家栽培しているので採種系統には少しの違いがある。肉質は緻密で、粉質性が強く、漬物やおろし用に適している。

ねずみだいこん

千曲川に沿って北上し、標高1077mの虚空蔵山を過ぎたところにある坂城町ねずみ地区で栽培している。この地区は、元禄年間に天領に編入された地域である。そのために、江戸の文化が入りやすいので、ダイコンも外部からもち込まれたものと考えられている。隣接する中之条地区からねずみだいこんと中之条だいこんがもちこまれたが、現在はねずみだいこんだけが残っている。根は短形で、下がふくれて、尻がつまり、ねずみの形に似ている。肉質は緻密で、戸隠だいこんよりも硬く、粉質性が強い。適度な辛味がある。長期保存用の漬けダイコンとして優れているほか、おろしダイコンとしても好まれている。

親田《おやだ》辛味だいこん

長野県の最南端に位置する下伊那郡下條村親田地区で栽培している辛味ダイコン。形はカブに似ているが、辛味の強いことで知られている。江戸時代から栽培していたダイコンと推測されている。平均的形は、やや扁円の球形に近い形で、水分が少なく硬い。肉質は緻密で貯蔵性はよい。甘味の中に辛味が包まれているような味であることから、地元では「あまからぴん」といっている。

灰原辛味だいこん

栽培の歴史は古い地ダイコンである。長野市と上田市の中間に位置する更埴《こうしょく》市稲荷山、またこれより北の長野市塩崎地区の地ダイコンと推測されている。平成時代になり長野市信更《しんこう》町灰原地区での栽培が始まり、灰原辛味だいこんとして流通するようになった。うどんやそばのたれ用のおろしダイコンとして使われるほか、漬けダイコンとしても利用されている。

たたらだいこん

小型で、表皮の赤いダイコン。辛味は強くなく、肉質は軟らかいので、薬味やサラダに使われる。

切葉《きれは》松本地だいこん

松本市波田地区、山田地区、朝日地区、塩尻市で栽培されている。重さ350 g ～700 gで青首と白首の2種類がある。葉は京菜に似ていて、切れ込みが深い。根の肉質は緻密で硬い。

はくれい茸

別名、雪嶺茸《ゆきれいたけ》という。長野県に本種の生産者がいる。形はあわび茸に似ている。歯ごたえはエリンギに似ている。健康によいというアガリスク（主成分はβ－D－グルカン）を含むことから最近注目されている。淡白な味で、キノコの臭みがない。ステーキが定番料理である。混ぜご飯の具にもよい。

りんご　長野県のりんごの栽培は、明治7年（1874）に内務省勧業寮（現在の農林水産省を含む省庁）からアメリカのりんごの苗木が交付されたのが始まりである。昭和になってから養蚕業に代わって、本格的にりんご栽培が行われるようになった。種類は「ふじ」「つるが」「祝い」「サンつるが」「千秋」「さんさ」「紅玉」「世界一」「ジョナゴールド」「サンふじ」「王林」など、その数は多い。

小布施栗　長野県上高井郡小布施町で古くから栽培している栗の総称。室町時代に、領主が治水のために栗の木を植えたのが、名所となったきっかけである。江戸時代初期に、栗林が松代藩の管理するところとなり、収穫したものから品質のよいものを厳選し、将軍家へ献上もしている。

地域の野菜料理

野沢菜漬け／信州ソバ／すんきソバ／タラノメ料理（衣揚げ、クルミ和え、ゴマ和え）

加工食品

すきん漬け（王滝かぶの塩漬け）／野沢菜漬け／羽広菜のカブ漬け／赤根だいこんの酢漬け／凍み豆腐

21 岐阜県

藤九郎ぎんなん

地域の特性

岐阜県は、本州のほぼ中央に位置している。海に面していない内陸県であるが、南部の美濃地域は、木曾、長良《ながら》、揖斐《いび》の木曾三川が流れる広い平野の美濃平野があり、穀倉地帯であり、また野菜類も古くから栽培されている。飛騨地方は内陸気候と日本海側気候の特徴を併せ持ち、美濃地方は盆地の気候を示している。飛騨高山や白川郷の冬は豪雪地帯となるので、冬に向けて野菜類の保存法が工夫されている。飛騨高地や美濃三河高原の夏は比較的涼しく、夏秋トマト、夏ほうれん草、夏だいこんなどの夏野菜が栽培されている。一方、美濃地域の穀倉地帯では、冬春トマト、冬春ほうれん草、小松菜などの冬野菜が栽培されている。

知っておきたい地野菜・伝統野菜

真桑《まくわ》うり　ウリ科に属し、メロン類の変種マクワグループ・マクワの一変種。現在の本巣郡真正町本郷（旧・真桑村上真桑）に伝承されている在来種である。この系統のウリの種子が縄文時代早期の遺跡から発見されていることから、日本列島に渡来したのは古いと推定される。織田信長が、朝廷に真桑うりを献上したことや、江戸時代には松尾芭蕉が真桑うりを題材として俳句を詠んだことが知られている。真桑うりは、2世紀頃から美濃の国真桑村（現・本巣市真生地区）でつくられていたので、その村名をつけたといわれている。

ウリは生態的に変種が多いことから、いろいろな変種がつくり出された。メロンのように果物として価値あるものもつくり上げられ、真桑うりをメロンと称して販売を始めたのが明治時代であった。現在も、いろいろな交配種がつくられている。真桑うりは伝統野菜の一つであるが、その原種が消滅しそうになっているので、岐阜県農業技術研究所が、再生に努力している。

ちょろぎ　シソ科の多年生宿根草。東濃・伊吹山系池田山と鈴鹿山系養老山に、古くから散在していた。最近は平坦地や自家用に畑の一隅で趣味栽培するのを見かけるようになっている。ちょろぎは中国原産で、11世紀には日本にもあった。掘り起こした念珠茎が翌年に萠芽《もえめ》繁殖するので、地上部は冬枯れする。晩秋に地下にちょろぎを形成し、収穫時期は12月中旬である。

守口だいこん　アブラナ科のダイコンの仲間で、根がもっとも長い（2ｍほどに達する）。古くから守口漬けという、粕漬けが知られている。現在は、岐阜県川島町庭田、愛知県扶桑町山那の木曽川流域で、沖積層の深い砂壌土地帯のみで栽培されている。川を挟み南北対岸7.5kmの近距離に産地は限られている。名の由来は摂津守口（大阪府守口市）で栽培されていたことによる。高田宗男氏は、守口漬けが1890年の長瀬寛著「岐阜美屋計」に「岐阜島に産するローベ（ダイコンのこと）をもって粕漬けとなしたものなり」と記載されていると述べている。

飛騨紅かぶ　飛騨は山岳地帯で、冬は寒く積雪が多い。長い冬ごもりの間の貯蔵野菜として、漬物用のカブが古くより自家採種され、多彩な種類のカブが栽培されている。飛騨の品種には「八賀《はちが》」「船津《ふなつ》」「石徹白《いとしろ》」「鷲見」「白川」など、福井県の「大野紅」「河内《こうち》赤」、富山県の「五箇山」などの品種がある。

飛騨紅かぶは大正７年（1918）に、紫赤色の八賀かぶからの突然変異として発見され、育成されたものである。高田宗男氏は、八賀かぶの原種については天明３年（1783）の「産物狂歌集」（福島屋五右衛門著）に記載されていると述べている。戦国時代に高山市丹生川において、尾崎城主塩屋筑前守秋貞が他国よりもち込み栽培しており、当時は、紫紅色の丸いカブであり、八賀かぶとよばれた。飛騨紅かぶの特性は、洋種系で草姿は立性。茎は淡緑で赤色系のアントシアンの色素は含まない。茎は50cm前後、中大でびわ形、葉質は軟らかく、葉柄と中肋にも色がない。根の重さは300ｇ～400ｇ、根形は扁円と扁平の中間で、直径は12cm～14cm。根色は赤色。赤色色素はベラルコニジン配糖体のラファヌシンというアントシアン色素である。飛騨紅かぶの栽培は、標高500

m～600 mの高山付近では8月下旬～9月上旬に播種し、11月下旬に収穫する。青果用は葉つきで、加工業者には葉を切って袋詰めして出荷する。この紅カブの漬物は、飛騨高山の名物となっている。

白大《しろおお》かぶ

白大かぶの品種としては、昭和30年（1950）頃までは「尾張白大かぶ」「聖護院白大かぶ」が栽培されていた。その後、交配種で「長岡交配早生大かぶ」「長岡交配ひかりかぶ」の栽培に置き換わっている。

飛騨一本太ねぎ

飛騨地方で古くから栽培されている伝統野菜。別名「赤保木《あかほぎ》ねぎ」の改良種で、加賀系のもつ黒葉赤柄種に属する。原産地は高山市で、現在は高山市丹生川地区（旧・上枝《かずえ》村）を中心に栽培されている。白ネギで、鱗片（薄皮）が軟らかく、肉質がしまっていて甘味がある。初冬に霜にあうと、軟らかくなり、粘りや甘味も増す。収穫時期は11月中旬～12月上旬。飛騨地方では、「一年の労をねぎらう」という意味で、「一」と「ネギ」にあやかり、一年の暮れにお世話になった人に贈る習慣がある。すき焼きの添え野菜に最適。飛騨地方の郷土料理の朴葉《ほうば》味噌や焼きネギにも利用する。

宿儺《すくな》かぼちゃ

高山市丹羽川地区で栽培している白皮栗カボチャの一種。越後から飛騨高山へ酒づくりのためにきていた杜氏の娘が、丹羽川村へ嫁ぐ際に、もってきたと伝えられている。宿儺かぼちゃの名は、平成15年（2003）に、丹生川村にある円空作の木彫りの両面にあやかって名づけられた。太い部位の直径は15cm前後、長さは70～80cmになる。ヘチマに似た栗カボチャでホクホクした食感。皮は薄く、甘味もあり煮崩れしにくい。収穫時期は9月中旬～10月下旬。

十六ささげ

大正時代は尾張地方で栽培されていた伝統野菜。現在は岐阜県本巣郡糸貫町で栽培されている。さやの豆が16あることから十六ささげと名づけられている。豆の数で十三ささげ、十八ささげといわれる場合もあり、さやの長さから三尺ささげともよばれている。収穫は、ハウスものは6月頃から、露地栽培ものは8月頃からである。形はインゲンに似ているが、インゲンよりも軟らかく、食感がよい。長さは約30cm、長いものは50cm近くになる場合もある。主に、愛知県や岐阜県で栽培されているが、現在は沖縄県でも栽培されている。

千石豆（白石千石豆）

明治時代から岐阜市西部を中心として栽培されている伝統野菜。さやの形が千石船の帆に似ていること、収穫量が多いことから「千石」の名がある。長さ5～6cmの、三日月形のサヤエンドウである。1本のつるに多くの実をつける。収穫時期は4月下旬～10月上旬。若いさやは肉厚で独特の香りがある。和え物、煮物、天ぷらなどに利用される。

きくいも

日本には、江戸時代の文永年間（1264～1275）に北アメリカから伝わった。本格的に栽培されるようになったのは、明治時代であった。恵那市（旧・岩村町）では、昭和62年（1987）に、自生していたものから栽培を本格化している。きくいもには多糖類のイヌリンが多く含まれ、食物繊維の健康効果が期待されている。味噌漬け、醤油漬け、粕漬けなどの貯蔵食品に加工することが多い。

秋縞《あきしま》ささげ

丹生川村を中心に栽培されている飛騨地方の特産品。古くは地域の庭先で栽培していた地野菜である。耐病性が高く、ほとんどが無農薬で栽培できるという特徴がある。さやに独特の濃い紺色の縞模様があり、湯通しすると鮮やかな緑色に発色するので、別名「湯上り美人」といわれている。飛騨の人々の間では、広く栽培されている。つる性のさや品種で草丈が3mにも達する。収穫時期は播種が5月のものは7月下旬～10月下旬である。

きくごぼう

文久2年（1862）に、恵那郡本郷（現・恵那市岩村町）の山中で太い根をもつきくごぼう（キク科）が発見され、明治期になり栽培が本格化した。現在は、中津川市を中心に栽培されている。本種は、「ゴボウ」の名がついているが、「モリアザミ」の栽培品種。切り口の模様が菊の花に似ていることから「きくごぼう」の名がついた。独特の風味と香りがある。収穫時期は10月中旬～11月中旬。この味噌漬物は「きくごぼう漬け」や「やまごぼう漬け」の名で市販されている。

ごぼうあざみ

やまごぼうについての古文書の記録から、恵那地方では1900年代に栽培が始まったと推測されている。恵那地方の名産である「ヤマゴボウ」の味噌漬けには、「ごぼうあざみ」が使われているといわれている。根の径は2cm、根の長さは20cm～40cm、肉質は軟らかく歯切れがよく、ゴボウの香気がする。ポリフェノールが多く、切り口がすぐに黒変するので、十分な水洗いが必要である。

木曽紫《きそむらさき》かぶ

東濃の紫カブ品種として、自家栽培されている。用途は煮食と漬物であるが、自家消費のみである。

藤九郎ぎんなん

食用とするのは、イチョウの木で熟成する種子である。種子は熟成すると自然に落下する。これを集めて食用とする。堅い内種皮に包まれた軟らかい仁（胚乳）をぎんなんと呼び、特有の味があり、炒る、煮るなどの調理法で食べる。この種肉は、ビロボール（bilobol）、イチョウ酸（ginkgoic acid）を含み、強い臭気をもち、皮膚に触れるとかぶれを起こす。食品群ではナッツ類に属す。イチョウは、中国原産で、日本には古くに渡来している。9月頃に受精し、10月下旬に成熟する。ナッツ用の経済品種の一つとして藤《とう》九郎《くろう》ぎんなんがある。同じく経済品種には金兵衛《きんべえ》、久寿《くじゅ》などがある。ぎんなん100g当たりの炭水化物は34.5gで、炭水化物としてはでんぷんが多い。脂質は少ないがレシチンを含む。

富有《ふゆう》

甘ガキの代表品種。原産地は、岐阜県瑞穂市（旧・巣南町）で明治時代に福島才治により選抜された。名は、古典「礼記」の中から、「天下を治める」という意味でつけられたと伝えられている。果皮は橙紅色で光沢がある。果実の頂点は平らで横断面はやや四角になっている。肉質はやや密で多果汁性、軟化しにくい。

堂上蜂屋《どうじょうはちや》

干しガキ用に栽培している渋ガキで伝統食品の仲間。古くから美濃加茂市蜂屋地区で栽培されている。紡錘形で高さ7～8cm。重さは250g程度。収穫期は10月下旬～11月上旬で、皮を剥いて干しガキになるまで、40日以上は乾燥・熟成する。乾燥・熟成の工程でカビが繁殖したり腐らない条件は、低温で湿度が低いことである。したがって、低温で乾燥している美濃地方が適している。

その他の地野菜 わしみかぶら、自然薯、せき円空（サトイモ）、行者にんにく、実さんしょう、雪割ほうれん草、おりな（アブラナ科の野菜）、あんみつ姫（高糖度トマト）、沢あざみ、桑の木豆（インゲンマメの一種）、あずき菜、飛騨（リンゴ）、西村早生（甘柿）、わしみかぶら

地域の野菜料理

十六ささげ（ショウガ醤油、胡麻和え、卵とじ、かき揚げ、混ぜご飯）／きくいも（甘辛煮、味噌煮、天ぷら）／きくごぼうの味噌漬け／すくなかぼちゃ（天ぷら、煮付け、サラダ）／美濃田楽

加工食品

ちょろぎの梅酢漬け／守口漬け／ごぼうあざみの味噌漬け／赤カブ漬け

22 静岡県

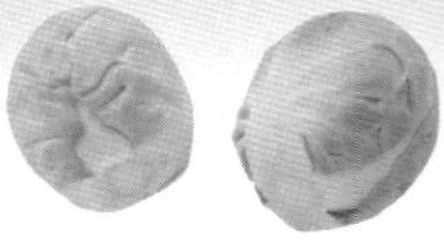
芽キャベツ

地域の特性

静岡県は、日本のほぼ中央に位置し、東西に長い海岸線を有している。富士川と大井川をそれぞれ境として東部、中部、西部に分けられる。富士市から沼津前の長い海岸線は、砂丘となっている。北部山岳地帯を除けば全体的に海洋性気候で、一年を通じて温暖な気候に恵まれている。現在のように、果物や野菜のハウス栽培が導入されるまでは、露地栽培のいちご、みかんなどの生産地として有名であった。野菜は東部沿岸地区を中心に、芽キャベツ、ちんげんさい、セロリ、レタスなど第二次大戦後に一般に知られるようになった野菜が栽培されている。リアス式海岸を有する伊豆半島を除くと、海岸線に沿って平地が続き、水の利がよいので水田、耕地が多い。お茶の生産量が多いことは、温暖で適度な湿度と降雨量が、茶の栽培に適しているからである。

知っておきたい地野菜・伝統野菜

葉しょうが　ショウガ科。静岡県では昭和50年（1975）頃から、葉ネギや石垣イチゴの二毛作の前作として導入され、地野菜の一つとなっている。静岡県よりも栽培量の多いのは千葉県である。根茎が小指ほどに生長した葉をつけたまま集荷する。ショウガ本来の風味に加えて甘味がある。静岡県南部の海岸地帯の砂地でハウス栽培を行っている。ハウス内は高温多湿の状態で栽培する。露地物より早く、3月中旬～6月に出荷。

芽キャベツ　キャベツの仲間で、1mほどの高さに育つ。茎に、1個が直径2～3cmの球形の腋芽《えきが》が房になってついている。静岡県の生産量は日本一であり、掛川市、浜松市、御前崎市、菊川市などで地野菜として栽培されている。1～2月がおいしい。アクが多いので、生食には向かない。茹でてソテーにして食べることが多い。地元では天ぷらで食べる。

えびいも

サトイモの仲間。昭和２年（1927）静岡県磐田郡井通村（現・磐田市豊田地区）役場が導入し、栽培が始まり、現在は近隣にも広がっている。栽培を始めた年代が昭和初期なので伝統野菜の仲間に入れている場合もあるが、現在は地野菜の仲間として栽培している。形がエビのように曲がり、くっきりとした縞模様がある。大きなものは長さ20cm、重さ250ｇにもなる。子芋と孫芋を食用とする。肉質は粉質だが、きめ細かく軟らかく、煮崩れしない。茹でたり、煮物で食べる。

わさび

静岡のわさびは、大井川、富士山麓、伊豆の清流で栽培される沢わさびである。慶長年間（1596～1615）に、安倍川上流の大河内《おおこうち》村有東木《うとうぎ》（現・静岡市葵町有東木）で始まり、その後伊豆半島の天城山系や大井川上流部、富士山麓などに広まった。栽培方法は、水の中で育てるわさび田方式で山間地の斜面を利用して行われる。明治34年（1901）に伊豆地方で畳石式を開発し、収量・品質ともに優れているので、その後、この方式で栽培するところが多くなった。主産地は、静岡市、伊豆市、河津町などで、収穫まで約15ヵ月を要する。主に、生をすりおろして強い香りと風味を味わう。明治時代から栽培しているので伝統野菜としての価値があるが、野菜としての特徴が強く感じられないためか、伝統野菜には登録されていない。

折戸《おりど》なす

小型の丸ナスで、肉質はしっかりしていて煮崩れしない。加熱調理によりコクと甘味が増す。古くから、三保の折戸地区（現・静岡市清水区）で促成栽培が行われていた。その後、油紙で囲った温室をつくり、早出し出荷の方法が開発されている。

箱根だいこん

白首で、直径10cm、長さ50cmほどの地ダイコン。明治時代から神奈川県の箱根山の西斜面一帯で栽培されている。この周辺の土壌は火山灰が積もってできた土壌で、土が深く、雨が降っても固まらないので、ダイコンなどの根物の野菜の栽培に適している。主としてたくあん漬けに加工されている。昭和50年（1975）代から消費量が少なくなり、自家栽培が細々と続けられている。平成13年（2001）に栽培が復活し、いろいろなイベントを開催し普及に取り組んでいる。

石垣いちご

傾斜地を利用して石垣を組み、栽培されているイチゴの総称が「石垣いちご」である。明治29年（1896）頃から栽培が始まった。最初は、玉石を積んだ石垣を利用して栽培していたが、大正２年（1923）から現在まで、コンクリート板を利用した栽培法を行っている。栽培される品種は、「久能早生《くのうわせ》」「章姫《あきひめ》」など。収穫時期は10月下旬。１個の重さは18ｇ前後。果形がやや長く、酸味は少なく、糖度は高い。

温州みかん

静岡県の温州みかんの栽培は、文政年間（1818～1830）に志太郡岡部町の三輪に植えられたのが始まりと伝えられている。明治時代には、清水、沼津、三ケ日などに広がった。現在は小粒の「三ケ日みかん」という独自のブランド名で市場に出回っている。現在、静岡県で栽培している品種は、主に「青島温州《あおしまうんしゅう》」である。本種は昭和16年（1941）に静岡市の青島平十が発見した「尾張温州」の枝変わりしたもので、味わいが濃厚で、糖度が高く、貯蔵性がよい。そのほか、早生種の「宮川早生」や「興津早生」、晩生種の「寿太郎温州」なども栽培されている。

その他のかんきつ類

「青島みかん」「太田ポンカン」「清見オレンジ」「デコポン」「甘夏」などが栽培されている（JAするが路がまとめている）。

柿

静岡県西部の浜松・磐田地区で栽培しているのは「次郎柿」、中部の静岡・藤枝地区では「西村早生」「富有」、東部の伊豆地方では「四つ溝柿」が栽培されている。とくに、西部の甘柿の「次郎柿」の栽培が多い。静岡県での「次郎柿」の栽培は、江戸時代後期から行われた。遠州森町（現・那智郡森町）で、松本次郎吉が、太田川の洪水の際に流れてきたこの幼木を拾って育てたのが始まりと伝えられている。渋ガキの「四つ溝柿」は1個の重さは100ｇ前後と小さい。炭酸ガスで脱渋されたものや、熟した柔らかいもの、干したものが流通している。

ニューサマーオレンジ　静岡県で生産・販売されているミカン科に属する日向夏《ひゅうがなつ》の商品名。熟するまでに１年は十分にかかる。暖かい伊豆半島を中心として栽培されている。主産地は伊東市宇佐美地区、東伊豆町河津町である。地元で、ほとんどが生で消費される。ゼリー、ムース、シャーベットなどに加工される。

温室メロン　大正７年（1918）に静岡県中遠《ちゅうえん》地域に導入された。最初はガラス温室で栽培していた。昭和初期にイギリスからアールス・フェリポリット種を導入してから本格的な栽培に取り組み始め、１本の木に１個だけの果実を残す方法などに栽培法を変え、品質を高めた。「アローマメロン」「クラウンメロン」の名で流通している。主産地は、袋井市、磐田市、浜松市、掛川市、菊川市、森町、牧の原市など。

土肥白びわ　明治10年（1877）に、当時の県令の大迫貞清《おおさこさだきよ》が中国からの土産としてビワの種子をもち帰った。それを土肥村（現・伊豆市）の村長の自宅の庭に植えたところ、明治19年（1986）に結実したので、村中へそれを配布したのが、この地でのビワの栽培の始まりと伝えられている。当時は、地元で消費していたが、現在は全国的に知られるようになった。土肥白びわの形は偏円形で重さ30～40ｇと小さい。肉質が緻密で白く、果汁は豊富で甘味が濃い。果皮が軟らかいので風雨に弱い欠点がある。

絹さやえんどう　静岡県の東部に位置する伊豆地域に、絹さやえんどうが導入されたのが、明治時代初期である。昭和に入ってからは、戦争体制の強化、生鮮野菜の統制のもとで、絹さやえんどうの栽培も一時は激減した。第二次世界大戦後、農家が保存している種子を利用して栽培が復活した伝統野菜である。大戦後の山林伐採跡地でも用意に栽培ができるという利点のある野菜であった。海岸から標高600ｍの山間部まで広範囲にわたって、とくに伊豆東海岸から天城山中にかけた地域に集中して栽培されている。春採り、秋採り、ハウス栽培などが行われている。

水掛菜

明治19年（1886）春に緑肥作物として水掛菜の種子が新潟県（古くは越後）から御殿場へ導入された。富士山の自然の湧き水を利用して栽培されている。早春に、とう立ちしたところを摘み取るものを「つみど」といい、年内に株元から刈り取るものを「かりど」という。主産地は御殿場市、駿東郡小山町。水田の裏作として、湧き水を利用して栽培する「新湧き水菜」が導入されたこともある。主に、お浸し、菜めし、和え物、押しずし、漬物にして食べる。

駒越・三保のえだまめ

駒越・三保のえだまめの栽培が大正時代の中頃から始められ、昭和30年（1955）代半ばからビニールハウスで栽培するようになった。昭和50年（1975）代からは「サッポロミドリ」という品種の導入により、1月からも収穫ができるようになった。そのほか、「フジエス」「サヤムスメ」などの品種も栽培・出荷できるようになっている。

その他の野菜

わさび、たまねぎ、パセリ、みつば、ねぎ、カリフラワー

地域の野菜料理

浜納豆（寺納豆、唐納豆、塩辛納豆）／トロロ汁

加工食品

駿河茶（静岡茶）

23 愛知県

千石《せんごく》豆

地域の特性

愛知県は、日本列島のほぼ中央に位置する。伊勢湾と三河湾に面しており、揖斐川、木曽川、矢作川、豊川など伊勢湾や三河湾に流れてくる河川があるので、水資源にも恵まれ、肥沃な土壌と地理的条件から、わが国屈指の野菜の産地となっている。

気候は、夏に降水量が多く、冬には乾燥する太平洋側気候である。西部から南部にかけての尾張地域に位置する濃尾平野、西三河に位置する岡崎平野、東三河に位置する豊橋平野などの平坦地では、水田を始め田畑が耕作されている。尾張藩の城下町として発展し、大消費地であった名古屋は、温暖な気候とあいまって、交通の要所であったため各地の産物や種苗が手に入り、江戸時代から野菜の栽培は盛んであった。伝統野菜となっている宮重だいこん、方領《ほうりょう》だいこん、大高菜、越津《こしづ》ねぎなどが栽培されている。

知っておきたい地野菜・伝統野菜

あいちの伝統野菜

愛知県に由来し、50年以上前から栽培され、現在も種子や苗の手に入る野菜を「あいちの伝統野菜」として指定している。以下の33品目。(参考資料：愛知県農林水産部食育推進課)

宮重だいこん、方領だいこん、守口だいこん、八事五寸にんじん、碧南鮮紅五寸にんじん、木之山五寸にんじん、八名丸さといも、愛知本長なす、青大きゅうり、ファースト・トマト、愛知縮緬かぼちゃ、渥美アールス・メロン、落うり、金俵《きんぴょう》まくわ、かりもり（堅瓜)、早生かりもり、早生とうがん、野崎２号はくさい、野崎中生キャベツ、餅菜（正月菜)、大高菜、まつな、治郎丸ほうれん草、愛知白たまねぎ、知多３号たまねぎ、養父早生（知多早生）たまねぎ、越津ねぎ、法性寺ねぎ、愛知早生

ふき、渥美白花絹さやえんどう、十六ささげ、姫ささげ、千石豆（フジマメ）

宮重だいこん

原産地は愛知県春日《はるひ》町宮重地区といわれ、江戸時代から栽培が始められている。昭和50年代になると、青首ダイコンの交配種（F1品種）が、わが国の生食ダイコンとして主要品種となった。そこで、宮重だいこんの系統や宮重だいこんに耐病性や晩抽性を導入した系統を育成し、これらを交配したF1品種の育成を行っている。根の長さは40～45cm。青首で先端は丸くなで肩である。甘味があり煮物、切り干しダイコン、漬物に利用される。旬は11月～12月。

方領《ほうりょう》だいこん

原産地は甚目寺町方領地区。江戸時代から栽培され、明治時代になると早生種と晩生種ができ、全国各地に種子が出された。東京の練馬だいこんのもとにもなったといわれている。現在は早生種の栽培が多い。根部は水牛の角のように湾曲している。肉質が緻密で、煮物の「ふろふきダイコン」に適している。旬は１～２月。煮物、サラダに向く。

守口だいこん

明治時代に美濃の「ほそりダイコン」が大阪に送られ、粕漬けの「守口漬け」にされたことから、守口漬けにするダイコンを守口だいこんというようになった。守口だいこんは、木曽川沖積の耕土の深い岐阜市島地区、則武地区で栽培されていた。1948年からは、木曽川の対岸にあたる愛知県扶桑町山名地区で栽培されるようになった。現在は、岐阜県の栽培面積は都市化で減少し、愛知県の作付面積は岐阜県よりも広くなっている。旬は12月～１月。漬物に向く。

尾張大《おわりおお》かぶ

江戸時代に、甚目寺村で在来種を品種改良し尾張白かぶらを育成した。地元では甚目寺かぶら、大治かぶらとよんでいるが、各地には種子を「尾張大かぶ」の名で販売した。根がなめらかで、白い。現在はこだわり野菜として家庭菜園で利用されている。

八事五寸《やごとごすん》にんじん

名古屋の東部の丘陵地の八事で古くから栽培されていたが、この地の都市化により、現在の産地は名古屋市大高町や大阪府に移動している。現在、栽培されている系統は、肉色が濃く、芯は小さい。煮崩れしにくく、早く軟らかく煮える。甘味もある。旬は12月〜３月。煮物、サラダに向く。

碧南鮮紅五寸《へきなんせんこう》にんじん

矢作川下流に位置する碧南市で栽培している。砂壌土の畑が広がる冬季の気温が温暖な地域で、古くから冬越しニンジンを栽培していた。根の先は太く、肉の色が濃く、芯の老化が遅い。首部には、アントシアン系の色素が蓄積しやすい。旬は12月〜２月。煮物、サラダに向く。

木之山五寸《このやまごすん》にんじん

大府《おおぶ》市の木之山地区で栽培されている在来品種。木之山地区は山砂を基礎とした土で、伊勢イモの産地でもある。芯まで赤く、肉質は軟らかく、食味がよい。旬は１〜２月。煮物、サラダに向く。

愛知本長《あいちほんなが》なす

昭和10年（1935）から美和町で栽培されている。実は濃い黒紫色で光沢がある。果実の長さが18〜20cmの長ナスで、食味はよい。旬は７〜８月。焼き物、煮物に向く。

八名丸《やなまる》さといも

昭和20年（1945）頃から新城市で栽培されている。子芋、孫芋ともに丸い。肉質は軟らかく、粘りがある。旬は９〜３月。煮物に向く。

青大《あおだい》きゅうり

昭和20年（1945）前から、尾張地域で栽培している。長さは普通のキュウリと変わらないが、太い。肉質は緻密で、歯切れはよい。旬は６〜７月。酢の物、サラダ、煮物に向く。

ファースト・トマト

昭和10年（1935）前後に豊橋市で温室用栽培品種として育種されている。促成栽培用品種としてもっともよく利用されている。現在は宝飯郡、渥美地域でも栽培している。果実はよく肥大し、子室が多く、食味は粘質で、甘味が強く酸味もある。旬は1～3月。サラダに向く。

愛知縮緬《ちりめん》かぼちゃ　昭和7年（1932）頃から、愛知県で栽培している日本カボチャの代表的品種。産地は大治町砂子地区であったが、農家の高齢化と大治町の都市化に伴い、栽培面積が小さくなった。平成11年（1999）から大府市長草地区の露地栽培農家が、本種の栽培を続けている。果実は1個あたり2.5kgと大型になり、扁平である。果皮に特有のひだがある。果肉は硬く、果皮の近くは緑色で、中心は濃黄色。旬は6～7月。煮物に向く。

渥美アールスメロン　渥美地域で夏季温室で栽培してきた品種のメロンを、自家採種の系統として保存してきていたが、これを統一し、収量が高く、品質のよいものを選定し、昭和58年（1983）に統一品種として本種を命名した。ネット部分が多く、地肌がほとんど見えない。青皮の品種であるが、果肉の色はやや淡い黄色で、早い時期に糖度は高くなる。肉質はきめ細かく、食感もよい。旬は7～8月。デザートとして利用される。

落《おち》うり　明治時代から江南市で栽培している。肉質は緻密で香りが強く、ほのかな甘味もある。旬は7～8月。デザートとして利用されるほか、若採りは漬物にする。

金俵《きんぴょう》まくわ　明治18年（1885）に愛知県植物園が導入した「梨ウリ」から分かれた系統である。いくつかの系統の中から、昭和20年（1945）代に「金俵」を選び、育種したものである。江南市周辺、安城市周辺で栽培されている。皮が濃黄色の俵型で、果肉は白色で甘く、香りがよい。旬は7～8月。デザートに利用されている。

かりもり（堅瓜《かたうり》）　尾張地方で明治時代から栽培されている。果皮は緑色で果皮は白色。果肉は硬く、歯ごたえがある。旬は7～8月。漬物に使う。

早生《わせ》かりもり　かりもりから派生した品種で、収量は多い。尾張地域、刈谷市、碧南市で、ハウス栽培で育成している。主に、漬物の材料となり、初夏を迎える名古屋の材料となっている。旬は７～８月。

早生とうがん　明治時代から安城市などで栽培されている。３kgに達するものもある。旬は７月～８月。汁物の実、煮物に利用する。

野崎２号はくさい　明治の終わり頃まで、名古屋はくさい、山東はくさいとして栽培していたものを、大正時代に品種改良し育種してきている。尾張地域で栽培している。頭部がよく包被した円筒形で、結球しやすく、肉質は軟らかい。甘味がある。旬は１月～12月。鍋物の具、煮物に利用される。

野崎中生《のざきちゅうせい》キャベツ　明治18年（1885）にアーリーサンマー系の夏蒔きカンラン（キャベツのこと）を栽培し、その後選抜改良を加え、大正５年～10年（1916～1921）にかけて育成した品種である。尾張地域、三河地域で栽培している。旬は、夏蒔きで11月～12月、秋蒔きで６～７月。サラダ、煮物、炒め物に使う。

餅菜（正月菜）　尾張地方の雑煮には欠かせない菜類。小松菜に近い在来の菜類である。名古屋のスーパーでは、年末だけ小松菜に代わって餅菜が並ぶことが多いといわれている。明治時代から栽培されている。旬は12月～１月。汁の実に利用。

大高菜　名古屋市緑区大高町の特産である。伊勢菜より派生したもので、野沢菜に似る。香りがよく、漬菜として利用される。草丈が40cm前後になる。浅漬けの材料として適している。旬は12月～１月。汁物の具にも利用される。

まつな　甚目寺町で温室栽培されていたが、消費の減退から生産量も減少している。幼葉を刺身のツマや汁物の実に利用する。

味は淡白で、食感は粘りを感じる。旬は12月～1月。

治郎丸ほうれん草　尾張平野の中心の稲沢市治郎丸が原産地。現在は稲沢市で栽培している。明治時代から栽培していた日本の在来種と洋種品種の自然交配で生まれた品種。昭和時代になってから愛知県の代表的品種となった。葉は切れ込みが多い。根部の桃色が鮮やかである。旬は11月～2月。和え物、炒め物に利用される。

愛知白早生《わせ》たまねぎ　明治初期にフランスから導入した品種「ブラン・アチーフ・ド・パリー」の改良種。東海市で栽培されている。形は平型で、扁平で尻がくぼんでいる。色合いは白色。食味は軟らかく甘味が強い。旬は2月～4月。サラダによい。

養父《やぶ》早生たまねぎ　昭和20年（1945）頃から東海市、知多市で栽培されている。皮は黄色、形は平形、扁平で尻がくぼんでいる。軟らかく甘味が強い。旬は2～3月。サラダに向く。

知多（黄早生）3号たまねぎ　知多半島は古くからタマネギの産地として知られている。昭和25年（1950）頃、かつての農協が品種改良した増収形のタマネギである。

越津《こしづ》ねぎ　尾張特産のネギで、関東の千住ねぎ、京都の九条ねぎと同様によく知られている。原産地は現在の津島市越津町とされて、徳川時代から栽培されていたと伝えられている。現在は、美和町、愛西市、一宮、江南市、津島市などの各地で栽培されている。本種の生産は冬である。品質は優れていて、葉、根深部ともに軟らかくておいしい。旬は10月～3月。すき焼き、煮物に使われる。

愛知早生ふき　知多半島で初めてフキの「囲い栽培」が始められたのは、明治35年（1902）といわれている。それ以後、油障子、ビニールハウス、促成栽培と栽培法も変わってきている。愛知県では、東海市、知多市を中心に、稲沢市、海部《あま》郡でも、また大阪府、香川県でも栽培されている。香りがよく、葉柄の伸びも早い。旬は

10月～5月。煮物に使う。

渥美白花絹《あつみしろばなきぬ》さやえんどう　渥美地方の冬は伊吹山から三河湾をわたってくる風で寒いが、山影になっている先端部は暖かく、霜の降りない地帯や農家では本種を栽培している。麦わらで風よけをつくれば冬でも栽培できることから、ハウス栽培したものを早春から出荷できるようになった。鮮やかな緑色で、新鮮で軟らかな香りがする。旬は4月～6月。汁物や和え物に使われる。

十六ささげ　大正時代から愛西市、稲沢市で栽培されている。生育の旺盛なササゲ。さやの長さは30cm内外で淡緑色。豆は赤褐色。若いさやを食べる夏野菜。旬は7月～8月。和え物、煮物、炒め物に向く。

姫ささげ（黒種十六ささげ）　種子が肥大せず、さやの大きさが25cmのササゲ。十六ささげの仲間で、さやが小さいところから「姫ささげ」の名がついた。尾張地域で、明治時代頃から栽培されている。現在はハウス栽培が行われている。旬は7月～8月。和え物、煮物、炒め物に使われる。

白花千石（白花つるなし千石、フジマメ）　明治時代から甚目寺町で栽培されている。つる性でさやは淡緑色で、軟らかく適度な香気がある。旬は7月～8月。和え物に向く。

ぎんなん　主な産地は稲沢市、一宮市。これらの地域は古くから神社や寺院にイチョウが植えられているので、ぎんなんの生産の中心となっている。旬は9月～11月。茶碗蒸しの具、おこわの具などに使ったり、油で炒める。

いちじく　主な産地は、安城市、碧南市、御津町、常滑市、東海市。旬は8月～10月。栽培が本格化したのは、昭和40年（1965）代からである。

柿　秋を代表する果物で、古くから栽培されている。主な産地は豊橋市、幸田町、新城市である。旬は、西村早生・筆柿が9月～10月、次郎柿が10月～11月。

ぶどう　主な産地は大府市、豊橋市、東浦町、岡崎市、新城市、東海市、三好町など。最近は、ロザリオロッソ、ロザリオピアンコなどピンクの彩のよいぶどうも栽培されている。旬は、ハウス栽培が6月～7月、露地栽培が8月～9月。

カリフラワー　主な産地は田原市、岩倉市、豊橋市、東海市、弥富市。カリフラワーとブロッコリーはキャベツの変種で、花蕾を食べる。昭和30年（1955）代から洋風料理の普及とともに、需要も増えた。旬は、12月～3月。

大葉　主な産地は、豊橋市、小坂井町、御津町、田原市など。愛知県が日本一の生産量を誇る。栽培品種は青ジソ、赤ジソに大別される。大葉はアオジソの商品名でもある。

さやえんどう　主な産地は、豊橋市、田原市。17世紀頃に、さやを食べるエンドウの栽培が始まった。日本の伝統野菜の一つである。旬は2月～4月。

ブロッコリー　主な産地は、田原市、豊橋市。カリフラワーと同じようにキャベツの変種。旬は11月～4月。

とうがん　主な産地は、豊橋市、東海市、南知多町、碧南市。愛知県のとうがんは、在来種として「早生とうがん」があった。現在は、愛知の伝統野菜となっている。旬は7月～9月。

みつば　主な産地は愛西市、名古屋市、弥富市、稲沢市、豊田市、飛島村。旬は春だが、水耕栽培により周年入手できる。

れんこん　主な産地は愛西市。茨城県、徳島県とともに全国三大産地。愛知県は露地栽培とハウス栽培を組み合わせて栽培しているので、１年中出荷している。旬は、露地栽倍ものが10月～翌年４月、ハウス栽倍ものが８月～９月。

たまねぎ・ペコロス　主な産地は、碧南市、大府市、東海市、知多市、豊橋市。たまねぎは１年中出回っているが、愛知県産は４月～７月に出荷する。食べ頃は５月～７月。知多半島で栽培している小タマネギはペコロスといわれる。大正時代から昭和初期に日本に伝来した。軟らかく甘味がある。カレーやシチューに使われる。

キャベツ　愛知県産のキャベツは秋冬期（11月～４月）を中心に出荷。最近は、加熱料理に向く冬タイプ、生食に適している春タイプがある。

つま菊　豊川市、豊橋市、蒲郡市が産地の中心地。添え物として利用される。食べると苦味がきつく喉は通らない。ハウス栽培で周年出回っている。

地域の野菜料理

宮重だいこん・方領だいこんの煮物／方領だいこんのサラダ／ふろふきダイコン（方領だいこん）／とうがんの煮物、スープ（チキンスープや和風の澄まし汁）／餅菜／菜めし／きしめん

加工食品

切り干しダイコン／漬物（宮重ダイコン）／八丁味噌（岡崎八丁）／三河納豆

24 三重県

赤ずいき

地域の特性

三重県は、本州のほぼ中央、太平洋側に位置し、南北に細長い形をしている。三重県の気候は、全般に夏から秋にかけては雨が多く、冬は晴れの日が多い。太平洋を流れる暖流の影響を受けているので、総じて温暖である。熊野灘沿岸は温暖で多湿である。志摩半島から伊勢平野にかけては比較的温和で過ごしやすい。山間部の温度は、海岸部に比べれば、2℃ほど低い。各地の気候・風土に応じたさまざまな農産物が生産されている。伊勢湾や志摩地域では、貴重な魚貝類が豊富に漁獲される。生産量の多い野菜にはキャベツ、トマト、だいこんがあり、温暖な気候を活かし、かんきつ類の生産も多く、北勢地域の鈴鹿山麓では味のまろやかなかぶせ茶、南勢地域の櫛田川流域では深蒸煎茶など「三重ブランドの茶」が生産されている。

知っておきたい地野菜・伝統野菜

三重なばな

ナバナの種類である。ナバナは、かつては名古屋に近い三重県北部の長島町周辺で栽培されていたが、全県的に栽培することが進められ、現在では「三重なばな」として県下全域で栽培されている。「三重なばな」は、洋種ナタネの茎葉を先端から20cmほど切り揃えたもので、200gの小袋入りで市販されている。この種類の洋種ナタネは、昭和30年代には油を採るために、伊勢平野に広く栽培されていた品種であった。この摘芯を捨てずに食べたところ、おいしかったことから、「ナバナ」の名で市販するようになったと伝えられている。ナバナの栽培はペーパーポット、家庭菜園でも可能である。8月上旬に播種し、10月上旬には第1回目の収穫ができる。収穫した若い茎葉を20cmに揃え、小袋に詰めて10月～4月まで出荷する。

長島在来種のナバナには、茎が太くて抽苔が早い早生系統と、分岐性が強くてやや抽苔が遅い系統がある。長島在来のナバナの早生系統のものを平成10年（1998）に「みえ緑水《りょくすい》2号」として、農水省に品種登録している。

伊勢いも

三重県中央部を流れる櫛田川中流域の砂壌土地帯で、古くから栽培されている。原産地は多気町で、江戸時代の享保年間にはすでに流通していた。明治時代に入り「津田いも」の名で流通した。明治17年（1884）に「松阪いも」と改め、明治33年（1900）に「伊勢いも」と命名され今日に至っている。表面が比較的白いので、ヤマイモの仲間とも考えられている。ほかのヤマイモと比較した場合に、すりおろしても褐変せず、白く粘りが出るという特徴がある。ポリフェノール化合物の存在が少ないのが一つの特徴といわれる。伊勢いもの栽培に適した地域は、耕土が深く、水が必要なときに灌水のできる排水のよいところと、栽培に適する条件は難しい。地力の豊かな砂質の壌土が少なくなっている。10月中頃～11月中旬が収穫時期である。

赤ずいき

ずいきとはサトイモの葉柄のことをいう。ヤツガシラの葉柄のようにえぐ味の少ないものを利用する。葉柄は淡緑色であるが、首部は赤色を帯びているので、この部分だけのものを赤ずいきという。一般には、乾燥して保存してある。使用に当たっては茹でて戻して使う。赤ずいきの赤色はアントシアン系の色素である。食酢によってこの赤色はよく発色するので、酢の物などに使われる。

御園だいこん

三重県中央部の伊勢湾を望む明和《めいわ》町で、伊勢たくあんの原料として古くから栽培されている。明治32年（1899）に、京阪神への鉄道が開通した頃から栽培され、たくあん漬けの原料として使われている。11月から収穫し、たくあん漬け用に乾燥させる。この頃の季節は空っ風が吹き、ダイコンを凍らせることなく乾燥させるのに適している。ダイコンの収穫時期とダイコンを乾燥させる時期が季節的に適合しているのである。

朝熊小菜《あさまこな》

伊勢神宮のある神路山《かみじやま》を西に望み、それに連なる朝熊山の麓、伊勢市四郷《しごう》地区に古くから伝わり、自家用の漬物原料として栽培されている。この地域の冬は、冷え込みが厳しいので、軟らかな葉がつくられる。狭い山間部なので栽培面積が少ない。早春の味覚として地域に根ざした伝統的な地野菜である。10月に正月の雑煮用の野菜として播種したものは生食するが、1月～3月に収穫したものは漬物にする。

松阪赤菜《まつさかあかな》　天正8年（1580）頃に、蒲生氏郷《がもううじごう》が近江（滋賀県）の日野から松阪に入城する際に、日野菜の種をもち込み、松阪市の旧名矢川町に植えたのが始まりと伝えられている。昭和40年（1965）頃には、本種はみられなくなった。平成12年（2000）頃に、三重県科学技術振興センター農業研究部が保管していた種子を用いて、再び復活した。葉柄と根は鮮やかな赤色で、漬物に使う。

三重ブランドの農産物

❶伊勢茶　三重県は、静岡県、鹿児島県についで、茶の栽培面積、荒茶の生産量は全国3位である。南北に長い地形の特性を活かし、北勢地域では味のまろやかなかぶせ茶、南勢地域では深蒸し煎茶が多く生産されている。土づくりや農薬の使用については、農家と提携し「環境にやさしい安全で安心な伊勢茶づくり運動」に取り組んでいる。
❷南紀みかん　熊野灘に面する温暖な紀南地域は、かんきつ類の栽培に適し、古くから周年ミカンの採れる産地を目指し、多種類のかんきつ類を栽培している。とくに、極早生温州みかんの栽培が盛んで、9月中旬から出荷している。礫質土壌や温暖多雨などの特徴を活かしたマルチ栽培で生産されている。

地域の野菜料理

ナバナの油炒め／お講汁

加工食品

伊勢たくあん

25 滋賀県

にんじん菜

地域の特性

滋賀県は、日本のほぼ中央に位置し、県の中央には日本最大の湖である琵琶湖があり、その周辺の近江盆地の高地面積の90％以上は、水田である。平地の土質のよさばかりでなく、近江盆地を囲む山々から平地に流れ込む川の水質がよいので、古くから品質のよい「近江米」が生産されていることで知られている。滋賀県は、京都に近いために京都の食文化の影響もあり、伝統野菜が守られてきている。

知っておきたい地野菜・伝統野菜

湖北さんしょう　湖北地域では、山間の休耕田を利用してサンショウを栽培している。花だけを集めた「花さんしょう」は、辛みが柔らかく、香りがよい。

田上《たながみ》菜の花　滋賀県では、コメの裏作としてナタネ用の菜の花を栽培している。田上地区では、現在も古くから伝わっている菜の花を栽培し、菜の花漬けにしている。

朝宮《あさみや》茶・土山《つちやま》茶・政所《まんどころ》茶　滋賀県には、信楽の朝宮、水源寺の政所など歴史のあるお茶がある。盆地特有の朝霧夜霧の環境のもとで栽培した茶である。

水口かんぴょう　甲賀市水口は、滋賀県の西部に位置する。鈴鹿山脈から琵琶湖へ向かって降りたところにある。カンピョウは、主に水口町の中心に近い八坂地域でつくられている。水口かんぴょうは、桃山時代の城主・長束正家が農家につくらせたのが始まりで、江戸時代に城主が加藤嘉矩になってから、カンピョウを細長くつくる製法に変わったといわれている。

佐治かぼちゃ

佐治かぼちゃを栽培している地域は、甲賀郡甲賀町小佐治である。忍者発祥の地として有名な甲賀町の北部に位置する山間の集落である。この地域の土質は、琵琶湖の湖底の泥岩からできている。佐治かぼちゃの特徴は、1個の重さが6～7kgもあることである。第二次大戦前後の食糧難時代には重要な食料であった。西洋種との交雑によって現在の品種となっている。

甲津原《こうづはら》みょうが

甲津原は、米原市の伊吹山のふもとの、標高500mの姉川最上流にある集落であり、豪雪地帯である。この地域で栽培しているミョウガは、色・艶・香りが優れ、その品質のよさは全国的に知られている。この地域は、山間に位置するため、寒暖の差があり、夏でも適度に雨が降り、地面があまり乾燥しない。標高が高いため夏は涼しいのが、ミョウガの生育に適している。地元では焼いたり、和えたりして食べる。

杉谷なす

甲南町杉谷集落のみで栽培されている、「幻のナス」といわれるほど大型の巾着系ナス。1個の重さは400g以上になる。同じナスを杉谷地区以外の地域で栽培しても巾着にはならない。平成15年(2003)に甲南町が特産化に向けて栽培している。賀茂なすに似ている。

下田なす

滋賀県の南西部に位置する甲西町下田地区を中心に栽培している。平成15年(2003)よりJA系統の市場出荷が本格的に行われるようになった。アクが少なく、ほんのりとした甘味があり、漬物に最適である。天ぷら、素揚げにして天つゆで食べる。

高月丸なす

滋賀県の東北部に位置する高月町の井口地区で栽培されている。地元では「きんちゃくなす」ともよばれている。形は球形でなく、やや下膨れで、表面にシワのあるものもある。茶器を入れた巾着に似ているので「きんちゃくなす」の名がある。井口地区では、昔から丸ナスの種を絶やさないように、お嫁に行くときに嫁ぎ先に種をもっていった。よい種が採れないときには仲間同士が融通し合い、大切に伝えてきている。肉質はしまり、緻密である。収穫は７月上旬～９月下旬で、８月のお盆前がおいしい。焼きナス、漬物、煮物、田楽に利用される。加熱調理により果肉が崩れることなく、粘りも出てくる。糠漬けにもする。

笠原しょうが

笠原地区は、野洲川の沖積平野に位置する。土質が軽くショウガの栽培に適している。根はピンク色で紅ショウガに属す。

坂本の食用ギク

観賞用としても美しい食用ギクである。本種を栽培している坂本地区は大津市の西部、比叡山延暦寺の門前町として栄えた町である。現在も寺院の数は多く残っている。江戸時代には、すでに各家庭の庭や畑の片隅に、食用ギクを栽培していたといわれている。かつては、多くの農家で食用ギクを栽培し、各地に伝わる品種もいくつかあったが、現在は、宅地開発で農地が減少しているため、キクを栽培する農家が少なくなった。坂本地区に伝わる栽培品種は、中生種の小ギクである。花の大きさは３cmほどで、キクの香りはよいが、食べると苦味がある。食用ギクの保存のために、坂本町ではキク料理振興会を設立し、本種の保存に努めている。一般には、農家の自家用のための栽培で、市場には流通しておらず、寺院の精進料理、みやげ物店で販売している程度である。

伊吹だいこん

本種のダイコンは伊吹町大久保地区で栽培されている。古くから「峠のダイコン」として、自家採種により栽培が引き継がれてきた。根の大きさは15cm～25cmの小型で、尻づまり型のダイコンである。茎の部分が少し紫色を帯びている。根が土中に浅く入っているので、蹴ってダイコンを掘り起こすことができることから、地元では「けっからダイコン」ともよばれている。独特の甘味と辛味がある。根の先端のほうが辛味は強い。この地域の土壌は石灰質の土質であり、地形的には山間部なので朝夕および時期による温度差があり辛味を生成すると考えられている。この地以外で、本種を栽培しても辛味は生みだされないことがわかっている。ほとんどが、自家用の小規模栽培で、市場には流通していない。辛味がソバの味を引き立てるので、おろしソバに入れるのが最適である。漬物にも使われる。煮物にしても煮崩れせず、味がしみ込みやすい。麺類の薬味のほか、鍋物やしゃぶしゃぶを食べるときの薬味にもよい。

山田だいこん（山田ねずみだいこん）

根がねずみの尾に似ているところからこの名がある。大正時代初期から草津市山田地区で栽培されているダイコンで、たくあんに加工すると白色の上品な漬物を生み出す。本種のたくあんは、きめ細かく、歯切れもよい。分類上は白上がり群に属し、粗根が少ないことから北支系ダイコンといわれている。根は白首で根の長さは15～20cmと小さい。胴部の直径は約4cm、尻のほうに向かってやや太くなり、尻づまりの形になっている。葉も軟らかい。葉のついたまま漬物にする。正月の雑煮用のダイコンのほか、葉は七草粥の「すずしろ」に使われる。

にんじん菜

京都周辺では、金時にんじんの若葉だけを、葉にんじんまたはにんじん葉として水菜（京菜）と同様に、お浸しやゴマ和えとして利用をしている。京都に近い滋賀地方では、にんじん菜と呼んでいる。関西、四国地方では、正月に金時にんじんを使うことが多い。金時にんじんの肉質は軟らかくその赤色は、ニンジンに多いカロテンではなくリコピンである。金時にんじん100g当たりのカロテン含有量は5000μg、葉にんじん（にんじん菜）のそれは1700μgである。ニンジンの原産地は中央アジアで、そこから東へ西へと広がった。日本には奈良時代に中国を経て伝わったといわれている。戦国時代の武士が、正月に食べる野菜ともなっている。金時の名は、根色が鮮紅であることから赤ら顔の坂田金時（金太郎）に由来するといわれている。

日野菜

滋賀県の伝統野菜の中でもっともよく知られている野菜である。日野町の鎌掛地区が、日野菜の発祥地であるといわれている。本種を使った「日野菜漬け」は、桜の花のような彩となるので、桜漬けともいわれている。独特の辛味があることも知られている。宝暦年間（1751～1764）に、日野町の吉野源兵衛という種子商人が、これまで栽培していた日野菜に改良を加えて現在のような品種になり、各地に広まったといわれている。根の部分は25～30cmあり、地下部は白く、地上部は紅紫色である。地元では、細く長く鮮やかで、紅紫色と白色の分け目がはっきりしているところから「あかな」とよばれている。

秦荘《はたしょう》やまいも　産地の秦荘町の現在名は愛荘町。琵琶湖の西岸に位置し、町の中心を川が流れる周りには傾斜が続き水田がある。黒くごつごつしグロテスクな形をしていて、食べもののようには見えない。起源は「伊勢いも」といわれている。すりおろすと、箸でつかめるほど粘りがある。昔は「やまうなぎ」といわれ、薬として病後の回復に食べたといわれている。舌触りが滑らかで、まろやかである。

安曇川の万木かぶ　万木かぶは、高島郡安曇川町西方木地方の在来の赤カブである。古くから自家用に栽培していた蛭口かぶ（赤カブ）との自然交雑によりできたカブと考えられている。明治時代初期に篤農家が系統を選別して優良品種を育成したのが、現在広く栽培されている万木かぶであるといわれている。安曇川ばかりでなく、ほかの地域でも栽培できる。味がよく、艶やかで、形がよく、漬物にすると全体がピンク色に染まるところが人気である。

余呉の山かぶら　余呉地区でしか栽培できない品種である。山の桑の枝を焼き払った焼き畑でつくられる。10月下旬～3月まで雪の下を掘り起こして収穫する。収穫後は、干して漬物にすると、全体が赤くなる。独特の香りがあり、歯ざわりはよいが、渋味を感じる。

豊浦ねぎ　滋賀県の隠れた名産品で、「幻の青ネギ」ともよばれ、安土町下豊浦地区で栽培されている。この地域は、琵琶湖の西部にある安土山の麓にある集落である。この地域では、かつては琵琶湖の湖底に堆積した藻や土砂を救い上げ、畑の肥料にしていた。見た目は美しく、根元の白い部分がやや多く、根本が少し曲がっている。軟らかい細身のネギで、味は京都の九条ねぎに似ている。根カブともよんでいる。

日光寺《にっこうじ》の「あまんぼう」　干しガキの一種。近江町日光寺地域の干しガキは、寒風と日当たりのよさから独特の甘味が生まれ、人気である。以前は「あまんぼう」の名で県外へも出荷していたが、時代の変化とともに生産量が減少した。稲の収穫後の田圃に、「柿屋」という屋根をつくり、その中でカキを干して干しガキをつくった。平成8年（1996）に地元の「あまんぼう」保存会が柿屋を復活し、生産に取り組んでいる。

へいやとうがらし

甲西町下田地区で栽培している。タカノツメよりも大きく、5cmほどの長さで香辛料として利用する。高さ50cmほどの木で、実をつけたまま枯れるまで放っておき、枯れてから収穫する。その後、軒下で十分乾燥させてから、1年中利用する。「へいや」の名の由来は、下田地区の農家に今でも残っている「へいや」という屋号にある。タカノツメに比べると柔らかみのある辛さで、甘味がある。漬物に入れたり、糠床に入れる。うどんの薬味にも使う。

滋賀県環境こだわり農業農産物（滋賀県環境こだわり農業推進条例）

だいこん、かぶ、にんじん、さといも、さつまいも、じゃがいも、ごぼう、はくさい、キャベツ、ブロッコリー、なばな、みず菜、ほうれん草、しゅんぎく、レタス、ねぎ、たまねぎ、アスパラガス、みつば、うど、なす、トマト、ミニトマト、ピーマン、きゅうり、かぼちゃ、メロン、スイカ、いちご、スイートコーン、さやいんげん、実えんどう、ぶどう、なし、もも、梅、柿、くり、いちじく、ブルーベリー、茶、なたね

地域の野菜料理

下田なすときゅうりの一夜漬け／坂本の食用ギク（ちらしずしの具、酢の物、豆腐との和え物）／伊吹だいこん（すりおろしてソバの薬味、おろしそば用のダイコンおろし）／甲津原みょうが（胡麻和え、天ぷら、二杯酢）／坂本ソバ（日吉ソバ）／目川田楽（田楽焼き、田楽豆腐）

加工食品

日野菜の漬物／伊吹だいこんのたくあん／甲津原みょうが（甘酢漬け、酢漬け、醤油漬け）／飛騨地方の赤カブと同じ系統のカブ（塩・砂糖・糠で漬け込む）

26 京都府

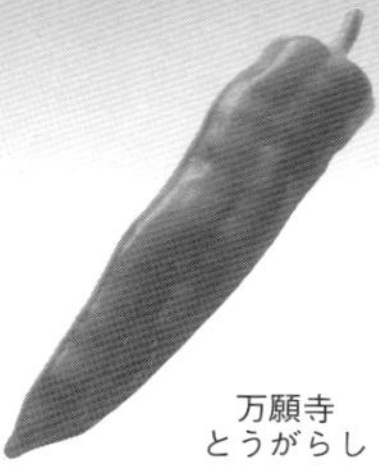
万願寺
とうがらし

地域の特性

京都府を南部と北部に分けると、南部は中国山地の延長である丹後高地の南縁、大阪府や滋賀県との県境に広がる山々、さらにこれらの山々に囲まれた京都盆地からなる。北部は旧・丹後の国にあたり、亀岡盆地、篠山盆地、福知山盆地、豊岡盆地がある。京都盆地には桂川、加茂川、宇治川などが流れ、沖積地が発達している。北部は、丹後高地の山々から流れる円山川や由良川が日本海に注いでいる。京都盆地の気候は、夏は非常に暑く、冬は底冷えするほど寒い。これらの季節の温度差が、「京野菜」をはぐくむ条件となっている。北部の気候は、日本海型で、冬は曇りや雪の日が多く、一日の昼夜の気温の差が大きい。広い地域で「京の伝統野菜」（京都府選定）が栽培されている。

知っておきたい地野菜・伝統野菜

京野菜

京都に都が遷された平安京の頃は、まだ十分な貨幣経済が発達していなかったが、洛中には東と西の市が立っており、さまざまな物産が商いされていた。近くの畑で栽培されていた野菜も市場の物産の一部となっていたのである。京都に平安京が創設されてから、現在の京都府圏内で長年栽培が続けられ、都の人々の食生活を支えてきた野菜が「京の伝統野菜」である。品種がF1品種にとって替わられたものも、絶滅してしまったものもある。京都府は、昭和62年（1987）に「京の伝統野菜」を次のように定義している。①明治以前に導入・栽培の歴史のあるもの、②栽培地域は京都府内全域を対象とする、③対象とする野菜はキノコ、山菜類は除くが面積の多いタケノコは含む、④または保存されているものおよび絶滅した品種も含む。

京野菜やほかの農林産物の中で、優れた品質が保証され、一定の生産量があって、市場流通が可能なものを、（社）京のふるさと産品価格流通安定協会が「京のブランド産品」（平成16年（2004） 4 月）と認定している。（以下参考資料：社団法人京のふるさと産品価格流通安定協会）

❶京都の伝統野菜（京野菜）38品目　絶滅したもの 2 品目：都だいこん、東寺かぶ　現存するもの36品目（このうち12品目はブランド指定）：辛味だいこん、青味だいこん、時無だいこん、桃山だいこん、茎だいこん、佐波賀だいこん、聖護院だいこん、舞鶴かぶ、松ヶ崎浮菜かぶ、鶯菜《うぐいす》、佐波賀かぶ、すぐき菜、大内かぶ、聖護院かぶ、もぎなす、加茂なす、山科なす、畑菜、みず菜、壬生菜、堀川ごぼう、くわい、鹿ヶ谷かぼちゃ、田中とうがらし、山科とうがらし、伏見とうがらし、桂うり、京うど、柊野ささげ、京みょうが、京せり、じゅんさい、聖護院きゅうり、九条ねぎ、京たけのこ、えびいも

❷京野菜に準じるもの 1 品目　鷹ヶ峰とうがらし

❸ブランド指定12品目　聖護院だいこん、みず菜、壬生菜、加茂なす、京山科なす、鹿ヶ谷かぼちゃ、伏見とうがらし、えびいも、堀川ごぼう、九条ねぎ、くわい、京たけのこ

❹伝統野菜以外のブランド指定 7 品目　金時にんじん、やまのいも、黒大豆、紫ずきん、小豆、丹波くり、京たんごなし

❺京の伝統野菜に準じるものでブランド指定のもの 2 品目　万願寺とうがらし、鷹ヶ峰とうがらし

みず菜

アブラナ科で、ツケ菜の中でも代表的キョウナ類に属する。葉に深い切れ込みがあるのが特徴である。天和 3 年（1683）の「常憲院殿実記」という古書に栽培の記録があり、それ以前に京都市西南の東寺や九条付近を中心に栽培されていたと考えられている。京都のみず菜は「千筋京みず菜」ともいわれ、葉柄は繊細で細かく白く、葉の緑とのコントラストの美しい野菜である。1 株で 4 kgを越えるような大きなものが多かったが、近年は小株のうちに早採りされた小袋みず菜が人気となっている。軟らかく、シャキシャキした歯ざわりで、鍋物、サラダに使われる。周年出回っている。

壬生菜

アブラナ科で、1800年代にみず菜の自然交雑からできた変種で、現在の中京区・壬生寺付近で多く栽培されていたことから「壬生菜」とよばれるようになった。京漬菜の一種として栽培が広

がっている。葉は細長くヘラのような形をしているのが特徴である。元は大株であったが、みず菜と同じように小株で出荷されるようになっている。アブラナ科本来のカラシの香りがあり、昔から京漬物でも千枚漬けに添えられる高級品として扱われてきた。油揚げとの煮物や、湯がいてから和え物、サラダに使われる。

九条ねぎ　ユリ科で、日本の葉ネギ（青ネギ）の代表的品種である。葉の内部にぬめりがあり、ネギ本来の甘味と軟らかさがある。京都のネギの葉栽培は和銅年間（708～715）に導入されたとの記録がある。古くから、京都市南区の九条辺りで栽培されていたため、この名がある。栽培においては土寄せを行い、軟白部は少なく、大部分が緑色の葉の部分になるように栽培し、緑の葉まですべて食べる。葉は味噌汁、薬味、鍋物やすき焼きの具、和え物の食材とする。

やまのいも　ヤマイモ科に属し、「つくねいも」ともいわれる。江戸時代初期から京都府の北部、宮津市の栗田地区で栽培されてきた。奈良から移入したものともいわれている。肉質がしまり、水分が少なく、粘りが強い「宮津のやまいも」は高級贈答品としても評価されてきた。「とろろ汁」に使うヤマイモは、皮を剥いて、すり鉢で根気よくすり、カツオだしで薄める。やまかけ丼、饅頭や和菓子の材料としても利用される。

京たけのこ　京都のタケノコの栽培については、承応3年（1654）に、宇治黄檗万福寺に明国の僧・隠元が孟宗竹の母竹を携えて来日し、これらが西山の麓一帯に定着したという説や、唐に渡った禅僧がもち帰り、長岡京市の奥海印寺辺りに植えたものが広まったという説がある。京たけのこはエグ味がなく、軟らかく甘味がある。これは、栽培農家のタケノコ畑の丁寧な管理（施肥、土いれ、親竹の間伐など）から生まれている。桜のつぼみが膨らみだす頃に、旬を迎える。

伏見とうがらし　伏見とうがらしは、江戸時代に刊行された「雍州応誌」（貞享元年、1684）に、「伏見付近でトウガラシが栽培されていた」との記載があることから、古くから栽培されていたと思われる。京都では家庭菜園でつくっている農家もある。20cmほどに大きくなるものもある。焼き物、炒め物、煮物などに実を使うだけでなく、葉は「きごしょう」の名で佃煮に利用されている。

万願寺とうがらし

舞鶴生まれの「万願寺とうがらし」は、大正期に伏見とうがらしとカリフォルニア・ワンダーという大型トウガラシが交雑してできたのではないかと考えられている。果肉は軟らかく甘味があり、種は小さく食べやすい。京都に出回るようになったのは大正期以降であるが、味がよく、形のおもしろさから人気の農産物となり、京の伝統野菜に準じる品種で、ブランド産品に指定されている。

賀茂なす

黒紫色の大型の丸ナスである。江戸時代に刊行された「雍州応誌」に、現在の京都市内の今出川から三条原において栽培されていたとの記録がある。別名「大芹川なす」といわれる。賀茂なすの祖は、現在の伏見区下鳥羽芹川の地で栽培されていた「竹ナス」ではないかと考えられる。晩生種で、果実は正円形、肉質はよくしまり、皮は軟らかい。煮物、油炒めにも優れた品質で、ナス田楽、しぎ焼きに向いている。現在は京都市内を始め、新たなブランド産地として田辺町、亀岡市、綾部市でも生産されている。

鹿《しし》ヶ《が》谷《たに》かぼちゃ

日本カボチャの仲間で、果実の形がヒョウタンのような型をしているのが特徴である。文化年間（1804〜1818）に青森県から導入され、京都市左京区銀閣寺の南西に位置する鹿ヶ谷付近で栽培したのが始まりといわれている。本種の最初の形は菊座型であったが、数年の栽培を経て現在のようなヒョウタン型になった。明治の中頃までは、収量も栽培面積も大きかった。その後、収穫期が遅くなり、病気などからほかの品種に代わり、面積も激減した。現在はヒョウタン型ではあるが、一定ではない。果肉は緻密で、粘質であり、食味がよい。京都市左京区鹿ヶ谷にある安楽寺では、毎年7月25日にカボチャの供養が行われる。

京たんごなし

京都府北部に位置する丹後半島で栽培されているナシで、平成14年（2002）に伝統野菜以外の京ブランド産品として認定された。丹後のナシ栽培は、明治時代から行われていたといわれている。本種は、二十世紀ナシを改良したもので、「ゴールド二十世紀」という品種名で登録されている。爽やかな甘味をもったナシである。出荷にあたっては、一つひとつを糖度センサーで測定し、一定以上の糖度のものだけを、ブランドとして認証している。

紫ずきん

丹波黒ダイズから生まれた黒ダイズのエダマメの商品名。マメの薄皮が淡紫色であること、豆の形が頭巾のようにみえることなどから「紫ずきん」と名付けられた。平成8年（1996）に、黒ダイズが伝統野菜以外のブランド産品として認証された。丹波地方の農家の間では、「祭りのえだまめ」として、昔から親しまれてきた。粒が大きく、味にコクと甘味がある。エダマメのように茹でて食べるほかに、エダマメご飯、サラダ、天ぷらなどにも利用される。現在の生産量は、岡山県が多くなっている。京都府では「新丹波黒豆」、兵庫県では「丹波黒（兵系黒3号）」などの品種で栽培されている。兵庫県でもブランド化が進められている。

丹波くり

丹波地方では平安時代よりクリの栽培が行われている。「延喜式」（延長5年、927）には「クリの大きさは卵のごとし」と記載されていることから、当時のクリは大きかったようである。丹波くりが全国的に知られるようになったのは、江戸時代であったといわれている。丹波くりは、京の秋を代表する伝統野菜として認められている。丹波のクリは、江戸時代から献上品として都に運ばれ、また年貢米の代わりとして上納もされた。現在は、「銀寄《ぎんよせ》」、「築波《つくは》」「丹沢」などの品種がある。1粒の重さが45gと大粒である。京都府では、京丹波町、南丹《なんたん》市、綾部市で栽培されている。

聖護院だいこん

大きくまん丸な聖護院だいこんは、江戸時代の終わりに近い文政年間（1818～1830）に、尾張の国から黒谷の金戒光明寺《きんかいこうみょうじ》（京都市左京区黒谷町）に奉納された長ダイコンと現在の京都市左京区聖護院の篤農家が奉納したダイコンの種子を採種し続けて、その中で短形のものを選び続けているうちに、丸型の品種として固定したものであるとされている。明治時代には愛宕郡聖護院地区で栽培し、広まった。その後、京都市北区鞍馬口、鷹ヶ峰など北部での栽培も行われた。昭和50年（1975）には京都南の巨椋《おぐら》池近くの淀地区にも栽培が広まった。現在は、「淀だいこん」の名で京阪神の市場に出荷されている。秋ダイコンに属し、根部は球状である。煮崩れしにくく、甘味があり、苦味は少ない。おでん用に最適である。千本今出川の近くの千本釈迦堂では、毎年12月半ばに、中風除けを祈願して、聖護院だいこんを使って「大根焚き」が行われる。

えびいも　サトイモの一種である。栽培には「唐イモ」が使われ、つくり方の違いにより子イモがエビのような形状に仕上がる。安永年間（1772～1781）に、現在の「いもぼう」の祖先・平野権太夫が、青蓮院宮が長崎からもち帰ったサトイモの種を、土要れをして、丁寧に育てた。すると皮に縞のある大きなエビのような形をしたイモが採れるようになり、「えびいも」と名付けられたといわれている。肉質が緻密で煮込んでもうま味を保つことができる。古くから、京都の「おばんざい」の材料として用いられている。

金時にんじん　「京にんじん」ともいわれる。京料理には欠かせない京野菜の代表であるが、明治以前から京都が主産地として栽培したという史実はないので、京の伝統野菜には含まれていない。伝統野菜以外のブランド野菜として指定されている。京都で栽培されている金時にんじんの特徴は、ほかの金時にんじんよりも、軟らかくて芯まで真っ赤である。芽が出にくいので、厚めに種を蒔いて間引きする。間引きしたニンジンの菜は「ニンジン菜」として流通している。

堀川ごぼう　長さ50～60cm程度で、太さは直径6～9cm程度、重さは1kgほどになる。根の表面、とくに首部の近くは無数の亀裂が生じ、根の先端はタコ脚のように分岐している。根を輪切りにすると中心は空洞になっていて、空洞の周辺の肉質は「ス」が入っており、表皮部は厚くて独特の芳香と軟らかさがある。品種は滝野川ごぼうの系統で、特殊な栽培方法でつくりあげられたゴボウである。豊臣秀吉の時代につくられた堀に、住民がゴミを埋め、そこで農家の人が２年越しでゴボウ栽培を行ったところ、現在の堀川ごぼうがつくられたと伝えられている。昭和12年（1937）頃には、京都市洛北地域を中心に栽培されていたが、その後減少し、現在は一部の農家が洛北地区で栽培している。ブランド産品として指定されているものと、京都府の北部の地域で新たな栽培が行われているものがある。中心部が空洞になっているのを利用して、肉などを詰めこんだ煮込み料理に利用されている。

京都大納言小豆　京都府中南郡、口丹地域といわれる亀岡盆地から船井郡辺りが、高品質の本種を生み出す産地となっている。この地域は本種の栽培に気候、土壌が恵まれているからである。烏帽子《えぼうし》型をしており、粒が大きくて、色艶がよく、独特の香りがある。武士は切腹をすることはあるが、公家である大納言は切腹をしないことから、煮ても皮が切れない小豆のことを別名・大納言とよんだことから、この名がついた。京菓子の餡には欠かせない小豆である。

くわい　くわいの産地は、京都市南区の東寺の周辺だったそうである。このあたりは、標高が低く、昔から井戸を掘ればすぐに水が湧き出る低湿地であったのでくわいの栽培に適していた。昔は染料の藍の裏作としてつくられていたが、人工藍の出現や農地の減少により市内ではほとんどつくられなくなった。現在は、京都市などでわずかに栽培されている程度である。くわいは茎のところにたくさんの芽がでるので、「よい芽が出ますように」との願いから、京都ではおめでたい正月のお節料理に欠かせない。

新丹波黒大豆　大粒でシワがなく、煮炊きしても形崩れがしないのが特徴である。このおいしさは、全国的に知られている。栽培の起こりは江戸時代と推測されている。夏冬で温度差があり、秋には霧深い丹波が、このダイズの栽培に適している。

花菜　秀吉の時代には、すでにナタネの花の蕾を食用としていたようである。古くから伝わる花菜の「菜の花漬け」には欠かせないものとなっている。

すぐき菜

カブの一種で、京都市上賀茂に伝わる特産野菜である。これを用いた漬物は「すぐき」といわれ、特別な乳酸菌発酵された漬物で、健康によいとして注目されている。寛文 7 年（1667）に刊行された「日次記事」という書物に、栽培法が記録されている。栽培が上賀茂地区に限られているのは、上賀茂神社に仕えていた社家に関係があるといわれている。生産を拡大している間に原種が絶滅したようで、現在栽培している品種は 9 系統に分かれているようである。

聖護院かぶ

享保年間（1716～1736）に、現在の京都市左京区聖護院の篤農家が、近江国からもってきた本種の種子を蒔いたのが、栽培の始まりといわれている。当初は扁平であったのが、栽培を続けていく間に球形になったようである。聖護院かぶを薄く切ったものを漬けた「千枚漬け」は、天保年間（1830～1844）に、広くつくられるようになったといわれている。京都市内での聖護院かぶの栽培は減少し、現在は近隣の亀岡市や丹波、丹後へ移行している。

柊野《ひらぎの》ささげ

「三尺ささげ」の別名がある。さやは90cm前後と長い。江戸時代には京都市北区の柊野地区で栽培が始まり、明治の初めはかなり広く栽培されていた。現在は、京都市内でわずかに栽培されている。風味があり、煮物、お浸しに使われる。

地域の野菜料理

おばんざい（おからん煮《た》いたん、大徳寺麩、大名煮《だ》き、サバのきずし、タニシの煮いたん）／いも棒／木の芽煮／タケノコ料理（吸い物、木の芽和え、うに和え、田楽、甘煮、揚げ物、炊き込みごはん）／なすの田楽

加工食品

京の漬物類（しば漬け、千枚漬け、すぐき、白菜漬け）／湯葉

27 大阪府

泉州なす

地域の特性

大阪府は、本州中央部のやや西よりに位置し、その大半は摂津、河内、和泉の各平野からなる大阪平野で占められている。北は京都府、東は奈良県、南は和歌山県、西は兵庫県に接し、大阪湾に面している。大阪平野の中心を成す大阪市およびその周辺の地域の地勢は、淀川、大和川の堆積作用によって生まれた土地であり、南北に細長い地形となっている。大阪府最大の河川である淀川は琵琶湖に発し、瀬田川、宇治川となって大阪府の北東部に入る。毛馬で分かれ、淀川、旧・淀川、土佐堀川となって大阪湾に注ぐ。水の都といわれる大阪市を流れる河川は大阪平野を横切るので、大阪平野は水源に恵まれ、農産物の生産には適している。気候は、瀬戸内海型の気候に属し、四季を通じて温和で、比較的雨は少ない。

古代の大阪は、難波湖とよばれる汽水湖であった。そこへ淀川や旧・大和川の支流が運ぶ土砂の堆積、海退によって、野菜の生産に適した砂質壌土の平野として成立したといわれている。

大阪は江戸時代から経済・流通の中心地であった。また関西圏の文化、教育の中心地でもあった。食の面でも独特の文化があり、古くからの伝統野菜もある。ただし、伝統野菜は、現代の生産、流通、販売のシステムにのれなかった野菜であるともとらえることができる。現在のところ、料理屋の一部で個別に扱っている場合が多い。それでも、伝統野菜を保存し、栽培している農家が何軒か集まれば、かなりの量になるので、伝統野菜栽培農家がグループを形成して、伝統野菜の復活を試みている。料理店、漬物会社、地域の学校、地域の行事・イベントなどで伝統野菜（なにわ野菜）を取り扱おうとする環境が整いつつある。復活のきざしは、平成 9 年（1997）頃から現れている。

知っておきたい地野菜・伝統野菜

大阪市なにわの伝統野菜

昔は、淀川や旧大和川の支流が運ぶ土砂がつくる砂質土壌は、大阪の地野菜の栽培に適した土地で、ダイコンは田辺、カブは天王寺など、多くの野菜が栽培されていた。時代が下り、都市化や品種改良により大阪の地野菜の生産が激減し、今では絶滅したものもある。大阪市では、商業都市大阪をはぐくんだ食文化への理解を深め、同時に、大阪市内の農業の振興を図るため、古くから市内で栽培されていた天王寺かぶら、田辺だいこん、金時にんじん、大阪しろな、毛馬きゅうり、玉造黒門越《たまつくりくろもんしろ》うり、勝間南瓜《こつまなんきん》、芽紫蘇《めじそ》（源八《げんぱち》もの）の計８野菜を、平成17年（2005）３月10日付けで「大阪市なにわの伝統野菜」として承認した。

大阪府「なにわの伝統野菜認証制度」認定の野菜

大阪府では、平成17年（2005）10月から「なにわの伝統野菜認証制度」を設けた。この認証制度では、出荷する野菜が「なにわの伝統野菜」であること、販売する食品・調理品が「なにわの伝統野菜」であることを明らかにするための認証マークを提示している。

なにわの伝統野菜の条件として、次の基準をすべて満たす必要がある。①概ね、100年前（明治時代初期）から大阪府内で栽培されている野菜、②苗、種子などの来歴が明らかで大阪独自の品目、品種であり、栽培に供する苗、種子等の確保が可能な野菜、③大阪府内で生産されていること。

なお、「大阪市なにわの伝統野菜」と大阪府の「なにわの伝統野菜認証制度」で認定した野菜の間には、重複するものもある。

大阪府の「なにわの伝統野菜認証制度」で認定されている野菜は15種。毛馬きゅうり、玉造黒門越《たまつくりくろもんしろ》うり、勝間南瓜《こつまなんきん》、金時にんじん、大阪しろな、天王寺かぶら、田辺だいこん、芽紫蘇《めじそ》（源八もの）、服部越《はっとりしろ》うり、鳥飼《とりかい》なす、三島うど、吹田くわい、泉州黄《せんしゅうき》たまねぎ、高山真菜《まな》、高山ごぼう

田辺だいこん

現在の東住吉区田辺町一円で栽培されていたダイコン。「白上がり京だいこん」と「ねずみだいこん」

の交雑したものが、この地に土着したものと考えられている。発祥時期は江戸時代といわれている。根身は白色、短円筒型で、根長は25cm程度。肉質は緻密で、漬物、煮炊きなどいずれの料理にも向く。大阪市、大阪府の「なにわの伝統野菜」認定。

毛馬《けま》きゅうり　大阪市都島区毛馬町が起源とされる黒いぼキュウリ。江戸時代から栽培されていた。果実の上半分が緑、下半分が白で、黒いぼの半白系キュウリである。果長は約30cm。昭和初期には栽培が減少したが、現在は復活している。果肉は歯切れがよい。生食、粕漬けに利用されている。大阪市、大阪府の「なにわの伝統野菜」認定。

玉造黒門越《くろもんしろ》うり　大阪城の玉造門（黒門）付近が発祥の地なのでこの名がある。果長は約30cm、太さは約10cmの長円筒型。色は濃緑色で、8～9条の白色の鮮明な縦縞がある。あんかけ、浅漬けなどにする。大阪市、大阪府の「なにわの伝統野菜」認定。

勝間南瓜《こつまなんきん》　大阪市西成区玉出町（旧・勝間《こつま》村）で生まれた伝統野菜。江戸時代の万延元年（1860）に、天満の市場で野菜売りが許可された中に、「南京瓜」があった。それが、本種のカボチャである。昭和10年（1935）代に一度途絶えた品種だが、現在は復活している。煮物、煎り煮などの料理がある。大阪市、大阪府の「なにわの伝統野菜」認定。

天王寺かぶら　大阪市天王寺区の四天王寺付近を発祥とするカブラ。根身は純白で扁平。甘味のあるのが特徴。栽培時に地上部に根身が浮き上がるため、「天王寺浮きかぶ」ともよばれていている。かぶら蒸し、浅漬け、ふろふきなどに使われる。大阪市、大阪府の「なにわの伝統野菜」認定。

金時にんじん　「摂陽群談」（元禄13年、1701）によると、大阪はニンジンの一大産地だったといわれている。文政11年（1828）に刊行された「大坂繁花風土記全」には、金時にんじんは大坂の名物であったと記載されている。とくに、難波、木津、今宮方面の特産物であったようである。「大坂にんじん」とよばれたこともあった。根身は約30cm、色は深紅色をし、濃厚である。昭和36年（1961）頃からは、大阪市西部の加賀屋新田一帯が、代表的産地となった。お正月のお節料理には欠かせない品種である。なます、煮物に使われる。大阪市、大阪府の「なにわの伝統野菜」認定。

芽紫蘇《めじそ》（源八《げんぱち》もの）　明治時代初期、大阪市北区源八での栽培が盛んであったので、芽紫蘇などの芽物が「源八《げんぱち》もの」とよばれるようになった。青芽と赤芽があり、独特の香りと色合いをもつ。大阪市、大阪府の「なにわの伝統野菜」認定。

服部越《はっとりしろ》うり　高槻市の塚脇地区で、江戸時代から栽培されている。果実は淡緑色で淡く白い縞があり、30cm程度まで大きくなる。奈良漬けに加工すると食感がよい。大阪府の「なにわの伝統野菜」認定。

鳥飼なす　摂津市の鳥飼地区で江戸時代から栽培されている丸ナス。古い文献には「鳥養茄子」と記載されている。京都の賀茂なすに似ているが、やや下ぶくれしている。果皮は軟らかく、果肉は緻密である。第二次大戦中に一度栽培が途絶えたが、摂津市の篤農家により復活した。煮物、みぞれ煮、田楽などに利用される。大阪府の「なにわの伝統野菜」認定。

三島うど　茨木市で天保年間から栽培が始まったといわれているが、もっと早い時期から栽培していたという説もある。現在は、ウドの栽培の小屋にワラ、干し草を何層にもかけ、促成栽培をしている。キンピラ、酢味噌和え、天ぷらなどで食べる。大阪府の「なにわの伝統野菜」認定。

吹田くわい　吹田市で江戸時代以前から自生していたもので、小型のクワイである。えぐ味が少なく、クリのようにほくほくした甘味がある。明治維新までは、毎年、吹田村・御料方の農家から京都の禁裏へ名物の「吹田くわい」が献上された。大阪府の「なにわの伝統野菜」認定。

泉州黄たまねぎ

南泉地域で、明治時代に選抜された黄色タマネギ。品種には「今井早生」と「貝塚極早生」がある。肉質はみずみずしく軟らかくて甘い。大阪府の「なにわの伝統野菜」認定。

高山真菜

豊能町の高山地区で江戸時代から栽培されているナタネ菜の一種。全長が20～30cm、茎の部分は甘い。蕾も花も食べる。大阪府の「なにわの伝統野菜」認定。

高山ごぼう

豊能町の高山地区で江戸時代から栽培されているゴボウ。京都の「堀川ごぼう」に似ているが、色は黒い。大阪府の「なにわの伝統野菜」認定。

その他のなにわ農産物

❶泉州なす（水なす） 主な産地は泉佐野市、貝塚市、岸和田市。江戸時代の初頭から栽培されていたといわれている。水分をたっぷり含む巾着型のナス。果皮は軟らかく、浅漬けにすると絶品。
❷大阪しろな 軟弱野菜の代表とされている。山東菜と体菜、または白菜と体菜の交雑したものと考えられている。栽培は徳川時代に遡るといわれているが、明治初期には、大阪市北区天神橋、天満付近で栽培されていた。別名「天満菜」とよばれている。早生種、中生種、晩生種など種類は多い。あるいは、葉色によって黄葉系統と黒葉系統にも分類されている。葉が縮緬状になっているものもある。
❸大阪四十日だいこん 大阪では、いろいろな品種のダイコンを輩出してきたが、現在栽培されていない品種が多い。その中で本種だけが細々と特殊な利用に支えられて栽培されている。本種は、「成形図説」（文化元年、1804）に紹介されているが来歴ははっきりしていない。ただ広島で栽培されていたのが大阪に導入されたと推定されている。大阪では夏ダイコンとして、最近はカイワレダイコン、中抜きダイコンとして栽培

されている。

❹河内一寸そらまめ　大阪府下南河内地区で栽培されている。現在の富田林市喜志地区の篤農家が譲り受けた種子から栽培を続けている。河内一寸はその後品種改良を重ね、現在は河内一寸のほかに、大阪一寸、畿内一寸、芭蕉一寸、綾西一寸など同系のソラマメも栽培されている。

❺石川早生いも　起源は、聖徳太子が磯長村（南河内郡太子）の叡福寺に墓地をつくる際に、この種子を奈良の法隆寺からもってきたものとの伝説がある。石川早生の名の由来は、大阪市と松原市の間を流れる大和川の源流の一つである石川流域にあった南河内郡石川村が原産地であるからといわれている。

地域の野菜料理

ネギ焼き

加工食品

奈良漬け（服部越うり）／浅漬け（泉州ナス）

28 兵庫県

淡路たまねぎ

地域の特性

兵庫県は、北は日本海、南は瀬戸内海に面している。県の中央を中国山地が横断し、変化に富んだ地形と気候であるので、多様な自然条件を有している。北部は、冬季の気象条件が厳しく、単作地帯であり、南部は温暖な気候を利用した多毛作地域で、果樹農業が展開されている。淡路地域ではびわやかんきつ類などの果樹の栽培がさかんである。さらに、京阪神という大消費地を控え、これらの立地条件を活かして多様な農業経営が行われ、いろいろな農作物の生産を展開している。あわせて、山菜、淡水魚、畜産物の生産にも力を入れている。播州平野では、温暖と大消費地を活かした施設栽培が盛んに行われ、トマト、いちご、メロン、ほうれん草などの果菜類と軟弱野菜が栽培されている。

タマネギについては、明治21年（1888）に、外国人から直接輸入した皮の黄色、赤色、紫色、白色の4種の種子が県から配布され、試作された。淡路島は温暖な気候と、畜産の副産物の堆肥による肥沃《ひよく》な土壌に恵まれているので、タマネギの栽培が盛んになった。

知っておきたい地野菜・伝統野菜

ひょうごの伝統野菜

兵庫県立農林水産技術総合センターが定める「ひょうごの伝統野菜」の認定条件は、①古くから地域で栽培されてきたこと、②種や苗があり、地域自ら種採りが可能であること、③全国流通品種とは異なる、個性ある兵庫の野菜であること、である。

尼崎市：武庫一寸そらまめ、富松一寸まめ（奈良時代から）、尼いも
西宮市：鳴尾いちご（絶滅）、船坂のパセリ（絶滅）、阪神のオランダトマト
三田市：三田うど

明石市：ペッチンうり
加古川市：加古川メロン
姫路市：太市《おおいち》のたけのこ、姫路のれんこん、網干メロン、妻鹿《めが》メロン、
深志野メロン、網干みず菜、姫路若菜、海老いも
御津町：御津の青うり
山崎町：しそう三尺（キュウリ）
香住町：平家かぶら
朝来市：岩津ねぎ
八鹿町：朝倉さんしょう
篠山市：丹波黒、住山ごぼう、やまのいも
柏原町：やまのいも
青垣町：あざみ菜、青垣三尺（キュウリ）

摂津の野菜

❶軟弱野菜　小松菜、ほうれん草、春菊などの葉物野菜のこと。西宮市を中心として阪神間では排水性のよい土壌条件を活かして栽培している。
❷キャベツ　神戸では11月～５月頃までキャベツが出荷されている。冬は重量感のあるキャベツが、春は軟らかな春キャベツが評価を受けている。
❸トマト　神戸市は兵庫県では最大のトマトの生産地である。
❹いちご　神戸市は、12月～５月にかけてハウス栽培や露地栽培が行われている。観光農園が人気である。

丹波黒大豆

丹波地方の特産品である。徳川時代に、篠山藩主青山公が農業振興に力を注いだときの産物で、青山公が徳川幕府へ献上した農産物。大粒な黒ダイズは、日本の正月のお節料理や加工品として重要なものとなっている。このエダマメが脚光を浴びるようになったのは昭和63年（1988）のホロンピア「食と緑の博覧会」（多紀郡）や漫画で紹介されてからである。品種は古くから選抜育成され、「丹波黒」と命名されている。特徴は、①粒が大きい、②粒が球形、③草勢は開張形、④蔓ぼけしやすい、⑤登熟日数が長い、などがあげられる。大粒で、もちもちした食感と甘味があり、全国的に人気である。山形県

の「だだちゃまめ」と掛け合わせた早生の新品種も開発されている。

丹波大納言小豆

丹波地方の特産品で、丹波市春日町東中が発祥の地である。煮ても腹が割れない小豆であるため、「幕府の大納言は殿中で抜刀しても切腹しないですむ」ということから、「大納言小豆」と名付けられたといわれている。

丹波くり

丹波地方の特産品である。持統天皇（686～696）が栽培を奨励したもので、丹波地方では、古くから朝廷に献上していた農産物の一つである。丹波くりは、大きさと味のよさで有名になっている。最近は年中、丹波くりが食べられるように、凍結貯蔵技術により長期貯蔵を可能にし、実用化している。

丹波のやまのいも

兵庫県の伝統野菜の一つである。丹波地方で、やまのいもの貯蔵が始められたのは江戸時代の初め頃といわれている。篠山藩の農業振興産物として古くから栽培されている。丹波のやまのいもの品種はヤマトイモで、別名は「つくねいも」といわれ、形は丸い。粘りがほかの地域のイモよりも強く、切り口が緻密で、純白で品質がよい。とろろ汁、吸い物、酢の物、やまかけ、お好み焼き、揚げ物などに利用される。

丹波茶

丹波地方の特産品である。大化年間（645～649）から栽培されている。とくに、江戸時代に茶園造成が盛んになり、その後品質改良が進められ、良質茶の主産地となった。丹波地方は、昼夜の温度差の激しいこと、霧の多さなどの気候条件が良質茶の生産に適している。

但馬の野菜

❶キャベツ　神鍋高原は準高冷地という立地条件を活かし、秋に定植した苗を雪の下で越冬させて初夏に収穫するという雪国ならではの栽培方法をとっている。

❷ピーマン　但馬は昼夜の気温差が大きいので、緑色が濃く、日持ちの

よい高品質のピーマンが栽培できる。肉厚で皮も軟らかい但馬のピーマンは「たじまの濃いやつ」とよばれている。

❸だいこん　養父市の轟《とどろき》高原では、夏に収穫されるだいこんが盛んである。きめが細かく、煮ても軟らかく、とろりとした食感のだいこんで、「轟《とどろき》だいこん」として人気がある。全国に出荷している。

❹ねぎ　朝来市岩津町で栽培される「岩津ねぎ」のことで、兵庫の伝統野菜となっている。白ネギでありながら、葉まで軟らかい。日本三大名ネギ（深谷ねぎ、九条ねぎ、岩津ねぎ）の一つに入る。天文11年（1542）から江戸時代にかけて多くの金・銀が産出された生野地区の、生野銀山の冬の野菜としてネギを栽培したのが、岩津ねぎの始まりとなっている。

❺丹波なす　丹波市で、夏の間生産されるナスで、果皮は薄く、果実は軟らかく、肉質は厚みがある。

❻スイートコーン　丹波地方は、兵庫県内ではスイートコーンの最大の産地である。甘くて粒の揃った日持ちのよいものである。

播磨の野菜

❶御津のだいこん　揖保川河口の広大な干拓地に、だいこん畑が広がる。10月～6月まで出荷されている。きめ細かいだいこんである。

❷にんじん　揖保川河口の干拓地で栽培されている。干拓地の特性を活かした、滑らかな皮のにんじん。

❸キャベツ　明石市から稲美町にかけて、キャベツの大産地がある。

❹トマト　明石市、稲美町で栽培されているトマトで、緻密でみずみずしい。

❺播磨なす　大正12年（1923）に、津田長なすと大蔵なすを交配採種してできた品種である。果実は中長形で、長さ19cm程度、横径は5.4cm程度である。果皮の色は濃黒紫色である。

淡路島の野菜

❶淡路たまねぎ　兵庫県のたまねぎの出荷量の95%は淡路島である。明治維新後、神戸の外国人居留地に住むアメリカ人から手に入れた泉州産のたまねぎは、大阪、神戸に次々に開店した西洋料理店を安定した得意

先とし、地場産業として拡大していった。淡路島のたまねぎは泉州たまねぎの栽培技術を導入した。

❷レタス　暖かい冬とトンネル栽培により、10月～6月頃までの長期出荷を行っている。

❸キャベツ　キャベツの残渣を利用して、キャベツを栽培している。

❹はくさい　三原平野は兵庫県下最大の産地である。冷蔵庫に貯蔵し、3月の端境期にも集荷している。

東播磨の野菜

❶トマト　稲美町、加古川市、明石市で栽培。周年出荷している。地元では、樹木で完熟させ、濃度の高いものを収穫する。

❷スイートコーン　東播磨地区で栽培。最近は、甘味の強いものに品種が改良されている。食べた後は、口の中にカスが残らないのが特徴。

❸ミニとうがん　加古川市、稲美町で栽培されている。青味が強く、2kgくらいで人気上昇中。

❹メロン　稲美町で栽培。いなみ野メロンといい、全国に配送されている。

❺ブロッコリー　稲美町、明石市、加古川市で栽培。茹でると鮮やかな緑色になるので、地元で人気。

❻いちじく　加古川市、稲美町、明石市で栽培。甘味が強く、女性に人気。

❼ぶどう　加古川市、稲美町、高砂市で栽培。大粒のピオーネや藤稔などの品種を栽培。

❽いちご　加古川市、明石市、稲美町で栽培。輸入物は傷みやすいので、地元では人気。

姫路若菜

姫路では、明治時代から栽培され、冬にできる貴重な葉物野菜。クセがなく、霜の降りるころから甘味がより一層濃くなる。加熱しても目減りがしない。漬物、煮浸し、油炒めに利用する。

太市《おおいち》のたけのこ

姫路近くの大津茂川に沿って豊かな緑が茂る太市は、至る所に孟宗竹のヤブがあり、白く軟らかい、細い形のよいたけのこの産地である。明治時代の初め頃から栽培されている。

しそう三尺きゅうり

大和三尺の改良種。栽培地は、姫路から北西へ約30kmの中山間地域である。昭和25年（1950）に栽培が始まった。昭和38年（1963）後に、短形のキュウリが主流となり、本種の姿は消えている。平成13年（2001）から「地産地消」を合言葉に農家と山崎農業改良普及センターを始めとする関係機関が協力して特産地方野菜として復活させている。

三田《さんだ》うど

大正３年（1914）に大阪府の三島から三田市へ導入され、昭和36年（1961）頃に最盛期となった。栽培品種は「有馬３号」が主流である。京阪神のJAなどに、贈答用として出荷している。酢の物、吸い物の具に利用している。

武庫《むこ》一寸《いっすん》そらまめ

現在の尼崎市の北西部に位置する武庫地域は武庫川下流域の沖積地帯である。一寸ソラマメはお多福まめから淘汰された品種であるといわれている。「本場一寸」「富松一寸」なども本種の仲間である。

ペッチンうり

マクワウリの一種。加古川、明石市では「ペッチンうり」として栽培している。「池田ペッチン」という品種があり、これと関連しているかどうかは明らかでない。ハウス、露地、トンネル栽培が行われている。

地域の野菜料理

姫路若菜（煮びたし）／てっぱい（鉄砲和え）／岩津ネギ（薬味、味噌汁の実、鍋物の具、串焼き）

加工食品

茹でた丹波黒大豆（エダマメ）の冷凍品

29 奈良県

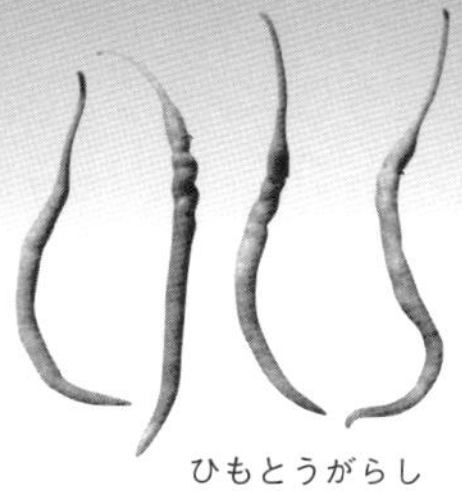
ひもとうがらし

地域の特性

奈良県は南北に細長い県で、周囲を京都府、三重県、和歌山県、大阪府に囲まれている。県の中央部には、吉野川河谷が東西に走り、これを境に地形を北部と南部に分けることができる。北部は奈良盆地とそれを取り囲むおだやかな山地や高原がある。南部は険しい傾斜をもつ吉野山地となる。盆地内の小河川は中央部で合流し、大和川となり、西へ流れ、居駒・金剛山地を横切り、大阪平野を流れ、大阪湾に注いでいる。宇陀山地の小河川は宇陀川となり三重県伊賀盆地へ流れ、京都府で木津川、大阪で淀川になり大阪湾へ流れる。気候は、北部盆地は雨の少ない、寒暑の差が大きい内陸性気候であり、南部山地は海岸気流の影響を受け、雨の多い地域である。

知っておきたい地野菜・伝統野菜

大和野菜

奈良県は、「なら食と農の県民会議」を設立し、「奈良のうまいもの」や特産物を推進している。奈良県の特産として特徴がある「大和の伝統野菜」と「大和のこだわり野菜」を定義している。

❶大和の伝統野菜　「戦前から奈良県の生産が確認されている品目で、地域の歴史・文化を受け継いだ独特の栽培方法などにより、味、香り、形態、来歴などに特徴をもつもの」と定義されている。大和まな、千筋みず菜、宇陀金ごぼう、ひもとうがらし、軟白ずいき、大和いも、祝だいこん、結崎ねぶか、小しょうが、花みょうがの10品目。

❷大和のこだわり野菜　「栽培や収穫出荷に手間をかけて、栄養やおいしさを増した野菜や奈良県オリジナルの野菜」と定義されている。大和ふとねぎ、香りごぼう、半白きゅうり、朝採り野菜（レタス、なす、きゅうり、スイートコーン）の4品目。

大和三尺《やまとさんじゃく》

キュウリの一種。戦前までは漬物用キュウリとして、奈良で多く栽培されていた。昭和初期から昭和40年（1965）代前半までは宇陀町、天理市、磯城郡の上の郷などで栽培されていたが、収穫量が少なく、長尺のため箱詰めが難しく流通上不便、まっすぐ生長させるのが難しいなどの理由から、栽培されなくなってきている。現在の栽培品種の「朝風」「四葉《すうよ》」は、病害虫に強く、歯ざわりはシャキッとしていて漬物用キュウリに適している。大阪の市場では「大和物」として流通している。

今市かぶ

昭和30年（1955）頃までは、奈良市今市町で盛んに栽培されていた。独特の風味があり、葉は軟らかい。大型のカブに比べて、出荷のとき、洗って束ねるのに手間がかかることから、次第に栽培量が減少し、現在では市場流通はしていない。ふろふきなどの煮物、漬物に利用。

大和まな

大和の伝統野菜。中国から渡来したツケナで、全国の各地で独自の方法で栽培が行われ、その地域の伝統野菜と指定されているものが多い。もともとは、採油用に栽培していたものが、野菜として利用されるようになった。奈良県も独自の方法で栽培をし、伝統野菜として栽培を続けてきている。葉はダイコンの葉に似た切れ込みがあり、濃緑色で肉質は軟らかく、甘味に富む。煮物、漬物、お浸しなどに利用される。収穫時期は冬季の一時期に限られ、ほかの野菜のような周年の収穫は難しく、農家の自給野菜として利用されてきている。奈良県農業試験場高原分場において種子の系統選抜を行い、純系を保存している。

大和いも

大和の伝統野菜。もともとは、山地に自生していたヤマノイモである。表皮の黒皮のものを大和いも、白皮のものを伊勢いもという。肉質は緻密で粘りがあり、すりおろして放置しても変色しない。乾燥の少ない水田の粘質壌土が適している。御所市、桜井市、五条市、宇陀市が産地。やまかけ、和菓子などに利用される。煮物、お浸し、漬物に利用する。

千筋みず菜 大和の伝統野菜。葉は細く葉先の切れ込みの深いミズナ。水田の裏作に栽培されている。食すときは、歯ごたえを残すように、煮過ぎないのがコツである。霜に当たるとさらにおいしくなる。奈良市、天理市、宇陀市、曽爾村、御丈村が主な産地。

祝だいこん 大和の伝統野菜。四十日ダイコンとして系統選抜されたもので、大和の雑煮には欠かせないダイコン。家庭円満を祈願し、円満を意味して本種を輪切りにし、輪切りにしたニンジン、サトイモなどとともに雑煮に入れる。主な産地は奈良市、宇陀市、明日香村。雑煮、煮物に使う。

宇陀金《うだきん》ごぼう 大和の伝統野菜。宇陀の山間は、昼夜の温度差があり土壌が粘土質なので、ゴボウの栽培に適している。肉質は軟らかく、ゴボウ特有の香りがある。雲母《うんも》（キララともいう）を多く含んだ土壌で栽培しているため、ゴボウに付着した雲母が光るので、「金ゴボウ」の別名がある。お正月のお節料理に縁起物として珍重されている。料理法には、たたきゴボウ、煮しめ、キンピラ、天ぷらがある。主な産地は宇陀市。

結崎《ゆうざき》ねぶか 大和の伝統野菜で、ネギの一種。軟らかくて甘味があり、煮炊きするとより一層おいしい。軟らかく、葉が折れやすいため、市場から姿を消したが、平成14年（2002）から川西町商工会が中心となって産地育成に取り組んでいる。煮炊き、焼く料理に向いている。主な産地は川西町。

ひもとうがらし 大和の伝統野菜。栽培品種としては伏見群に属する。辛味トウガラシとシシトウとの雑種から選抜されたと推察されている。直径5 mm程度の太さで、濃緑色で、皮が軟らかい甘味トウガラシ。油炒め、天ぷら、つけ焼き、煮浸しに向いている。主な産地は奈良市、天理市、明日香村、宇陀市。

小しょうが 大和の伝統野菜。小ぶりのショウガで辛味が強く香りもよい在来種。奈良市周辺の砂地土壌の地域は昭和初期まで大産地であった。現在は奈良市郊外が産地。

軟白ずいき　大和の伝統野菜。エグ味の少ない赤茎の唐芋系のズイキ。草丈の低いうちから新聞紙などで包んで光を遮断し、軟化栽培するので、軟らかくアクが少ない。料理法は、煮侵し、ごま酢和えなど。

花みょうが　大和の伝統野菜。吉野川流域が主産地で、この土壌で栽培したものは、ふっくらと大ぶりで、シャキシャキした食感がある。料理法は、生食、天ぷら、薬味など。主産地は吉野郡、五条市など。

半白《はんじろ》きゅうり　「奈良のうまいもの」に認定されている大和野菜。粘質で皮の硬い漬物用の半白系のキュウリを品種改良したもので、皮が軟らかい。

なす　奈良特産品に認定されている。丸ナスで、輪切りにして田楽にする。

トマト　奈良の特産品で「奈良のうまいもの」に認定されている。「桃太郎ファイト」の品種で、樹で完熟させてから収穫する。

紫とうがらし　「奈良のうまいもの」に認定されている大和野菜。大和高原の山間部で、主に自家菜園野菜として栽培されている。佃煮に利用される。

黄金《おうごん》まくわ　「奈良のうまいもの」に認定されている大和野菜。古くは「古事記」の歌の中でも紹介されているマクワウリ。信長が朝廷に献上し喜ばれたと伝えられている。奈良県のマクワウリは大正時代に愛知県から導入した品種を改良し、本種となった。

大和ふとねぎ　「奈良のうまいもの」に認定されている大和野菜。白根の部分が、長ネギに比べると短い。

片平あかね　「奈良のうまいもの」に認定されている大和野菜。根まで赤色の日野菜。山添村片平集落で、第二次大戦以前から栽培されている。各農家で自家消費のために栽培している。漬物に向いている。若いものは、サラダにもよい。

地域の野菜

ごぼうのはりはり／飛鳥鍋

加工食品

片平あかね（塩漬け、糠漬け）／今市かぶ（塩漬け、糠漬け）／奈良漬け

30 和歌山県

紀州梅

地域の特性

和歌山県は温暖な気候に恵まれ、和歌山市周辺の砂地や海岸地帯の丘陵地には優秀な畑地が存在していたため、江戸時代から野菜の栽培や果物の栽培が盛んであった。和歌山県が位置する紀伊半島の南西部は、太平洋に面し、入り組んだ沿岸地域には大小さまざまな漁港があり、遠洋漁業で漁獲した魚類、沿岸で漁獲される沿岸魚と海の幸にも恵まれている。気候は、四季を通して温暖な瀬戸内海式気候に属している。南部東側は日本有数の多雨地帯である。有田川流域では有田みかんやそのほかの果物類が多く栽培されている。和歌山県は紀ノ川沿いの平地を除くと、県域の大部分が山岳地帯で占められている。紀ノ川流域でも柿の栽培が行われている。和歌山県は、大消費地の京阪神に隣接した地理的条件と冬季が温暖な気象条件を活かし、古くから野菜栽培が盛んである。

熊野地域は、めはりずしに使う高菜の栽培に適していて、味のよい大きな葉が育っている。

知っておきたい地野菜・伝統野菜

和歌山だいこん

和歌山県では、江戸時代から和歌山市中の島（旧・名草郡中の島村）を中心に冬だいこん、白だいこん、洗いだいこんが栽培されていた。大正時代になり、和歌山県農事試験場が産地別系統を調べ、野崎系と御膳松系を優良と認め、これを「和歌山だいこん」と命名した。和歌山だいこんは、紀州白、尻太《しりぶと》和歌山、紀州青首などの品種の総称である。現在の産地は和歌山市海草地域である。和歌山だいこんの起源は、徳川時代中期の参勤交代の際に、種子を江戸からもち帰って、栽培したのが始まりといわれている。大正時代に品種改良し「和歌山１号」「和歌山２号」を育成し、和歌山１号は主にたくあん漬けに、和歌山２号は浅漬けに利用した。一時は、和歌山だいこんの生産量は多かったが、青首だいこんのほうが生産性がよいので、現在は青首だいこんの栽培に変わっている。和歌山系のダイコンは、昭和30年（1955）前後をピークに減少し、現在は農家の自家用または漬物業者との契約栽培が行われている程度である。

青身《あおみ》だいこん　直径2～3 cm、長さ25cm程度で、首の部分が緑色のダイコンである。秋から年内に収穫する。もともとは、雑煮用としての需要が多い。早蒔きの場合は10月頃から収穫でき、収穫を遅らせると太くなり、スも入りやすい。大正11年（1922）に、昭和天皇が和歌山を訪問した際に、和歌山県の特産野菜として献上している。現在は、12月下旬に正月用として、スーパーや八百屋の店頭に並ぶ程度である。

まびき菜　「大阪40日ダイコン」が大きく育つ前の小さなうちに、刈り取ったダイコンのこと。江戸時代から栽培されており、和歌山市北島、野崎、狐島が主産地。

真菜　小松菜に似た漬菜で、江戸時代から栽培している野菜である。小松菜に比べて茎が軟らかく、地域の軟弱野菜として和歌山市民に広まった。普通は秋に収穫するが、3月に発生した蕾や花菜も販売している。煮物、炒め物、漬物に利用する。産地は、和歌山市北島、野崎、狐島。

水なす　和歌山で江戸時代から栽培していたナスは、水なす、青水なすで、その後、「千両なす」に替わった。水なすは果皮が軟らかく、浅漬けに向いている。現在の主産地は那賀郡である。

源五兵衛《げんごべえ》スイカ　和歌山県のスイカの栽培は紀州初代藩主徳川頼宣（1602～1671）公が現在の和歌山市布引での栽培を奨励したのが始まりといわれている。江戸時代は、和歌山市の砂地地帯はスイカとマクワウリの特産地であったといわれている。源五兵衛スイカは、この時代のスイカの品種で、草勢が強く、果皮は無地である。

うすいえんどう

「ウスイ」の名は「碓井」に由来する。グリーンピースに比べると糖の含有量の少ない実エンドウである。種子は、クリーム色の丸ダネで、芽の色が黒色である。明治中期にアメリカから導入され、和歌山県でも導入した時期に栽培を始めたと考えられている。農業試験場で、各系の中から選抜し、「きしゅううすい」を育成するようになった。実エンドウの「うすいえんどう」の出荷先はほとんどが京阪神地区で、関東地方へは出荷していない。

しょうが

「新ショウガ」と「根ショウガ」がある。新ショウガは和歌山市の砂地の畑地で栽培していたが、現在はハウス栽培を行っている。繊維が軟らかく、辛味が少ない。爽やかな香りが身上の野菜。

紅小玉スイカ

重さ2.5kg前後、横径20cm前後の小玉スイカ。果肉は赤色で甘い。１個のまま冷蔵庫に入れられるので人気である。大型トンネル栽培、ハウス栽培がある。主産地は印南町。

紀州みかん

温州ミカンの仲間で、別名「コミカン」ともいわれていた。紀州みかんの栽培が始まったのは江戸時代で、和歌山県で本格的にミカンの栽培を始めたのは、明治20年代である。紀州国屋文左衛門が江戸に運んだのは本種である。果実は30ｇ～40ｇであるが、香りがよく美味である。小果のため温州みかんに主役の座を明け渡した。最近は、露地栽培のほかに「ハウス加温」が行われるようになった。

紀州梅

和歌山の梅の主な産地は田辺市、南部市、南部川村を中心とした紀南地方である。梅の実は、梅雨期を最盛期に５月～７月に収穫し、８月には一粒一粒ずつ太陽の下で丁寧に天日乾燥してつくる。梅の主な品種は「南高梅」と「古城梅」である。南高梅の粒は大きく、果皮は薄いのが特徴。

柿

和歌山県の柿づくりは、紀北地方を中心に行われている。柿の種類は、平核無柿を中心とする「渋柿」、富有柿を中心とする「甘柿」

が栽培されている。正月用には祝いものとして、「串柿」がつくられている。

ししとうがらし　和歌山県でのししとうがらしの栽培は大正時代初期から行われている。ししとうがらしとタカノツメとの違いは、前者は辛味がなく、後者は辛味があることである。ししとうがらしが本格的に栽培されるようになったのは、第二次大戦の終戦後である。初めは、各農家が自家用でつくっていたので、形や大きさがまちまちであり、昭和56年（1981）に県内から集めた系統の中から果形がよく、果皮の色のよいものを選抜し、「紀州ししとう１号」とした。

地域の野菜料理

めはりずし（めっぱりずし）

加工食品

梅干し／高野豆腐

31 島根県

素麺《そうめん》かぼちゃ

地域の特性

島根県は、中国地方の北西部に位置し、北は日本海に面し、北東から南西方向に細長く延びている。40〜80kmはなれた日本海には島前・島後からなる隠岐島がある。全体的に日本海型の気候で、冬には、雪が多いのが特徴である。日本海に面し、宍道湖があるため、日本海や隠岐島周辺で獲れる魚貝類が、野菜よりも知られている。

島根県の中心となる宍道湖は、大橋川、天神川を通じて東の中海、さらに佐陀川を通して日本海に出る。佐陀川は江戸時代の水害を防ぐためにつくられた運河で、この運河の設置によって、低地であった沿岸地域が穀物栽培地帯に変わった。昭和43年（1968）から行われた中海の干拓は、キャベツなど野菜類の栽培のきっかけとなった。山がちな島根半島と中国山地に挟まれた出雲平野は斐伊川、神戸川が運んだ土砂が堆積してできた肥沃な沖積平野である。水田単作の農業が主体であったが、近年はぶどうを中心に、果樹栽培も盛んになっている。

知っておきたい地野菜・伝統野菜

津田かぶ

島根県の伝統野菜である。松江市津田地区で、江戸時代後期から栽培されている。津田地区は、宍道湖下流の沖積層で、砂質壌土あるいは粘質壌土の地帯であった。この地帯は肥沃で比較的水位が高いのも津田かぶの栽培に適していたのである。昭和20年（1945）頃から、化学肥料の多用で土壌の質が変わり、津田かぶの栽培が減少し、この地区に代わって対岸の川津、朝酌地区が栽培の中心地となった。本種の特徴は、「曲玉《まがたま》状の形」と「食味のよさ」にある。漬物への利用が最適なので、漬物業者との契約栽培が多い。年末の贈答用に「津田かぶ漬け」がつくられる。

黒田せり

島根県の伝統野菜である。江戸時代の黒田村（現在の松江市黒田町）の名から「黒田」の名がついており、明治時代から栽培されている。明治時代の文献「法吉名勝案内」には、宍道湖から続く周辺の沼沢に自生していたセリを、セリ田で栽培するようになったと記載されている。現在は冬の寒波を避けるために、パイプハウスで栽培するようになった。主に、栽培品種は青茎系の「島根みどり」と赤茎系の「松江むらさき」である。山からの湧き水は年中途絶えることがないので、水田には水の供給は便利で、粘質の軟らかい土でセリが栽培できる。このセリ用の水田を「どべ田」という。

出西《しゅっさい》しょうが

島根県の伝統食品である。出西村（現在の斐川町）は、江戸尾時代からショウガの産地として知られている。ここのショウガは独特の香りが豊かで、独特な辛味と歯ごたえが人気である。薬味としてだけでなく、和え物にも使われる。サラダ感覚で食べられるという特徴がある。

秋鹿《あいか》ごぼう

粘土質の土壌で栽培されているゴボウで、香りがよく、軟らかい。

キャベツ

島根県は、東西に長く標高差のある地形なので、キャベツは、夏は冷涼な山間部で、冬は温暖な平坦地で栽培されている。島根県で統一した栽培指針に基づいて栽培されているので、品質には差がなく、玉の締りがよく、みずみずしい。主な産地は、松江市、東出雲市、奥出雲市、斐川町、大田市。

素麺《そうめん》かぼちゃ

ペポカボチャの一種で、原産地は北米南部。東ヨーロッパから小アジアには多彩な品種分化がみられている。日本には19世紀末に中国から導入された攪糸《かくし》うりが、金糸うり、素麺かぼちゃ、なますうりなどの名で、北陸地方の一部で散在的に栽培されていた。縦長の扁円推形で、直径20ｃｍ程度、長さは30ｃｍ程度に達する。果皮は硬いが、果肉は黄色で、茹でると細長い素麺のようにほぐれてくる。果皮は1～2ｍｍほどの厚さで、その内側の果肉は食用部である。繊維状に横に巻いているので、輪切りにすると繊維は糸状に長くとれる。茹でたものはサクサクした食感で、さっぱりしている。酢の物や和え物に適する。生食も可能で、サラダにも利用される。味に乏しいので、香味野菜や肉と一緒に煮込むのもよい。収穫時期は7〜9月だが、冬までの貯蔵が可能である。石川県・富山県でも栽培している。

ねぎ

❶青ねぎ　日持ちのよい濃い緑色の青ねぎを種出荷している。主産地は出雲市、斐川町、雲南市。ほとんどがハウス栽培である。

❷白ねぎ　邑智郡、安来市を中心に、女性や高齢者も栽培に取り組める品種として栽培している。鮮やかな緑の葉の部分と真っ白な軟白部ができるように丁寧な土寄せを行っている。

たまねぎ

斐川を中心に栽培されているたまねぎは玉締りがよく、光沢があるので、「斐川の磨きたまねぎ」として評価されている。主産地は斐川町、益田市、安来市。

トマト

島根県の西部の益田市を中心に、最近は大型ハウスで栽培されている。主な産地は益田市、斐川町、東出雲町、邑南町。

ほうれん草

冷涼な気候の山間で、夏秋ほうれん草を中心に栽培されている。ハウス栽培は平坦地で行い、年間を通して栽培している。最近は、水耕栽培やJAS有機ほうれん草の栽培も行っている。主産地は益田市、浜田市、仁多郡、雲南市、邑智郡で栽培している。

さやいんげん

島根県の山間で、ハウス栽培が行われている。主な産地は那賀郡、雲南市、邑智郡である。

ピーマン

大型、中型のピーマン、黄色、赤色、オレンジなどのカラーピーマンなど各種のピーマンを栽培している。主な産地は仁多郡、邑智郡、雲南市である。

ブロッコリー　雲南市を中心に転作作物として栽培している。「かあちゃんブロッコリー」の名で品質のよさが知られている。主な出荷先は、近畿市場である。

アスパラガス　主に、雲南市で栽培されていたが、最近は安来市を中心に、転作田での栽培に取り組んでいる。主な産地は、雲南市、安来市。

島根の柿（西条柿）　色、艶、香り、甘味ともに優れた柿で、渋味を抜くと糖度はより一層増す。産地は松江市、平田市、益田市、三隅町、浜田市である。島根県内の各地に西条柿の古木があるので、古くから栽培されていたことが推測できる。

地域の野菜料理

出雲そば（割り子そば）／ぼてぼて茶

加工食品

出雲地方の漬物（津田かぶ漬け・ナスのビール漬け・とんばら漬け）／石見地方の漬物（赤ズイキ漬け・ウメの紫蘇巻き・ワサビ漬け）／隠岐地方の漬物（メノハと干しダイコンのハリハリ漬け・フキの糠漬け）

32 鳥取県

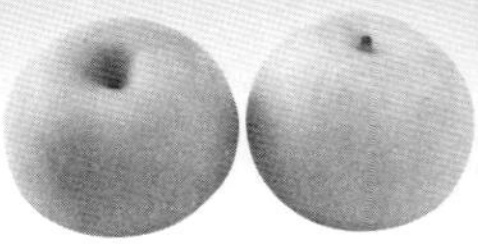

二十世紀梨

地域の特性

鳥取県は、日本の山陰地方の東部に位置し、日本海と中国山地の自然環境に恵まれている。気候は、日本海側気候で、豪雪地帯となっている。沿岸部の農業生産は、日野川、天神川に開けた水田地帯では水稲、倉吉市など中部の中山間地帯の傾斜および黒ボク丘陵地帯では梨を中心とした果樹、黒ボク畑地および砂丘では野菜、大山の山麓では酪農、山間の地域では肉用牛と、それぞれの地域の土壌や環境の特性を活かした農作物、酪農関連の生産物をつくっている。平野が少ないから農業生産の規模は小さいが、生産量の多い農作物には、スイカ、二十世紀梨、白ねぎ、砂丘らっきょう、ブロッコリーが挙げられる。鳥取県の野菜で、全国レベルで生産量が多いものはスイカ、らっきょう、ながいも、ねぎである。これらを生産する土壌の条件は、黒ボク土壌と砂丘である。とくに、砂丘はらっきょう、ながいも、ねぎの生産を特徴づける重要な農地となっている。梨とラッキョウの生産量は全国1位である。

知っておきたい地野菜・伝統野菜

砂丘らっきょう

鳥取の砂丘は、日本海沿いに10ヵ所もある。大きく分けると東部砂丘地帯、中部砂丘地帯、西部砂丘地帯となる。東部砂丘地帯で栽培しているものには「福部砂丘らっきょう」、中部砂丘地帯で栽培しているものには「大栄町砂丘らっきょう」「北条町砂丘らっきょう」がある。この地域の砂丘らっきょうの品種は「らくだ」である。出荷の荷造りは、明治時代の頃は、「土つき」が主体であった。現在は「土つき」と「洗い」の2タイプで出荷している。東部砂丘地帯と中部砂丘地帯の土壌には違いがあり、必ずしも同一品種のラッキョウで成功するとは限らないことが明らかになっている。福部地区の砂丘でラッキョウの栽培を行うようになったのは江戸時代の参勤交代のときの付き人が、種子を持ち込んでからといわれている。大正時代に入って、福部地区で本格的な栽培を行うようになった。ラッキョウの食べ方は、古くは薬用のほか、ネギのように刻んで味噌汁に入れて食べた。煮つけて食べたこともあったようである。酢漬けで食べるようになったのは、大正時代以降である。

10月から翌年3月頃までの農閑期に、発芽後のラッキョウを、土寄せして茎の部分を軟白にしたのがエシャロットである。

伯州《はくしゅう》ねぎ

鳥取県では明治中期以降に、「地ネギ」といわれる「青ネギ」を家庭菜園を中心に栽培していた。大正時代に入り、家庭菜園が減少し、食生活に肉を利用することが多くなってから、輸送性のよい「白ネギ」の栽培が注目されてきた。そこで、大正中期から昭和初期にかけて、鳥取県立農事試験場が山口県から導入した「千住ねぎ」をもとに品種改良してできたのが、白ネギ系の「伯州ねぎ」である。伯州ねぎが定着した理由には、①砂丘でも栽培できること、②土寄せや収穫のときの作業に大きな負担がかからないこと、③輸送性のよいことなどがある。その後、品種改良を重ねて白ネギ系の「伯州一本ねぎ」を育成している。

二十世紀梨

二十世紀梨の国内生産量は、鳥取県が約50％を占めている。明治21年（1888）に、千葉県松戸市に住む松戸覚之助が、親類の石井佐平宅の裏庭のゴミ捨て場に生えていた小さな梨の木を偶然発見し、これを父親の経営する梨園で育てたところ10年目の明治31年（1898）に結実した。この梨は豊円で形がよく、多汁性で、食べると口に残らないという今までにない味であった。明治31年に、渡瀬寅次郎により、「二十世紀梨」と命名されたといわれている。明治37年（1904）に、鳥取市の北脇永治が、松戸覚之助から苗木10本を購入し、鳥取で二十世紀梨を栽培したのが、鳥取の二十世紀梨の栽培の始まりである。

花御所《はなごしょ》

原産地は鳥取県八頭町で、現在は鳥取県東部の因幡地方だけで栽培されている甘ガキである。郡家町の野田五郎が、天明年間（18世紀後半）にお伊勢参りの帰りに食べた大和の御所ガキがおいしかったので、種をもち帰って植えたのが、御所ガキの栽培の始まりと伝えられている。西条（渋ガキ）、富有、新平（渋ガキ）、西村早生、刀根早生（渋ガキ）、伊豆なども栽培されている。

スイカ　鳥取県で栽培されている品種は「縞王MK」で、約7kgの大玉。倉敷市、東伯町、赤碕町、岸本町、泊村などで栽培している。果物用には、祭りばやし、貴ひかり、紅大《こうだい》、筑波の香などがある。泊村では、漬物専用の源五兵衛すいかを栽培している。

砂丘ながいも　鳥取県中部の砂丘地で栽培される。砂丘地栽培のため、肌がきれいで真っ直ぐ長い形状をしている。適度なねばりでサクサクした食感。低カロリーで、アミラーゼなどの消化酵素やたんぱく質、食物繊維、ミネラルを豊富に含み、美容・スタミナ増進に最適。とろろや、短冊切りだけでなく、お好み焼きなど様々な料理に混ぜてもおいしく食べられる。

さつまいも　昔、石見鉱山の代官・井戸平左衛門が、当時凶作にあっていた領民を救うためにさつまいもを導入したといわれる。江戸時代の大飢饉の際も、領民を救うためにさつまいもを導入し、栽培したという話も残っている。コメの代用食としての利用は、江戸時代から昭和20年（1945）の第二次世界大戦終了後もしばらく続いた。

地域の野菜料理

イモぼう／アズキ雑煮

加工食品

スイカの漬物

33 岡山県

黄にら

地域の特性

岡山県は、中国地方の東端に位置し、南は瀬戸内海に面している。気候は瀬戸内海気候で、温暖で晴天の日が多く、降水量の少ないのが特徴である。その気候の特徴を、岡山県は「晴れの国」というキャッチフレーズで表現している。温暖な気候と豊かな自然に恵まれ、昔から伝統技術を活かした質の高い農林水産業が営まれてきた。その象徴となっているのが、マスカット、ピオーネ、白桃、ジャンボ梨などの質の高い果物である。

岡山平野では、広く機械化農業を導入することができ、コメの生産高は、他の農産物の生産高に比べると高い。また園芸農業も盛んである。岡山県のコメの代表的品種は、朝日、アケボノ、ヒノヒカリなどである。太陽の恵みと農家の真心が、これらの生産高を高くしているといわれている。岡山の果物のおいしさは、土壌、気候の恩恵のほかに、農家の人々の果物づくりに対する情熱と努力がもたらしているとも評価されている。

岡山県は、野菜の消費量の減少と消費者ニーズの一層の多様化、輸入野菜の増加、安全・安心な農作物への関心の高まりなど、めまぐるしく変化する野菜を取り巻く情勢に対応できる「おかやま野菜」の産地のあるべき姿として、個性豊かな産地づくり、地域特産品目、地域推薦品目、有機無農薬農産物のブランド化を進めている。

知っておきたい地野菜・伝統野菜

千両なす 濃紫色で色艶がよく、歯切れのよさと、軟らかいのが特徴である。高級料亭の食材として人気が高い。岡山ナンバー1のナスと評価されている。昭和44年（1969）から備南地区を中心に栽培が始められた。土質、気候が、このナスの生育に適しているので、作付面積が増えている。岡山市、玉野市、総社市、笠岡市、倉敷市などで栽培されている。

衣川《きぬ》なす　果実は卵形で、果皮は黒紫色をしていて薄く、果肉は軟らかい。明治中頃から倉敷市児島で栽培されている。倉敷市は、昔から瀬戸内海に面した港町として栄えたので、この港を利用していた交易船が、種子をもち込んだと推察されている。

鶴海《つるみ》なす　明治中期頃から備前市鶴海地区で栽培されていた。鶴海地区は瀬戸内海の海岸近くまで山がせりだしている地域なので、生産されたナスは船で近くの市場へ運んでいった。水田で水稲との輪作が行われている。果皮は赤紫色で、果肉は歯切れがよく、軟らかい。種子が少ないので煮付け、焼きナス、浅漬けに向いている。

アスパラガス　太陽に向かって一直線に育ち、鮮やかな緑色である。栽培が行われるようになったのは最近である。

蒜山《ひるぜん》だいこん　ほぼ周年生産されているが、とくに、夏から秋に収穫される。

はくさい　瀬戸内海に面した瀬戸内市で栽培されている。冬の気候が温暖なのがはくさいの栽培に適している。

土居分小菜《どいぶんこな》　岡山県の北部に位置する湯原町の二川で、江戸時代から栽培されている野沢菜のようなカブナに似ている漬菜である。「土居分」は、地名からつけられた名である。草丈は立性で、葉色は濃緑、葉身は卵形から倒卵形で、葉柄はやや長く、根部は赤みを帯びている。辛味が強く、漬物に適している。平成2年（1990）頃に地域特産物として生産振興を図っている。漬物は観光客に対しての土産品として販売されている。

おたふくしゅんぎく　昭和10年代頃に、岡山県内の種苗業者によって大葉しゅんぎくから選抜固定された。

葉は厚く、葉の切れ込みが小さく、葉柄はやや長い。一時は、岡山県内での栽培農家が多かったが、現在の栽培農家は、倉敷市のわずかな農家だけである。

備前黒皮かぼちゃ

日本カボチャの仲間。岡山県南東部の瀬戸内海沿岸に位置する牛窓町で、明治初期から栽培が始まっている。一時は、本種の生産量は多かったが、西洋カボチャの需要が増加し、日本カボチャの需要は減少した。肉質はやや粗いが、粘質で食味はよい。乾燥にも強く、低温伸長性もよい。

黄にら

生産高が全国1位で、岡山県の特産野菜となっている。軟らかく、香りがよく、上品な味である。

万善《まんぜん》かぶ

岡山県北東部に位置する作東町万善では、享保年間（1716～1736）から栽培されていると伝えられている。この年代に、当地の「おかね」という女性がつくった酢漬けを代官に献上したところ、代官が大変喜んでお墨付きと朱塗りの杯を拝領したことから「おかねかぶら」の別名もある。平成2年（1990）頃に、地域特産物として生産振興を図るために、みやげ物として漬物に加工することになった。現在は自家用消費として栽培されている。和種系のカブで、根は牛角状に曲がり、根の首部は赤紫色、下部は白色である。1株の重さが500 g～600 gに達したものを収穫する。肉質はやや硬く、漬物に加工すると歯切れがよくなり、長期保存できる。

桃太郎

本種は、甘味のあるトマトで全国的に知られている。名の由来は童話の「桃太郎」に由来する。春は岡山平野、夏秋は北西部で栽培している。

岡山いちご

南部を中心に各地で栽培され、味、香りがよい。

もも

岡山県の「県の花」がももであるように、ももは主力農産物の一つである。明治8年（1875）に中国から天津水密桃が導入されてから本格的な栽培が始まった。恵まれた気候風土と生産者が長年にわたって蓄積した技術から、全国的に知られるももに進展した。現在栽培しているももは、白桃であり、品種には白桃、清水白桃、大和白桃がある。

ピオーネ　ピオーネは、巨峰とカノンホールマスカットの交配種で、瀬戸内海の温暖な気候に適しているため全国的に評価のよいブドウが栽培されている。芳香のある紫黒の大粒の果粒は種無しで甘く、「岡山県特産ブドウ」として人気がある。

マスカット・オブ・アレキサンドリア　岡山県で、本種の栽培が始まったのは明治19年（1886）である。この年に、御津郡野谷村（現・岡山市栢谷）の山内善男氏が、ガラス室で栽培をしたのが初めといわれている。その後、多くの人によって栽培技術の研究が重ねられ、現在のように全国的に評判のよいブドウとなった。現在のような高い評価を得るまで、1200年以上の研究が重ねられている。岡山の特産品として、岡山ブランドで流通している。

あたご梨　「ジャンボ梨」ともいわれているように、果実1個の重さは1kgに達する。3kgを超える大きなものもある。みずみずしく食感がよい。年末の贈り物に使われる。

黒だいず（丹波黒）　「おかやま黒まめ」としても流通している。昭和40年代後半に、水田の転作物として導入され、岡山県北東部の勝英地区を中心に栽培され、産地化が進んでいる。煮豆にすると、見栄えや風味がよく、滑らかな食感は評価がよい。正月のお節料理には欠かせない黒だいずとなっている。現在は、この黒だいずを使ったお茶やお菓子なども開発されている。黒だいずに含むイソフラボンや色素のアントシアンの健康効果が注目されている。

マッシュルーム　岡山市灘崎、瀬戸内市（旧・牛窓町）では、かつては缶詰用のマッシュルームを栽培していた。

現在は、空輸により新鮮なマッシュルームを、京浜地区へ出荷している。機械化された堆肥施設、冷暖房完備の施設で栽培されており、品質のよさが全国的に評価されている。

間倉ごぼう　岡山市大井、足守地区では、第二次世界大戦前から戦後にかけて盛んに栽培されていた。一時栽培面積が減少したが、最近になって作付が再び復活してきている。秋冬の特産品として注目され、歯ざわり、風味と独特な味わいが人気となっている。

「おかやま野菜」ブランド推進品目

❶戦略推進品目　なす、トマト、いちご、アスパラガス、きゅうりなど。
❷特産推進品目　黄にら、ごぼう、とうがん、そうめんかぼちゃ、えんだいぶなど。
❸重点推進品目　かぼちゃ、軟弱野菜、加工原料野菜、さといもなど。
❹地域推進品目　はくさい、たまねぎ、れんこん、だいこん、ミニトマト。
❺おかやま有機無農薬農産物　トマト、ミニトマト、きゅうり、なす、ピーマン、小松菜、ほうれん草など。

地域の野菜料理

吉備団子

加工食品

土居分小菜の漬物／万善かぶらの漬物

34 広島県

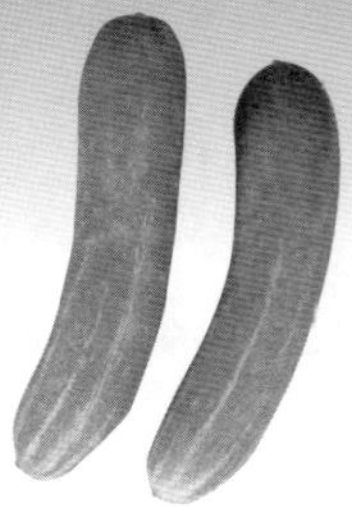
青大きゅうり

地域の特性

広島県は、日本列島の西南部に位置し、瀬戸内海に面している。一方で、尾道市のように狭い道と、瀬戸内海のほうへ向かう急な斜面の多い地域もあるし、三段峡といわれる太田川上流の柴木川、八幡川に沿った全長12kmの渓谷などの険しい地勢も有している。気候は一年を通して温暖で、降水量は少ない瀬戸内海気候に属している。瀬戸内海の島々や沿岸地域は温暖な気候に適したかんきつ類を栽培し、広島県の北部や中央部ではコメを主体に、日本なし、ブドウなどの落葉果樹が栽培されている。人口の多い広島市や福山市ではホウレン草なども栽培している。また、山間では温暖な気候を利用したマツタケの栽培を行っている。

知っておきたい地野菜・伝統野菜

太田かぶ

太田川地域（山県《やまがた》郡加計《かけ》町木坂を中心に）で栽培されてきた大型カブで、「かぶ菜」ともよばれている。原種は、京都からもち込まれ定着したと考えられている。広島県に導入された来歴は定かでない。主に、春にとう立ちした花茎を漬物として利用する。収穫して塩漬けし、あめ色になるまで漬け込んでおくと独特の風味と香りが生じる。九州の「高菜漬け」と同じような古漬けにして加工販売をしている。かつては、大麻の栽培の後作としてクリやキビとの混作で行われ、キビが豊作のときはカブは不作で、キビが不作のときはカブが豊作になったと伝えられている。最近は、太田かぶの耐寒性に着目し、冬の間も栽培し、生鮮野菜として、炒め物、和え物、サラダなどに利用している。

広島菜

江戸初期の武将、福島正則（1561～1624）が安芸広島の城主のとき、参勤交代に同行した安芸の国の観音村の住人が、江戸からの帰途、京都本願寺に参詣した。その折に、広島菜の原種となる種子を譲り受け、もち帰って栽培したのが始まりといわれている。明治時代初めに、佐東町の木原佐市という人が、再び京都より広島菜の原種の株を取り寄せ、それを母木として改良し、ほぼ現在に近い形に仕上げたとも伝えられている。「広島菜」の名は、明治末期につけられたと伝えられている。別名は「きょうな」または「ひらぎく」といわれる。

ハクサイとカブの中間的な性質をもった不結球の菜である。もっぱら漬物に利用されている。その独特な風味と歯切れのよさは、各地で評判となり、当時も全国的に普及したといわれている。現在も関西圏ばかりでなく関東圏でも評価されている。カキ料理と広島菜漬けが合うので、広島県の名物料理の「カキ舟」の最後のお茶漬けには、広島菜が添えられるのが定番となっている。栽培の中心は、広島市安佐南区東町川内地区である。太田川が運んできた沖積土が堆積し肥沃で、水はけ土壌をつくり上げていて、古くから品質のよい広島菜を栽培している。

広島菜は、耐暑性がよくなく、低温に対する感受性が敏感であるため、栽培の大部分は秋蒔き、年末収穫の露地栽培が多い。南部の島嶼《とうしょ》部では冬蒔き春収穫のハウス栽培、トンネル栽培が行われている。漬物用の広島菜は、秋蒔きのものは約 2 kg、冬～春蒔きのものは 1 ～1.5kgのものが使われている。年末の贈答用にも利用されることから、冬に収穫して荒漬けした素材を冷凍しておき、必要に応じて解凍し、本漬けして出荷している。ただし、冷凍品は、原菜を直接加工した場合に比べて、香りや歯切れが劣る傾向がみられる。

観音ねぎ

主に、広島市西区南観音地区で栽培している葉ネギ。この地区で葉ネギの栽培を始めたのは明治時代中期である。それ以来百数十年にわたり、品種の選別、採種、栽培方法の改善などが行われ、現在に至っている。最初に栽培されたのは九条系の品種であったが、その後分けつが多く、肉質が軟らかく良質で、耐寒性、耐病性に優れた品種を農家自身が選抜し、これを観音ねぎとした。現在でも独自に選抜と採種を繰り返し続け、系統維持を行っている栽培農家がある。葉ネギの栽培地域は、太田川の運んできた沖積土が堆積し、肥沃で水はけがよく、栽培に適している。昭和40年代（1965～1974)）の後半から、地価の高騰、後継者の不足、農地の宅地化などにより栽培面積は減少している。栽培期間は、播種期が2～7月、収穫期が6月～翌年1月である（冬を越して収穫するものには九条系のネギが使われることもあるようである）。生育期間中に数回の土寄せを行い、草丈80cm程度の青ネギと白ネギの中間的なものに仕上げるのが、観音ねぎの特徴でもある。夏季は主として薬味、冬季は鍋物の材料にする。

矢賀《やが》うり

シロウリの品種。本種の栽培は、昭和30年代（1955～1964）の初め頃に、当時の広島市矢賀町で栽培されたのが始まりといわれている。地元の種苗商が中心となり、耐暑性がよく、苦味の出ない品質のよい系統を選抜してきた。栽培面積は一時大きかったが、現在では江田島を中心に栽培している程度で、栽培面積は減少している。本種の特徴は、鮮やかな緑に黄色の縦縞をもった果実の美しさと、浅漬けに加工した時の、淡い甘味と歯切れのよさである。5月～8月にかけて長期間の収穫がされる。栽培方法は、主としてトンネル栽培で、多くは浅漬けに利用されるが、変形しているものや規格外の大きさのものは奈良漬け用に使われる。

青大《あおだい》きゅうり

福山市草戸町を中心に栽培が続けられている、一つの果実の重さが1kg近くになる大型のキュウリである。地元では「どぶうり」とよんでいる。大正時代（1912～1925）の初め頃に、盛んに栽培されていた。その後の情勢の変化により、栽培農家は減少し、現在は6戸の農家が栽培しているのみである。春から初夏にかけて播種し、夏場を中心に出荷している。果実は甘味と粘りがあり、歯ごたえもよい。主に、浅漬け、サラダ、膾《なます》などの生食、油炒め、あんかけなどの材料として使われている。

広島わけぎ

広島わけぎの栽培は、明治時代（1852～1911）にはすでに、現在の御調《みつぎ》郡向島町の一部と三原市木原町で始まっていたとの記録がある（明治38年「農事調査」）。現在は向島町、木原町と尾道市で栽培されている。明治時代からほぼ1世紀にわたって栽培が継続されていることになる。水はけのよい花崗岩風土をもつ備後地域の気象・風土、栽培管理技術の改善、農業技術センターの育種・栽培に関する研究など多くの要因により、今なお栽培が継続している。とくに、ウイルスに感染しやすいが、これを克服するためのウイルスフリー株の開発に成功していることが大きい。

現在の広島わけぎには、広島1号、2号、3号、木原晩生1号、寒知らずなどがあり、それぞれの特徴を活かして播種時期や収穫時期が設定されているので、周年流通している。主な出荷先は関西地方である。

しゅんぎく

広島県で栽培されているしゅんぎくは、主に大葉種である。明治時代には「きくな」または「おたふく」の名で栽培されていたといわれている。大葉種の特徴は、葉は大きく、肉厚で、香りは強くないが、ほのかな甘味がある。現在は、主に、広島市郊外と高田郡で栽培されている。ハウス栽培も行われ、周年栽培となっている。冬の鍋物の具、和え物の材料として使われることが多い。

矢賀ちしゃ

広島市東区矢賀地区の飯田森一氏が保存していたチシャのことで、市販のリーフレタスより病気に強い。ほろ苦い味が特徴である。11月下旬～12月下旬に収穫される。

笹木三月子《さんがつこ》だいこん

安佐南区安古市地区長楽寺の笹木憲治氏が晩抽性の丸ダイコンを得るために、三月子だいこんと聖護院《しょうごいん》だいこんを交配してできた品種。肉質が緻密で、肉崩れが少ないので、おでんやふろふきダイコンに使われる。収穫期は2月～3月。

広島おくら

主に、安佐北区小河原地区、佐伯区五日市地区で栽培されているが、そのほかの地区でも栽培されている。広島在来の九稜オクラのこと。多角形で大きくても軟らかい。収穫期は6月下旬～9月上旬。

深川早生いも

安佐北区深川地区でつくり継がれている、小ぶりのサトイモ。きめ細かく、軟らかい。お盆からお月見にかけて早堀りして、秋の風味を味わうという季節の野菜である。収穫時期は8月下旬～9月下旬。

おおみな

広島の伝統野菜。アブラナ科で野沢菜に似ている。地域から消えつつあるので、三次市布野町の篤農家が伝統野菜の復活のために、休耕田を利用して苗を植え付け、後継者への贈りものとして栽培を続けている。また、漬物を特産品としている。

祇園パセリ

昭和40年（1965）に、中区吉島地区で、従来のものに比べてきざみの細かい系統を選抜し、現在の安佐区祇園地区で栽培している。葉には細かいきざみ（欠刻）があり、緑色が濃く軟らかい。広島独特の葉の性質である。

いちじく

古江地区で江戸時代後期から栽培されているが本格的栽培は明治時代になってからである。品種は「早生日本種」で、8月下旬から収穫できる。

小松菜

東京都小松川地方が原産である。広島では安佐南区沼田町伴地区で試験的に栽培し、現在は安佐南区や安佐北区などで栽培され、全国へ出荷されている。

地域の野菜料理

太田かぶの炒め物、和え物、サラダ、煮物

加工食品

太田かぶの花茎の塩漬け／広島菜漬け／祇園坊柿の干し柿／ナスの砂漬け

35 山口県

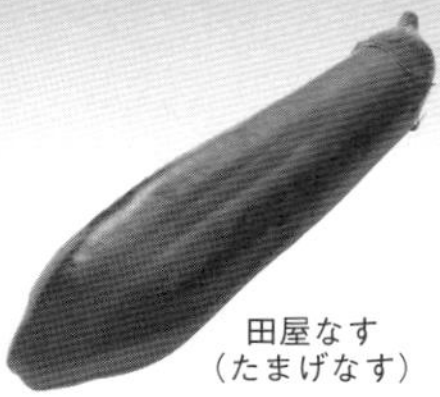

田屋なす
（たまげなす）

地域の特性

山口県は、本州の最西端に位置し、三方を海に囲まれ、東は広島県・島根県に接し、西および北は響灘・日本海に、南は瀬戸内海に面していて、関門海峡を隔てて九州と接している。中国山地が、県のほぼ中央を稲妻形に曲がりながら東西に走り、北面の日本海側と南西の瀬戸内海側とを分けるような地形となっている。気候、風土などから瀬戸内海沿岸地域、内陸山間地域、日本海沿岸地域の3つの地域に分けられている。高い山は少ないが、平野も乏しく、中山間地域の多い地勢といえる。川は網目状に分布し、海に流れているので河川敷は多い。

気候は、全体的には太平洋側気候に属しているが、日本海に面している地域の冬は、東部と西部ではかなりの差がある。津島暖流の影響があり、瀬戸内海沿岸との差はそれほど大きくない。冬は、シベリア寒気団が日本海を渡り中国山脈に当たることから山間部も海岸近くも雪が降り、内陸部の夏と冬の気温格差は大きい。

山口名産の「はなっこりー」という「やまぐちこだわり野菜」は、山口県農業試験場が育成した中国野菜のサイシンを母親、ブロッコリーを父親として交配した新しいオリジナル野菜である。

知っておきたい地野菜・伝統野菜

とっくりだいこん

瀬戸内海に面した徳山市、新南陽市の沿岸部を中心として栽培されてきた加工用のダイコンである。来歴は不明であるが、明治時代から昭和時代の初期までは、このダイコンを粕漬けした「徳山たくあん漬け」が、京阪神、関東に出荷されていた。現在は、新南陽市福川羽島・かせ河原・室尾地区を中心に栽培されている。これらの地区の土質が赤土土壌の段々畑であるのが、本種の栽培に適している。それぞれの農家でたくあん漬けに加工し、地元の市場や浅市で、品質が低下しやすい夏を避けて販売している。根の首部径は約 1 cm、胴部径は約 6 cm、長さは15cm程度、生の重さは300～400 g で、とっくり形をした小型のダイコンである。播種は 6 月頃で、収穫は播種後60日～80日となっている。辛味が強く、生食には向かない。天日干しをしてたくあん漬けに加工すると、皮が薄く歯切れのよいたくあん漬けとなる。

岩国赤だいこん

山口県岩国市のシンボルである金帯橋を望む地域（岩国市錦見地区）で栽培されている。日清戦争（1894～1895）に従軍した岩国市錦見の岩本という人が、中国からもち帰った中国ダイコンの中で、表皮の赤いダイコンを栽培したのが始まりと伝えられている。現在のような形の赤ダイコンの品種に定着したのは昭和10年（1935）以降であるといわれている。現在は、錦見地区を中心に、その周辺でも栽培されている。農地の宅地化や都市化に伴い、以前のように市場に出すほどの量は生産されておらず、もっぱら自家用に栽培されているのみで、流通はしていない。

外観は赤色であるが、内部は白色である。低温に合うと辛味は減少して甘味が強くなり、軟らかみも増し、独特の味となる。根の径は12cm、根の長さは15cm程度に肥大したものがもっともよいとされている。肉質は軟らかく、しまりもよい。辛味が少ないのでダイコンおろし、千切り、酢漬けなどの生食に適している。なお、酢漬けの際は、表皮の赤色が抜けやすいため、天然酢（柿酢）を使うのがよい。煮物、漬物は、赤色が黒みがかるので向かない。

つねいも

山口県中部を流れ、周防灘に注ぐ佐波川の上流に位置する徳地町では、古くからヤマイモを「つねいも」の名で栽培している。このヤマイモはイチョウイモ群に属し、別名「仏掌薯《ぶっしょういも》」ともいわれている。江戸時代頃から栽培されていたらしいが、本格的に栽培が始まったのは昭和初期からといわれている。主に佐波川の流域で栽培されている。

本種は、耕土が深く、有機物に富んだ肥沃な壌土で、地下水位が低く、乾燥しない土壌を好む。扁平種で、掌の形、またはイチョウの葉の形をし、周辺は波状を呈している。 4 月に定植し、11月から 4 月にかけて収穫する。販売は主に町内の販売施設を利用した直売と贈答である。肉質は緻密で、すりおろした時の粘りが強く、調理後の光沢もよく、香気がよいので人気である。

白おくら

現在は、新南陽市、佐波郡徳地町、大津郡三隅町、阿武郡須佐町で自家栽培が行われているが、それぞれ系統が違うようである。品質のよいのは三隅郡のもので、昭和時代の中頃に外国からもち帰られたものといわれている。5月～6月に播種し、7月～10月に収穫する。三隅町では産地化に取り組み、漬物やお茶漬け向けの商品の開発が行われている。

徳佐《とくさ》うり

シロウリの品種。山口県の北東部に位置する阿武郡阿東町徳佐地区で栽培されている。この地区は島根県の県境に位置し、900m前後の山々に囲まれた標高300mの盆地である。徳佐村の住人が、明治初期に四国の讃岐の金比羅参りの帰りに、広島県己斐《こい》（現在の広島市）の店頭から漬けウリを買い求め、その種子を栽培して育成したのが、徳佐うりの起源といわれている。明治20年（1887）頃、広島県廿日市《はつかいち》の青果市場で買った漬けウリをもち帰り、その種子を栽培、育成したという説もある。徳佐地区全域で栽培されるようになったのは、大正時代の中頃であるといわれている。

徳佐うりは主に漬物として県内で売られている。果形は短円筒形で、1個の大きさは長さ20～30cm、径10～12cm、重さ1.5kg前後である。果皮は淡緑色地に濃緑色の縦溝がある。肉質は厚く、よく締まり、奈良漬けや浅漬けにすると歯切れがよい。浅漬けの味は評判がよい。

彦島春菜

「彦島春菜」を栽培している下関近郊は、対馬海流の影響で温暖なので野菜の栽培に適している。明治時代後期からこの地区で栽培されていたという説と、下関彦島の農家が小倉市（現在の北九州市）から種子を購入して、それをもとに栽培を始めたという説がある。また、「長崎白菜」を改良したものであるという説もある。彦島春菜は、昭和25年（1950）8月29日に種苗名称登録し、夏蒔きキャベツ、秋蒔きキャベツの切れ目（3月下旬～4月下旬）の春菜として、門司、北九州での需要が多かった。漬物、煮物、油炒めに適する。

田屋なす　長門市田屋で栽培していた品種であった。現在は当地での栽培はなくなり、昭和50年代に萩市に種子が移り、わずかに栽培されているに過ぎない。ハウス栽培も行われているが、露地栽培のものは果実の1個当たりの重さが800g前後や600g前後となる大果のナスである。果肉が軟らかく、焼きナス、田楽、汁の実などに使われる。最近、長門市、萩市、三隅町などで産地化に向けての取り組みが行われている。田屋なすのうち、重さが500g以上の果実のものについては「萩たまげなす」または「たまげなす」の商品名がついている。

彦島夏播甘藍《かんらん》　「野崎夏蒔」と「黄葉サクセッション」との交配種で、下関市周辺の彦島で栽培されている。昭和30年代には栽培は盛んであったが、昭和50年代には栽培は減少した。葉色は淡く、1.5kg程度の重さで、葉の締まりはよく、軟らかい。千切りなどの生食に適している。

あざみな　カラシナの仲間で、山口県の各地に散在し、自生している。また、タカナやほかのカラシナの仲間との交雑から、栽培地で変異し、「あざみな」あるいは「寒知らず」（美和町、錦町）、「いぎな」（徳山市）などとよばれている。若い株の草姿はアザミに似ていて、生育するとパセリのようになる。葉は鮮やかな緑色で、爽やかな辛味があり、刺身のつまや浅漬けで食べられている。

武久《たけひさ》かぶ　下関市武久地区で、明治時代の初期から「天王寺かぶ」を自家採種し、関門地方の人々の嗜好に合った品質に改良し、育成してきた品種のカブである。葉はやや小型で淡緑色、根身はやや扁平で白色、肉質は緻密で甘味がある。最近は、下関市内日地区で栽培、加工している。9月上旬に播種し、10月中旬から3月にかけて順次収穫する。三杯酢、クリームシチューに向いている。

萩ごぼう　明治初年（1868）には、萩市沖原を中心に栽培されていて、原産は萩市ではないかと想定されている。根部は、俗にドジョウ口といわれているように頸部が非常に細い。胴部はしだいに太くなり、尻部は再び細くなっている。根の長さは45～60cm（まれに

90cm程度）になる。一時は栽培が減少したが、萩市の種苗会社が種子を保存していたことから、一部の地域で栽培が復活している。10月中旬に播種し、5～8月に収穫する秋蒔きのものと、3月下旬に播種し10月から翌年の春に収穫する春蒔きのものとがある。軟らかく、香りが強く食べやすい。酢ゴボウ、たたきゴボウ、かき揚げで食べることが多い。

山口県JAグループ推奨の農産物

❶春キャベツ　山口県で最も出荷量の多い野菜。4～6月に出回る春キャベツは、軟らかく生食によい。

❷たまねぎ　「山口甲高」という品種（もみじ3号とターザンが品種の源流といわれている）を栽培している。これは「磨きたまねぎ」として評価されている。収穫は4～6月。

❸ほうれん草　山口県では中山間地を中心として栽培している軟弱野菜。産地は、下関市、岩国市、美祢市。

❹レタス　10月～5月に出回る。主として生食。産地は下関市、山口市。

❺なす　山口県の代表的野菜の一つ。7～10月に出回る。産地は下関市、熊毛町、楠町、柳井市。

❻青ねぎ　山口県で売り上げの多い野菜。下関市安岡地区でフグ料理の文化とともに発展したといわれている。産地は下関市、小野田市、三隅町、宇部市など。

❼夏秋トマト　中山間地域の冷涼な気象を利用して、むつみ村、阿東町が中心で栽培している。6月下旬から11月中旬まで出荷している。

❽夏だいこん　中山間地区のむつみ村千石台を中心に栽培されている。年間を通じて出荷している。

❾れんこん　9月から12月が収穫期。山口県内、広島県を中心に流通している。

❿はなっこりー　山口のオリジナル野菜。9月から5月までが収穫。塩茹で、電子レンジでの加熱により食べられる。

⓫はくさい　沿岸部から中山間地にかけて栽培。産地は福栄村、阿武町、岩国市、下関市、防府市、美東町など。9月下旬から6月下旬まで出荷。

⓬きゅうり　露地栽培は7月から9月が収穫。宇部市、下関市、萩市、防府市などが産地。

⑬ブロッコリー　山口県南部から瀬戸内海沿岸、萩市を中心に栽培。12月から3月が収穫期。

⑭その他　白ねぎ、わさび、いちご、甘夏、びわ、スイカ、梨、ぶどう、りんご、柿、栗、温州みかん（山口みかん、または大島みかんともいう）、いよかん

地域の野菜料理

チシャの酢味噌和え／茶粥

加工食品

とっくりダイコン／寒漬け

36 徳島県

すだち

地域の特性

徳島県は四国の東部に位置し、瀬戸内海、紀伊水道、太平洋に囲まれている。気候は、大きく二つに分かれ、北部は瀬戸内海式気候に属し、南部は太平洋側気候に属する。徳島県の北部の讃岐山脈と中央部の四国山地の間を、遠く石鎚山脈に源を発した吉野川が東流して、くさび形に低地を広げ、徳島平野を形成している。徳島県の農業は、江戸時代から明治末期まで栄えた藍作農業が基本となっている。この藍作農業は、現在も続いている露地野菜の集約的栽培の基本形となっている。吉野川流域の肥沃な沖積土壌や特色ある砂地畑資源を活かした、地域特産物の生産など付加価値の高い野菜が栽培されてきている。

また、スダチの産地として全国的に有名であり、刺身、焼き魚、ちりめん、漬物、焼きナス、ダイコンおろしに絞ってかけるなどスダチをしばしば利用する。

知っておきたい地野菜・伝統野菜

阿波みどり

シロウリの一種。徳島県には、シロウリは奈良漬け用に、昭和の始め頃導入された。主産地は吉野川下流域で、この地域は阿波たくあん用のダイコンの主産地でもある。夏はシロウリ、秋はダイコンの二毛作が確立している地域である。たくあん、奈良漬けの加工施設の有効利用により、農家の経営は比較的安定している地域でもある。

昭和初期に導入したシロウリは、「東京大越《おおしろ》うり」や「桂」であったが、その後は栽培農家が導入品種の選抜や雑種交代の優良系統を自家採種したものであった。その後、徳島農試が在来種を集め、優良系統を選抜し、昭和34年（1959）に「阿波みどり」と命名した。阿波みどりの果形は円筒で、果実の長いほうが30cm前後、重量は1.5～2.0kgで、東京大越うりや桂よりはやや小さい。ただし、昭和43年（1968）頃からは、奈良漬け用のシロウリの品種は形状のよい「しまうり」が導入され、主流となっている。原種は徳島農試で保存し、一般種子は徳島県種苗研究会、県外のメーカー数社で取り扱っている。

阿波晩生1号、阿波新晩生　吉野川下流域のデルタ地帯は、藩政時代からの最重要作物であった染料用の藍の栽培地であった。しかし、合成藍の輸入により明治36年（1903）をピークに減少した。明治末期になって、天然藍に代わって養蚕（桑園）が登場し、同時にたくあん漬けも始まった。昭和3年（1928）の大嘗祭《だいしょうさい》には、藍園村のダイコンが献納されている。昭和30年（1955）以降は、たくあん用ダイコンの栽培も減少し、昭和50年（1975）代には皆無となっている。一方では、たくあん用のダイコンは青首の宮重だいこんに代わってきているが、たくあんに加工することにより青首の緑部分が黒く変色することから、白首系のダイコンが注目されるようになった。そこで開発されたのが、根が純白の「阿波晩生《あわばんせい》1号」（宮重長太と堀江尻細の交配種）と根が滑らかな白色の「阿波新晩生」（阿波晩生1号×高倉、阿波晩生1号×美濃晩生）である。阿波晩生1号のたくあんは、ス入りが少なく、柔軟な肉質と滑らかで薄い外皮とでなる。

芳玉《ほうぎょく》　イチゴの品種。徳島県の農業は、古くから藍作農業が基本であった。昭和27年（1952）に徳島農試藍住園芸試験地が新設された。このときに、イチゴの「福羽《ふくは》」を導入し、これを種子親に「幸玉」を交配し、目標に近いものを選抜し、昭和31年（1956）に「芳玉」をつくり出した。果形は長円推形で、よく整い、大きさは中、果実の色は鮮やかな紅色で光沢がある。酸味・糖度・香りのバランスがよい。食感もよい。箱詰め向きで、高級贈答用やケーキなどの業務用に使われている。

みよし　夏秋イチゴとして、みよしという品種の栽培を三好《みよし》郡三加茂《みかも》町の水の丸苺生産組合が始めたのは、昭和50年（1975）代である。輸入イチゴに十分対応できる品種として開発された。クリスマスケーキなど業務用の秋冬に使われるイチゴは輸入品が多いので、それに対抗するために開発された品種がみよしで、目的は営業用であった。

みよしが発表されてから夏秋イチゴ用のイチゴとして、サマーベリー、ペチカ、スイートチャーミーなどの品種も開発された。

ごうしゅいも　ジャガイモの品種。商品名は「源平いも」という。本種が初めて栽培されたのは、万延元年（1860）頃と推測されている。種類は淡赤色のものもあるが、大半が白色である。産地は、徳島県の西部山地、剣山周辺の山間部に限られている。この集落の農地は、標高500m〜900mの斜面を利用した畑である。水田は少なく、自給的な野菜類とイモ、ソバなどを栽培している。ごうしゅいもは春植え、盛夏に収穫する。この地域は、栽培中の地温上昇がゆったりしていること、昼夜の温度差が大きいことが、本種の生育に最適である。イモの大きさは小ぶりだが、肉質はしまっており、煮崩れしにくい。味は、ほかのバレイショより淡白であるが、独特の甘味をもっている。煮て食べることが多い。自家用として栽培しているだけで、収穫量は少なくなったが、最近の地域興しの目的で栽培が復活してきている。

なると金時　品種は高系14号の選抜種のサツマイモ。徳島県のブランド野菜の一種である。砂地特有の栽培方法により、高品質で計画出荷ができ、周年供給できる。造成砂地畑で4〜5月に苗を植え、高畝黒マルチ栽培という方法で栽培する。海水のミネラルを十分に吸収して育成させる方法が、本種の特徴をつくり上げていると考えられている。収穫時期は7〜10月。金時豆のように鮮やかな紅色の皮、栗にも匹敵するほっこりした甘味が人気。

すだち　ユズの近縁の香酸柑橘で、徳島県阿南市には樹齢400年以上の古木があり、これが原種ではないかと考えられている。メンスダチとオンスダチに分けられ、メンスダチの果実の品質は優れ、徳島県の奨励種となっている。果実の大きさは30〜40gの短球形で、果面は油胞が密で凹凸が多く、やや粗い。熟すると橙黄色になる。8〜11月に緑色から黄緑色の生果を採取して出荷する。ユズに似た香気は、ユズよりも爽快で、風味が優れている。各種日本料理に利用される。果皮、果汁ともにビタミンCの含有量は多い。

なるとブランド野菜

❶菜の花　温暖な徳島では収穫時期は11月〜４月。独特のほろ苦さが春を感じさせる野菜である。軽く湯がいてからし和え、お浸しで食べる。産地は徳島市、阿波市、阿南市。
❷らっきょう　「洗いらっきょう」として出回る。鳴門市大毛島の砂地の畑で収穫される。収穫時期は５月〜６月。
❸きゅうり　夏は県西部で露地栽培、冬から夏にかけては県東南部でハウス栽培のものが出回る。収穫期は周年。産地は徳島市、阿南市。徳島産きゅうりは、気候に恵まれているので、みずみずしい。
❹にんじん　徳島産のにんじんは、ハウス栽培のために糖度が高く、シャキッとした食感である。収穫時期は３月〜６月。産地は藍住町、板野町、海南市。
❺おくら　徳島県南部の小松島市が名産である。収穫時期は６月〜10月だが、旬は夏。主な産地は、小松島市、海南町。
❻えだまめ　吉野川下流域で栽培している。収穫時期は６月〜９月。産地は徳島市、石井町、上板町。
❼なす　冬はハウス栽培、夏は露地栽培で周年出回っている。糠漬けや焼きナスで食べる。必ずスダチを絞ってかけて食べるのが特徴。
❽ねぎ　徳島は青ネギを使う。「いとうネギ」は評価が高い。収穫時期は周年。産地は徳島市、阿南市、阿波市。
❾れんこん　吉野川の豊かな水と粘土質の土壌で育てられる。色白でシャキシャキしている。収穫時期は周年。主な産地は鳴門市、徳島市、松茂町。
❿その他　小松菜、カリフラワー、ブロッコリー、ほうれん草、レタス、生しいたけ

美味しい野菜料理

金時豆（豆玉）／ごうしゅイモ（でこまわし）／焼きなす／ナスの糠漬け／ひじき菜（ヒジキの五目飯）

加工食品

阿波晩生１号ダイコン（阿波たくあん）

37 香川県

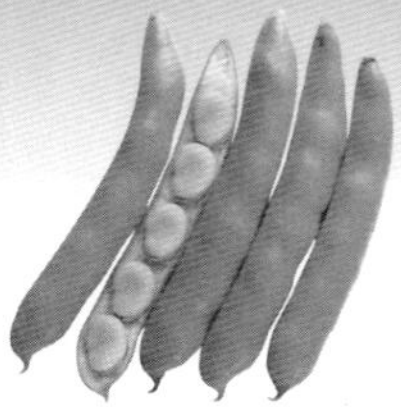
さぬき長莢

地域の特性

香川県は、四国の北東部に位置し、北は瀬戸内海に面している。気候は、１年を通して温暖で晴れの日が多く、瀬戸内海の気候の影響を受けている。香川の地名は、「枯川」に由来するとの説があるように、夏には、水不足の心配をする河川も多い。香川県は、讃岐山脈の北側の讃岐平野、瀬戸内海に浮かぶ小豆島や塩飽《しわく》諸島などからなる。瀬戸内式気候の影響を受けている讃岐平野は雨量が少ないので、灌漑用の溜池が多い。旅行者は、香川県にはうどん屋と溜池の多いのに驚くのである。この理由は、この地域の気候・風土が小麦の生産に適してはいるが、溜池を多くつくらねばならなかったことによる。

知っておきたい地野菜・伝統野菜

さぬき長莢《ながさや》　ソラマメの品種。讃岐のソラマメは、讃岐地方のいろいろな郷土料理に使われ、農家の日常や行事の食事にも欠かせなくなっている。郷土料理に使われているソラマメの品種は、「一寸ソラマメ」が主体となっている。小粒種の品種には「在来種」と「さぬき長莢」が栽培され、後者のさぬき長莢は日本種苗協会に登録されている。さぬき長莢早生の品種も開発されている。

「さぬき長莢」は、もともとは各農家で自家栽培していたものである。栽培は、水稲の刈り取りが終わった後地に、10月頃直播または定植する。途中、育苗時に雨よけのためにビニールをかけ、育成のために追肥をする。収穫は５月～７月初旬。讃岐地方の農繁期の農家では、農作業を手伝ってもらう人に、ソラマメの新豆、そのほかの季節の野菜、サワラをのせた押しずしをつくり、「春魚」という行事を行う。

万葉《まんば》

タカナの一種で、春になると下から随時葉を摘み取って利用する。取っても、後から後に葉が出てくる。讃岐地方はどこの農家でも家の近くの田を仕切って菜園をつくり、自家用の野菜を1年中つくっている。春の野菜として、ワケギ、キャベツ、ソラマメなどとともに収穫される。別名「百花」ともいわれている。

一般に流通している赤大葉タカナと同類であると考えられている。8月～10月にかけて苗床に播種し、かき葉として11月～翌年4月まで出荷している。

主に、この葉は油で炒め、醤油で味付けして食べるほか、豆腐を入れた炒め煮（「雪花」という）、お浸しで食べる。昔は、四国八十八箇所のお遍路の接待として、うどんと一緒に調理して供された。かつては、九州・福岡地方でも栽培し、漬物として利用していたが、農地の都市化、宅地化が進むに伴い、また、漬物による塩分摂取量を敬遠する健康志向から、栽培面積が減少している。

金時にんじん

代表的東洋系の品種で、鮮やかな紅色をし、直系4～5 cm、長さ30cm前後である。原産地はアフガニスタン。紅色の成分の一種であるリコピンを含み、甘味は強い。肉質が軟かく、独特の風味をもっているところから関西地方の日本料理、とりわけお節料理には欠かせないので、年の瀬も近づくと、八百屋の店頭やスーパーの野菜売り場に並ぶニンジンである。京都では「京にんじん」、大阪では「大阪にんじん」とよばれている。

香川県内の栽培は、明治38年（1963）に高松市内で始まり、その後坂出市、観音寺市など瀬戸内海側の沿岸砂質土の近郊園芸として発達した。昭和30年（1955）頃から作付け体系が確立し、坂出市を中心に産地が確立した。8月頃播種する。育成には間引きや追肥など工程を重ね、正月用には、5 cmほどの葉をつけて切り落とし、店頭へ並べる。

さぬきしろうり

長野沼系のシロウリで、香川県で系統選抜を重ね育成したものである。古くから、家庭の漬物用として栽培されていたが、本格的な栽培は昭和30年（1955）以降である。水稲の前の換金作物として、スイカ、カボチャとともに栽培されていた。昭和40年（1965）代に入り、トンネル栽培やハウス栽培を導入したが、キュウリの需要が増したため、シロウリの栽培は減少してしまった。現在の産地は高松市に限られている。出荷先は京阪神の市場であり、漬物として加工されるのがほとんどである。1月上旬に播種し、ハウス栽培を行い、2月に定植する。

香川本鷹《かがわほんたか》　トウガラシの品種。讃岐の塩飽水軍が朝鮮出兵のときに、豊臣秀吉から拝領したものと伝えられている。アメリカ原産のトウガラシが、日本に最初に伝わったところは香川県とも伝えられている。本種は、辛味が強く、讃岐の味三傑といわれている「うどん」「しょうゆ豆」「フナのてっぱい」には欠かせない香辛料である。地元では、青莢や葉を佃煮にして常備食としている。産地は香川県詫間町庄内半島。収穫は、8月末〜10月下旬。最近、香川本鷹を特産品として復活させ、島興しを図っている。

三豊《みとよ》なす　香川県三豊郡特産の丸ナス。奈良時代に中国から伝わり、全国で栽培された中から選抜した三豊特産の地方品種。1個の果実の重さは約250 g以上もある。普通のナスの3倍の重さである。へたの部分に棘があり、皮は軟らかい。焼きナス、煮物に向く。

香川県JAグループ推奨の農産物

❶レタス　有機肥料を中心に栽培、11月〜3月に出回る。
❷きゅうり　皮が薄く、歯切れのよい「白いぼ種」を栽培し、夏から秋にかけて収穫する。
❸たまねぎ　古くから丁寧に磨いて出荷する「みがきたまねぎ」として市場に出荷。東京市場には5月〜8月に流通する。
❹トマト　糖度8度以上のスイートトマトを出荷。
❺アスパラガス　香川県では昭和43年（1968）からアスパラガスの栽培が始まっている。
❻青ねぎ　古くから、讃岐うどんの薬味として栽培されている。
❼その他　はくさい、なばな、セロリ、もろへいや、ブロッコリー、パセリ、にんにく、たけのこ、葉ごぼう、自然薯、さつまいも、だいこんなど。

地域の野菜料理

三豊なす（ナスそうめん、焼きなす田楽、糠漬け）／金時にんじん（手打ちうどんの具）

加工食品

香川本鷹（七味トウガラシ）／さぬき長莢早生（乾燥ソラマメ）／オリーブ（塩漬け、オリーブ油）

38 愛媛県

うすい豆

地域の特性

愛媛県は、四国の北西部に位置し、東予、中予、南予の三つの地域に分けられる。気候は、温暖で晴れの日が多い瀬戸内式気候である。気候・風土からは、新居浜平野、松山平野などが連なる瀬戸内海沿岸、瀬戸内海の島々と石鎚山脈と佐田岬以南の宇和海に面した地域とにわけられる。平野部は伊予米の産地であるが、降雨量は少なく、しばしば水不足に悩まされる地域である。愛媛県の産物であるかんきつ類は、宇和海沿岸の傾斜地を中心に栽培されている。

知っておきたい地野菜・伝統野菜

伊予緋《いよひ》かぶ　寛永12年（1635）に、松山城の藩主が久松氏のときに、鉄砲鍛冶の岡冶兵衛吉定という人物が、自分の生国の滋賀県蒲生郡日野町（江戸時代の江洲《ごうしゅう》日野村）に飛脚を飛ばして日野かぶの種子を取り寄せた。それを現在の松山市竹原付近の農家で試作させ、その後改良を繰り返したものが、今日の「伊予緋かぶ」になったとの説がある。また、松山藩の藩主が蒲生忠知のときに、近江の日野から持参したという説もある。いずれも、ルーツは滋賀県にあったようである。伊予緋かぶは、松山城の見える範囲でないと、よく育たないといわれ、近年は伊予郡中山町など山沿い地帯が産地となっている。葉柄や葉脈は鮮やかな紫色をしている。根部は扁球形で、全面紫赤色で成熟が進むとやや黒みを帯びてくる。断面の肉質は白で、中には紫赤色のぼかしの入るものもある。皮の部分は、3 cmほどの厚さで濃紫色をしている。肉質は緻密で硬く、甘味に乏しい。カブの香りは強い。加工用専用種である。

根の色素は、アントシアニン系の色素で、かんきつ類などと一緒にするとクエン酸により、酸性になり、赤色はより一層鮮やかに発色する。

9月中旬に播種し、11月下旬～12月中旬に収穫する。ほとんどが、かぶら漬けにする。

清水一寸そらまめ　愛媛県の伝統野菜の一つで、一寸品種群の中ではもっとも大粒で味がよい。茹でてビールのつまみとしておいしいソラマメである。明治の初め頃、大阪府の南河内郡で栽培されていた「河内一寸」が、松山市の北部（現在の松山市清水町）へ移入して栽培されたと伝えられている。愛媛県では、清水町が発祥の地とされている。松山城の見える範囲でないとよく育たないといわれ、松山市内が特産地となった。昭和28年（1953）以降は、青莢用、菓子の原料としての実採り用として、松山市内のほかに、伊予市、松前町などで栽培されている。その後、改良が重ねられ、1さやに2粒、3粒と入っている種類ができている。生の1粒の重さが6.5g前後、長さ34mm前後、幅27mmで下ぶくれのお多福形である。外観からは3粒の「陵西一寸」に人気があるようである。10月上旬に播種し、5月中に収穫する。

うすい豆　うすい豆は、エンドウマメの若い種子を食用とするものの種類。ウスイエンドウともいう。この仲間はグリーンピースといわれるもので、ウスイのほか、アラスカがあり、さらに糖の含有量の多いシュガービーズといわれる種類もある。エンドウには、地中海地方と中国で栽培種がいろいろあり、それぞれ分化して発達した。サヤエンドウと呼ばれる若莢を食用とする品種と若い種子を食用とする品種に大別される。うすい豆は後者に属している。豆を食用とするエンドウでスナップエンドウは、1970年代末にアメリカから日本に導入されたものである。

絹皮《きぬかわ》なす　約300gもある大型の卵形のナスで、果皮は薄く、果肉は軟らかい。愛媛県原産という説と、昭和24年（1949）頃に香川県から導入した三豊なすが、栽培途中で、純粋の絹皮なすと交雑したものであるという説がある。愛媛県内でも、東予地方だけに栽培が限られている。中・南予地方は長ナスを栽培している。地元では、絹皮なすを「ぼてなす」または「ジャンボ」ともよんでいる。焼きナス、糠漬け、煮物などあらゆる料理に向いている。

松山長なす

松山長なすは、もともとは「在来松山長」に由来するらしいが、明らかではない。現在の松山長なすの本名は「晩生本黒長《ばんせいほんくろなが》」ナスである。長さが37cm前後、直径が4.2cm前後、重さは230g以上であり、どこを輪切りしても同じ大きさの果径である。昭和40年（1965）代ころから、本格的な産地化を行い、県外にも出荷している。

ていれぎ

正式名はアブラナ科の「おおばたねつかばな」といわれるクレソン（アブラナ科）のような植物である。自生地のルーツは、松山市郊外の高井地区である。伊予の民謡の伊予節に、「高井の里のていれぎ…」とあるとのことである。松山市では、ていれぎの減少から、昭和37年（1962）に、南高井の「杖の淵」という湧き水量の豊かな公園に自生するていれぎが天然記念物として指定され、地元の保存協会の人によって保存されている。冷涼な気候と水湿気を好むため、畑で栽培した場合は、秋口から発芽し、春によく育つ。現在、愛媛農試ではバイオテクノロジーの手法で栽培している。独特の辛味と香りがある。昔は、殿様に献上する刺身のツマに利用した。

紫《むらさき》長《なが》大《おお》葉《ば》高菜《たかな》

愛媛県固有の伝統野菜。栽培農家の間では「万葉」とよんでいる。愛媛県で広く栽培しているのが「三池高菜」である。紫長大葉高菜は三池高菜に比べると葉が狭く、葉身部が多い。三池高菜よりやや早生種で、耐寒性がある。9月に播種し、11月下旬～3月下旬に収穫する。組織は硬く、生食には向かない。茹でてアクを抜いて利用する。

庄だいこん

南九州系に属するダイコン。名の由来は愛媛県の中予地域にある北条市の庄地区で、明治時代以前から栽培していることによる。根の上部が赤紫色。葉の色はやや淡緑色であるが、中心部の未展開葉部は淡紫色である。根の形は尻づまりの長円形、根首部から根長の3分の1の部分までは赤紫色である。青首種よりも甘い。根の長さは37cm程度、根の直径は9cm前後、根の重さは1.75kg程度である。漬物（桜漬け）に使う。

皿冠《さらかずさ》だいこん　松山市竹原地区で古くから栽培されていた白首のダイコン。昭和50年（1975）頃までは栽培されていたが、耐病性に弱いので、現在は絶滅している地方の品種である。地上部が皿のように開いているので皿冠だいこんの名がある。

女早生《おんなわせ》　愛媛県の川之江市、伊予三島市、土居町を中心とした宇摩地区で、寛永2年（1625）頃から栽培されているサトイモ。昭和16年（1941）頃の栽培量は多かったものの、徐々にほかの品種が導入されたが、結局女早生に定着した。昭和46年（1971）には、宇摩地区は秋冬サトイモの野菜指定産地になった。女早生の芽色は白で、孫イモの肥大がよく、丸形。肉質はやや粘りがあり、味はよい。

おおどいも　愛媛県の伊予大洲《おおず》市を中心に栽培されている。おおどいもは地方名で、分類的には女イモの仲間といわれている。芽色は白で、親イモはずんぐりした短円形で、1～1.5kgと大きい。肉質はきめ細かく、食味はよい。子イモの着生数は少なく小型である。収穫は11月下旬。

愛媛早生　サトイモの品種。第二次大戦後、愛媛県農業試験場が愛媛盆イモより系統分離した品種である。現在は栽培されていないが、この特性を活かした品種の開発を愛媛県農業試験場で試みている。たとえば、「愛媛農試V2号」は、「女早生」を基本として農業試験場によって育成された品種である。

伊予柑　愛媛県を代表する柑橘類の一つ。松山市持田の庄屋の息子・三好保徳によって栽培され、広められた。松山市の宮内氏の園地で、新品種の「宮内いよかん」が発見された。

白いも　新居浜市、大島で栽培されているサツマイモの在来種。大型紡錘形、皮色は白、粘りがあり甘い。自家用消費のほか、焼酎、菓子、ファーマーなどに利用されている。

地いも　愛媛県久万高原町の中心に、古くから栽培されているジャガイモの在来種である。小形で皮は淡黄褐色で、粘質、煮崩れは少ない。

地域の野菜料理

絹皮なす（焼きなす）／いもたたき／清水一寸（塩茹で、炒めもの）

加工食品

伊予緋かぶの塩漬け（緋かぶら漬け）／庄だいこんの塩漬け（桜漬け）

39 高知県

みょうが

地域の特性

高知県は、四国の南部に位置し、北は四国山脈により徳島、愛媛両県に接し、南は太平洋に面して扇状になっている。太平洋に面しているため、遠洋漁業も盛んであるが、沿岸で漁獲される海の幸にも恵まれている。平地は、中央部の高知市付近の高知平野と、そのほかの海岸地帯や河川流域にわずかに存在しているだけである。県中央部を縦断する仁淀川の河口を境に、東西の海岸の様相はまったく異にする。東は浦戸湾を除いては、ほとんどが出入りのない隆起海岸で、西は浦の内、須崎湾を始め沈降による入り江が多く、山と絶壁が海に迫った岩礁のリアス式海岸である。

天候は、四国山脈が冷たい北風をさえぎり、太平洋を流れる黒潮により温暖な気温となっている。1年の平均気温は16.4℃、年間日照時間は2107時間である。この気象条件を活かして、平地の栽培面積は狭くても、ハウスやトンネルといった施設を利用した野菜の栽培が行われている。施設栽培による野菜としてはショウガ、ナスの生産量が多い。

農林水産省野菜試験場育種部の「野菜の地方品種」(1980年)によれば、高知県には、ナスの「十市《とおち》」「初月《みかづき》」、カブの「弘岡」、ピーマンの「昌介《しょうすけ》」の4種しかない。このことは、高知県は、古くから野菜の不時栽培(促成栽培)を試みるとともに、生産物の県外への移出を目的としていたことと関係していると考えられている。

知っておきたい地野菜・伝統野菜

十市《といち》なす

高知県のナスの栽培は、文政4年(1821)に和歌山県熊ノ浦から「鉄奨茄」とよばれる系統が高知市種崎に導入されたことから始まったといわれている。導入後、各地で自家採種による選抜が行われ、明治年間には「福井」(現・高知市旭)、「新居《にい》」(現・土佐市新居)、「初月」(現・高知市初月) などの品種が開発された。明治時代には、さらにいろいろな品種が開発され、今なお、品種改良は続いている。「十市」は南国市の山本氏が、昭和6年 (1931) に高知県吾川《あがわ》郡春野町の前田氏から導入した系統に起源する。「初月」と「真黒《しんくろ》」の自然交配によってできた品種である。25g〜30gで、一口サイズの大きさで収穫される小ナスの仲間である。卵形の果実で、光沢があり、果皮は濃い黒紫色で硬い。天ぷらや煮物に適している。最近は、漬物用としての需要が増えている。生産は、ハウス栽培で、周年収穫できる。

十市在来ししとう

高知県のシシトウの起源は、京都の田中ししとうにある。昭和13年 (1938) に和歌山県から高知県南国市前浜へ移住した人によってもち込まれたといわれている。高知県園芸試験場が、シシトウの品種改良を行い、海岸部から選抜した長形のものを「十市在来ししとう」、別名「十市長形ししとう」とよんだ。内陸部の水田地帯から選抜したものを短形のものに系統化した。果実は円筒形で、長さが5〜6cm、直径は1.1〜1.5cmである。

昌介

ピーマンの品種。香美郡野市町深淵地区で、昭和31年 (1956) に三重県より「三重みどり」という品種を導入した。昭和35年 (1960) に寺田昌介という人により、「三重みどり」から改良された品種が「昌介」である。果実の長さは9.5cm前後、果実の径は4.1cm、果肉の厚さは2.2mm前後である。

弘岡かぶ

弘岡かぶの起源については諸説があるが、聖護院かぶ、潮江かぶ、天王寺かぶなどの交雑種と推察されている。弘岡かぶには根の形がやや扁平しているものから縦長までのいくつかの系統がある。それを品種改良し、現在の形にした。白く滑らかで美しい肌である。肉質は軟らかくべったら漬けに適している。葉の長さは60〜70cm、幅20cm前後。カブ (根) は、腰高の扁円形で、重さは800g〜1000gに肥大する。弘岡地区で栽培しているが、施設園芸の発展とともに栽培面積は減少している。主に、加工業者に引き取られ、べったら漬け、酢漬けに加工され、関西方面へも出荷されている。

土佐ぶんたん 昭和４年（1929）に開設された高知県農事試験場に、「法元文旦」が植えられたのが原木となっている。昭和18年（1943）に、土佐市の宮地氏がこの苗木を譲り受け、数々の改良を加えて、温州みかんに代わる高知の特産物とした。１玉１kg以上もある大玉の果実である。黄色系の柑橘の甘さの成分は果糖で、上品な甘さと酸味のバランスがよい。また、爽やかな香りとみずみずしさを感じる。

しょうが しょうがの生産量は、千葉県に次いで２番目である。高知県では窪川町、土佐市、南国市などを中心に栽培されている。

みょうが 日本原産の野菜である。北海道から沖縄まで自生している。927年の「延喜式」にも記録されていることから、古くから食用としていたことがわかる。地下部にある多肉質の地下茎から花茎を出し、その先が地上部に現われた部分を「花みょうが」として利用している。秋に収穫する秋みょうが、夏に収穫する夏みょうががある。独特の香りと辛味は、生食を主体とする日本料理を引き立たせる働きがある。

ミカン類 温州みかん、ポンカン、ひゅうがなつ

いたどり 山菜の一種。タデ科の多年草で春先に紅紫色の芽を出す。若い茎の部分は甘すっぱく、幼苗にはトラ模様の斑点がある。

その他の野菜 にら、アールスメロン、みょうが、きゅうり、山菜（イタドリ）、おくら、小ねぎ（青ネギ）、いんげん（銀不老）

地域の野菜料理

いたどり（酢の物、和え物、炒め物）

加工食品

弘岡かぶ（べったら漬け、酢漬け）／ユズの酢

40 福岡県

黄いんげん

地域の特性

福岡県は県の中央部に筑紫山地があり、南部には耶馬渓溶岩台地、筑肥山地、耳納《みのう》山地がある。各地の山地の間には、行橋《ゆくはし》平野、直方《のうがた》平野、福岡平野、筑紫平野などがあり、水田や畑地を形成している。福岡県は、九州の北東部に位置し、北は玄界灘・響灘、東は周防灘、南西に有明海に面している。海も平野もあって、古くから海の幸、山や野の幸に恵まれている。福岡地方は日本海側気候に、北九州地方の瀬戸内海沿岸部は瀬戸内式気候に属し、内陸部の筑豊地方は寒暖の差の大きい地区である。福岡地方の野菜は、温暖な気象条件を活かした秋冬野菜の品目が多く、また城下町、港町、商業の町なので人と人との交流が盛んな時代に特産化した野菜も多い。

知っておきたい地野菜・伝統野菜

大葉しゅんぎく

「鍋しゅんぎく」の商品名がある。北九州地方の初冬から早春の鍋料理に使われる芳香野菜で、葉が丸く茎の伸長の少ないシュンギクである。葉が厚く軟らかく、香気のあるのが特徴。山口県下関市から伝わった野菜といわれ、下関のフグ料理には、欠かせない野菜となっている。鍋料理の彩りには、「フグの白」「豆腐の白」「ハクサイの淡緑色」の中に「大葉しゅんぎくの緑」を加えるのが、博多流である。大葉しゅんぎくを軽く湯にくぐらせて、フグの刺身をくるんで食べるのも博多流の食べ方。北九州から広島まで販売されている。

博多中葉《ちゅうば》しゅんぎく

博多では、「くきしゅんぎく」とよび、鍋の中では葉の香りとともに茎の歯ざわりを楽しむ野菜となっている。地元の種苗会社により採種され、その種子が福岡市近郊の農家に供給されて広がったものである。家庭用、業務用をあわせ、周年出荷できるよう、パイプハウスでの栽培が行われている。

福岡県内では、北九州近郊が大葉しゅんぎく、福岡市近郊が中葉しゅんぎくの産地となっている。各々の地域のスーパーや八百屋でも、大葉、中葉が地域ごとに分けられて販売され、地域の食文化と密接な結びつきがみられるという。ハウス栽培なので、生育は早く、葉は軟らかい。水炊き、すき焼きなどの鍋料理のほか、茹でてお浸し、和え物、茶碗蒸しの具、サラダや生ジュースにも利用されている。

三池高菜

明治30年（1897）代に、中国四川省からタカナが日本へ導入されたときに、福岡地方にも散らばり、土着したものと考えられている。福岡へ伝わった柳川高菜は、佐賀県東松浦郡相知《おうち》町で紫高菜と自然交配し、相知高菜として生まれた。その相知高菜から、三池地方で篤農家や立花農業試験場により、肉厚の三池高菜が選び出された。三池高菜は、主に春どりで、9月下旬〜10月上旬に播種し、4月中旬から収穫する。

漬物加工業者との契約栽培が多い。一般には、漬物、とくに古漬けを調理する。和風、洋風、中華風さまざまな料理に利用されている。

山潮菜《やましおな》（山汐菜）

別名「あぎおち菜」。享保10年（1726）に筑後川が氾濫した際に、中流の中洲にたどりついた種子が自生したと伝えられている。山崩れが起きたことから「山潮が起きた」といわれ、「山潮菜」の名がついたといわれている。発祥の地は、福岡県三井郡弓削村鳥巣（現・北野町鳥巣）といわれている。この地は、筑後川の肥沃な沖積土壌地帯で、野菜類が栽培されていると同時に、おいしい漬物もつくられることで知られている。山潮菜の独特の香りと辛味は、酒の肴や茶漬けの友として利用されている。筑後川地方では、鼻にツンとくる独特の香りの山潮菜の漬物で温かいご飯を食べるのが、風物詩となっている。山潮菜はカラシナの仲間で、秋蒔き、春蒔きがあり、40cmほどに生育したものを収穫する。

博多金時にんじん

福岡市箱崎地区で、金時にんじんと在来種の博多にんじん（黄色種）を交配させてできた

「いぼなし金時」から、さらに優良系統を選抜してできたイボ（皮目）の細かい肌のきれいなものが「いぼなし金時」である。昭和30年代から5寸ニンジンの普及に伴い姿を消したが、現在は熊本県の行橋市で栽培している。根長30cm前後、首径6 cm前後の肩の張った大型のニンジンである。夏蒔きで、冬から早春に出荷。肉質は軟らかく、しまりがある。甘味もあり、香りもよい。煮物（煮しめ、がめ煮）、キンピラ、酢の物、和え物に利用する。

かつお菜

タカナの一種で、カラシナの仲間である。博多地方では古くから土着している在来のタカナである。葉は濃緑色で縮みが多く、中肋《なかろく》の大きさは中ぐらいで丸みを帯びている。晩夏から秋にかけて播種し、冬～4月頃まで収穫する。冬の緑色野菜として欠かせない。三池高菜に比べるとやや小さい。アクが少なく、肉質が軟らかである。煮物に適していて雑煮、鍋物に利用される。浅漬けにも使われる。博多の雑煮には欠かせない野菜で、「餅の白色」「シイタケの茶色」「淡い褐色の汁」「緑色のかつお菜」の彩りがよい。さらに、かつお菜はかつお節に負けないほど味が出る。

博多新ごぼう

福岡の春を代表する野菜で、北九州市場ばかりでなく京浜地区でも人気である。短ゴボウで、1袋150 gと小さい包装で流通している。春の若い時期に掘り出すのが特徴である。久留米地方では1700年以上も前から筑後川流域の畑地で、このゴボウのもととなる「千代島ごぼう」という銘柄を栽培していた。博多新ごぼうは、千代島ごぼうをベースに、早生で太い、東京の「渡辺早生」を活用してつくられたゴボウで、アクの強さを感じない。ゴボウを浸しておいた水も、色がつかないほどポリフェノール類の少ないゴボウである。食感は硬く、歯ざわりがよい。細く軟らかく、切りやすいという特徴がある。水田でつくられるという水田ゴボウとして注目されている。

博多なばな

京築《けいちく》地区在来種のミチノクナタネ、宮内菜などを活用してできた花菜である。8月下旬～10月上旬に播種し、11月上旬～翌年3月まで収穫する。側枝の摘み取りは長さ23cm以上のものである。煮物や炒め物で食べる。

三毛門《みけかど》かぼちゃ

日本カボチャの一種。天文10年（1541）、豊後国（現・大分県）に漂着したポルトガル船が、大友宗麟《おおともそうりん》に献上したカボチャの種子を、譲り受けた豊前国（現・福岡県）の土豪が自分の領地（豊前市三毛門地区）で栽培したのが、本種が広まった由来と伝えられている。昭和3年（1928）には昭和天皇に献上され、広く知られるようになった。重さ5～10kg、果皮は白みがかった黄色で、縦に溝がある。水分が多く、ねっとりしている。三毛門春日神社の秋の大祭で献上される。団子汁に入れて食べる。

合馬《おうま》たけのこ

福岡県北九州市小倉南区合馬地区で栽培されている高品質の生タケノコ。皮や肉質は白色で、幼根も白色で「白子」ともよばれている。合馬地区は孟宗竹が広がり、タケノコ栽培に適した良質の赤褐色の粘土質土壌であるので、タケノコの産地として知られるようになった。朝掘りのタケノコはアクが少ないので、刺身や焼きタケノコで賞味できる。

黄いんげん

最近、利用されはじめたカラーインゲンの一種である。茹でると薄黄緑色に変わる。イタリア料理などに使われている。

その他の野菜

久留米長なす、さといも、ほうれん草、博多万能ねぎ、キャベツ、だいこん、ちんげんさい、ブロッコリー、小葉しゅんぎく、小かぶ、はくさい、えだまめ、きゅうり、トマト、ラビットスイカ、しいたけなど。

地域の野菜料理

山潮菜（菜焼き、一夜漬け）／三毛門かぼちゃ（団子汁）／博多水炊き

加工食品

三池高菜（塩漬け）

41 佐賀県

モロヘイヤ

地域の特性

佐賀県は、九州の北西部に位置し、北は玄界灘、南は有明海に面し、海の幸に恵まれているが、玄界灘と有明海は性格の異なる海域である。気候は、大きく2つに分かれる。県の北部が日本海気候で、比較的荒い。南は内陸性の気候に属している。県の東部には、標高1000m級の脊振・天山などの山々があり、南の有明海に向かって佐賀平野が広がっている。

山間で、ダイコンの短冊の乾燥品「かんころ」、山菜などの乾燥野菜や干し柿づくりができるのは、冬は寒く乾燥しているからである。

佐賀県における野菜の産地化については、昭和45年（1970）に始まったといわれるから、歴史は非常に浅い。現在の野菜の主産地では、明治、大正、昭和に渡り、有明海の干拓事業によってできた耕地で入植者が行っていた水田が主であった。地方野菜として残っているのは、山麓地帯にみられるダイコンやシロウリ程度であった。現在は、地元のJAや生産者が生産の拡大や保存に取り組んでいる。

また、佐賀県はハウスみかんの栽培が盛んで、甘い温州みかんの「佐賀みかん」は全国に知られている。

知っておきたい地野菜・伝統野菜

女山《おんなやま》だいこん　江戸時代から、佐賀県多久市西多久町猪鹿《ちゅうろく》地方では、女山（標高685m）一帯でダイコンの栽培が広がった。そのために、女山だいこんの名がある。特徴としては、土から出ている部分は、赤紫色をし、葉脈も赤紫色をしている。肉質は緻密で、甘く、食味もよい。根の長さは80cm前後、重さは10kgにもなる。昭和初期にミカンの栽培が盛んになり、ダイコン畑がミカン畑に転作されるようになった。そのときに、現在のような小形のものが栽培されるようになり、それが続いている。秋蒔き、冬採りのダイコン。

佐賀青しまうり

シロウリの在来種で、佐賀県多久市管内で栽培されてきたが、青大しまうりやマクワウリなどとの交配も行われ、現在の改良種である「佐賀改良青しまうり」ができ、現在多久市を中心に栽培されている。漬物に加工すると歯切れがよく、長い間おいても軟らかくならないことから、漬物用として市場性のあるシロウリである。果実は短形で、丸みを帯びている。果皮は淡い緑色である。もっぱら粕漬けに使われる。加工業者との契約栽培が多いが、市場出荷もされている。

モロヘイヤ

原産地はアフリカまたはインド西部であるといわれている。本種は成熟すると繊維作物となるが、若い枝葉は野菜として利用している。日本へは1970～1980年代にエジプトから導入された。モロヘイヤはエジプト語では、「王家の野菜（mulūkhiyaya）」の意味だそうである。食用とする葉は濃い緑色で、長さ5～10cmの楕円形で、刻むと粘りが出る。食物繊維、カリウム、カルシウム、鉄、カロテンなどの含有量が多いことから健康食品として注目された。スープの実、炒め物などに利用する。刻むと「とろろ」のようになることから、とろろのようにも利用される。佐賀県では、県独自が推奨する農産物としている。

その他の野菜

佐賀こねぎ、とうがん、こんにゃく、水いも、さといも、れんこん、アスパラガス、きゅうり、なす、ほうれん草、キャベツ、レタス、はくさい、トマト、ピーマン、ちんげんさい、セロリ、ブロッコリーなど。

地域の野菜料理

のっぺ汁（のっぺい汁）／おくんち煮込み

加工食品

佐賀青しまうり（粕漬け）／高菜漬け

42 長崎県

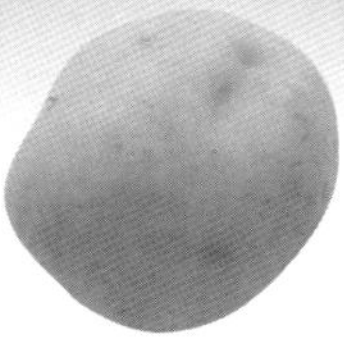
出島じゃがいも

地域の特性

長崎県は、多くの半島と、およそ600に及ぶ島々によって構成されている。屈曲の多い海岸線と、長崎や佐世保の2大港湾を始め多くの良港がある。島原半島は、雲仙岳から有明海、橘湾に放射状に広がる山麓や洪積台地から構成されている。この地域の表層地質は、火山灰などの影響による地質で、栽培できる農作物はジャガイモなどの根菜類である。黒ぼく土地では、葉菜、茎菜、長根菜なども栽培されている。一方、長崎、野母半島、西彼杵半島は山地と台地が多く、また宅地化や都市化が進んでいるので耕作面積は小さく、近郊野菜やビワやミカンの栽培が行われている。

長崎の町の人の食生活は、中国、オランダなどの食文化の影響もあり、非常に高度な食文化が醸成されている。そのことから、長崎はくさい、じゃがいも、高菜、わけぎ、にんじん、赤かぶ、しょうが、なんきんいも（赤芽サトイモ）など、多種多様な外来の野菜をつくるようになったといわれている。

知っておきたい地野菜・伝統野菜

長崎はくさい

長崎はくさいは、半結球のツケナで、古くから長崎の人々の食生活に深く浸透している。栽培途中の間引き菜は浅漬けやお浸し、油炒めにし、生長したものは漬物や、鍋物の具、正月の雑煮に使う。長崎はくさいは、明治時代につくられていた「唐人菜」とよばれるターサイやサントウサイから、外観、品質の優れた新しいタイプを選抜して生まれたものである。明治、大正期には、長崎近郊より山手の地方に広まり、淡緑色で縮みのある早生種が栽培され、低地の年明け遅出し用としては黒葉の晩生種が広まった。早生種は、葉柄が軟らかく、中心葉が黄色で軟らかい。9月中旬〜年内の収穫である。

晩生種は、葉の色は濃緑色で光沢があり、縮緬状のシワがある。1月～2月に収穫する。長崎では不可欠な野菜である。

長崎高菜

「長崎聞見録」(広川獬、1797)によれば、長崎に多く、ほかのところでは見かけないカラシナのようなものと記載されている。明治時代には、長崎近郊に長崎大からしな、郡部に平大からしなが栽培されていた。これらは、長崎の人々に愛好されていた野菜のようであった。長崎高菜の特徴は、タカナや葉カラシナ類ではもっとも葉が軟らかく、辛味はそれほど強くない。茎(葉柄)は細くて半月型に丸い。漬物に使われることが多いが、若採りは浅漬けに使われる。7月～9月下旬に播種し、年明け～3月頃まで収穫する。収穫し次第漬物に加工する。浅漬け用は、秋に直下蒔きし、随時、早採りする。

雲仙《うんぜん》こぶ高菜

昭和22年(1947)頃に、中国から引き上げた人が、もち帰った種子を雲仙の山麓の吾妻町で栽培し、選抜したのが始まりと伝えられている。もともとは、コブタカナは中国の華南・華中にかけて分布しているタカナである。生長した株は、コブごと刻んで浅漬けにする。コブの部分は歯切れがよく、おいしいと評価されている。9月下旬に播種し、12月～翌年2月に収穫する。

長崎赤かぶ

長崎赤かぶは島根地方の赤カブにも似ているようで、古くから栽培されている。古くは長崎市片淵というところで栽培されていたので「片淵かぶ」ともいわれた。漬物などへの適応性を考えた長年の選抜、育成、品種改良により、現在の長崎赤かぶの外形は、牛角形から丸形に変わった。生育は極めて早い。播種して40～50日で150g程度の玉となる。10月上旬になるとスが入りやすいので早めに収穫する。スライスして三杯酢に漬けた三味漬《さんまいづ》けに合う。

長崎長なす

明治～大正初期にかけて長崎市三川町で栽培されていたものが、現川《うつつがわ》町で選抜育成され、長崎の重要な野菜として広まった。昭和40年(1965)代に、本格的な栽培と育種が行われ、首の部分の肉づきがよく、先端部の形状がよく、果皮の照りのある「新長崎長なす」となって、流通している。

出島じゃがいも

ジャガイモの原産地は南米アンデス高地といわれている。16世紀初めにヨーロッパへ伝わり、日本には1601年（慶長6）にオランダ船がジャガタタラ（現在のジャカルタ）から長崎へ導入され、「ジャガイモ」といわれるようになったと伝えられている。ジャガイモの導入の歴史的場所として、長崎の出島の名をつけた品種は、春と秋の二期作として、長崎県総合農林試験場で1971年（昭和46）に育成した品種で、長崎県の特産野菜となっている。春、秋ともに西南暖地で栽培している。イモの形は球形あるいは偏球形で、窪みは浅く、淡黄色である。肉質はやや粘質で食味はよいと評価されている。主として、収穫後短期間で、青果用として利用される。

大しょうが

大しょうがが、明治30年（1897）頃に、台湾から長崎市郊外の矢上村戸石にもち込まれて栽培されたのが最初である。その後、島原半島西部や佐世保にも広がった。ハウス栽培も可能になり、すしのガリショウガに代わり、香りとうま味が人気となった。第二次大戦の終戦後、ショウガを取り巻く問題が発生したことから、経済連による生産者流通体制が確立した。昭和45年（1970）以降、機械化による合理化、病気の発生などにより生産が不安定となる。そこで、安定した地方野菜の生産のために、いろいろな努力が続けられている。輸入ショウガが増加しているところから、関係者は、「地産地消」としてのショウガの栽培、流通を検討している。

わけぎ

長崎小玉（早生）、中玉（中生）、長崎大玉（晩生）がある。長崎小玉は、葉が細かくて繊細で、35cmほどになる。長崎大玉は、生育が旺盛で40cmほどになり、葉の幅も広い。秋から春先の冷涼な時期に収穫する。

長崎では、わけぎは2000年前ほどから利用されていた。一般には、クジラ料理や魚の刺身に薬味としてわけぎを使うほか、北部九州では、ぬた（酢味噌和え）にして食べる。

夏ねぎ

長崎での夏ねぎは、わけぎに似た小ネギである。初夏～真夏を中心に初冬まで収穫する。夏ねぎが栽培されるようになったのは、第二次大戦の終戦（昭和20年）以後である。長崎市の田手原《たでわら》から始まったといわれている。害虫や病気に強く、1年中収穫できるので、長崎の野菜として勧められている。夏ねぎは濃緑色で、長さが30～35cm。軟らかくて、葉先の痛まないものが好まれている。

その他の野菜　黒田五寸にんじん、にんにく、茂木びわ、温州みかん

地域の野菜料理

長崎はくさい（若どり葉の浅漬け、油炒め、お浸し）／長崎高菜（若どり葉の浅漬け）／具雑煮

加工食品

長崎はくさい（唐人菜ぶらぶら漬け）／長崎高菜（塩漬け）／長崎赤かぶ（三味漬け）

43 熊本県

水前寺菜

地域の特性

熊本県は、九州の中部に位置し、東と南は九州山地に区切られ、北は筑肥山地で福岡に接し、西は有明海と八代海に面している。その西南には、天草の島々が散在している。九州山地に源を発する菊池川、白川、緑川、球磨川などの大きな河川は、熊本平野、菊池平野、八代平野を流れ、これらの平野を潤し、豊かな農作物の生産地を形成している。気候は、冬は太平洋側気候に属し比較的温暖であるが、冬と夏の寒暑の差が激しいのが特徴である。

知っておきたい地野菜・伝統野菜

水前寺もやし

大豆モヤシ。「肥後国誌」（明和9年、1772）によると、昔から熊本地方では、正月の雑煮には欠かせない野菜であった。水前寺もやしは阿蘇の伏流水が湧出する水前寺、江《え》津《づ》湖の湧水を利用して、正月用のモヤシとしてつくる。現在は、栽培に適している地域の都市化、後継者不足により数軒の農家が細々と栽培しているのみである。水前寺公園の下手、江津湖の湧水も減少しているのが現実のようである。

大豆モヤシの種子は、阿蘇方面の緑大豆が使われていたが、現在は自家採種の種子を使っている。播種は、正月に合わせて、12月10日～15日に行い、播種後10～15日で収穫する。熊本地方で雑煮に水前寺もやしを使うのは、お節料理の黒豆と同じように健康と長寿を願うことからである。歯ざわりがよいので、和え物、すき焼きにも使う。

熊本京菜

コマツナの仲間。古くは「肥後京菜」といっていた。細川忠興公（1563～1645）が筑紫の城主から肥後の城主へ藩替えする折に、この種子を持参したと伝えられている。植物学的には、熊本京菜は丸葉京菜と東京小松菜の混合系であるという。葉は丸葉系で楕円形、茎は太く、葉の色は濃く、葉の表面は淡い色。熊本市郊外でのみ栽培され、古くは、正月の雑煮に使った。現在は、小松菜のほうに人気があり、本種の栽培面積は減少している。正月に間に合うように10月下旬に播種し、12月中旬に収穫する。

水前寺菜

キク科の多年草で、九州、沖縄、台湾に分布する「ハルタマ」「金時草」「ハンダマ」と同じ野菜である。宝暦9年（1759）に中国から京都へ伝わり、そこからどのように熊本へ伝わったかは明らかではない。葉を熱湯に入れると、スイゼンジノリのように軟らかくなるところから、水前寺菜の名がついたといわれている。現在、熊本県では葦北郡芦北町、玉名郡、三加和町などにわずかに栽培農家がいる程度である。一部はハウス栽培を行っている。草丈は60～100cmに達する。株は地面にはうように生育する。葉は針状で表は緑色、裏は紫色をしている。熊本県では4月～11月まで露地栽培をしている。収穫は新芽の先の20cmほどを摘み取る。茎葉に粘液があるので、熱湯でアクを抜いてから澄まし汁の実、味噌汁の実、三杯酢などで食べる。

鶴の子いも

阿蘇郡高森町の「高森田楽」に使うサトイモである。「石川早生」系のサトイモで、現在はほとんど流通しておらず、自家栽培のみで確保し、契約栽培を行っている。白芽で子イモは長形で、数が多い。肉質は硬く粘りがあるので、串に刺したときに固定される。4月頃播種し、11月上旬頃収穫する。

阿蘇高菜

カラシナの仲間である。阿蘇地方の冬季に成育する唯一のツケナといわれている。阿蘇高菜には、阿蘇谷を中心として分布する「丸葉系」、小国地方に分布する「小国系」、南阿蘇・波野方面に分布する「むらさき系」、久住高原に分布する「あざみ葉系」がある。現在、もっとも中心に栽培され、流通しているのは「丸葉系」であり、漬物用に流通している。阿蘇地区は、昔から肥沃な土地で、「タカナ畑」とよばれていた。収穫は3～4月で、収穫後漬物に加工する。漬物はピリッとした辛さが人気である。

黒皮かぼちゃ

大正10年（1921）頃から栽培を始めている。昭和10年（1935）には八代、宇城地方でも栽培している。その後は、「肥後早生１号」「肥後早生２号」「熊本早生黒皮」などに品種改良され普及している。カボチャもハウス栽培が可能になってから再び品種が改良されている。現在の播種は11月上旬、12月中旬に定植、２月下旬～６月上旬に収穫となっている。黒皮かぼちゃの種子は、熊本県経済連で採種し、一般には県外に出さない。

熊本長なす

宮崎県の佐土原長なすの改良品種で、大正14年（1925）頃から栽培に取り組んでいる。熊本長なすとして統一されたのが昭和５～６年（1930～1931）である。昭和40年（1965）に入り、施設の大型化や主産地形成が進み、栽培効率のよいいろいろな品種を開発している。熊本長なすの栽培面積は小さいので、現在の「地産地消」の目的のみに「熊本長なす」または「赤ナス」として販売している。果肉は軟らかく、種子が少ない。ナスの味噌よごし、焼きナス、ナスの辛し和えなどで食べる。

一文字《ひともじ》

ワケギ（ユリ科）に対する熊本地方の呼び名である。ネギよりも葉が細くて甘い。熊本の郷土料理には「一文字のぐるぐる」がある。

地域の野菜料理

のっぺい汁／いきなり団子／一文字のぐるぐる

加工食品

切りかけダイコン／豆腐のみそ漬け／辛子レンコン／阿蘇高菜（塩漬け）

44 大分県

かぼす

地域の特性

大分県は、九州の北東部に位置し、北東側が瀬戸内海に、東側が豊後水道に面している。気候は、南東部が南海型気候、西・中南部の山地地方は山岳気候、瀬戸内海に面する地域は温暖な瀬戸内式気候に属する。大分平野はあるものの、山地、台地、火山も多く、複雑な地形なので、耕作地には制限があり、各農家の耕作規模は小さいが、特色ある農業を営むことができる。

知っておきたい地野菜・伝統野菜

かぼす

大分県の特産品となっている。樹齢200年以上の果樹もある。全国生産の 9 割は大分県で、竹田市、臼杵市が主産地である。かんきつ類の中でも特有の風味があり、料理の酸味と風味付けに使われている。古くから果汁を食酢の代わりに利用してきた。江戸時代に、医師の宗源が京都からもち帰った苗木を臼杵地区に植えたのが始まりといわれている。

ちょろぎ

豊後の竹田地方ではちょろぎを、300年以上も前から各家庭で少しずつ栽培していて、お祝いの料理やお茶うけに重宝に使われていた。やや標高の高い竹田地区だけで育つもので、日本では、竹田地区のほか岐阜県で栽培されている。ちょろぎはシソ科に属し、「甘露木」「千代老木」「長老芋」「松露花」と書き、中国では縁起のよい植物とされている。竹田地区では、梅酢に漬けたものを販売している。塩漬けや梅酢漬けなどの保存食のほか、焼いて塩を振りバター炒めにしたり、吸い物に使われる。

久住高菜　江戸時代の頃の参勤交代の際にもち運ばれたといわれるタカナの種子を、久住地区に植えたのが、久住高菜の起源と考えられている。久住高原を中心に中山間高冷地帯では、古くからタカナを栽培している。竹田地区で栽培しているタカナは、葉の刻みの深いあざみ葉系と、アントシアンの強い紫紅色の紫系である。久住高菜の葉は軟らかい。茎の長さが20～40cmに生長した3月下旬～4月上旬に収穫する。また、密生した葉が伸長し始め、軟らかい彼岸の時期に摘み取り、自家用の漬物として、独特の風味を楽しんでいる。

臼杵《うすき》の大しょうが　本種の種ショウガは、四国から導入したものである。昭和30年（1955）頃までは栽培面積は増加したが、その後減少し、平成時代に入ってからは、自家用程度の栽培となっている。すなわち、昭和50年（1975）頃からは、栽培地の地力の低下、台湾産の塩漬けショウガの輸入、腐敗病の増加により、大分県ばかりでなく、国産物の栽培面積が減少した。

青長地這《あおながじはい》きゅうり　別府市内の篤農家が、大正時代から門外不出の青首キュウリを自家採種して栽培を続けていたものである。毎年、6月～10月まで定期的に別府の市場へ出荷し続けている。病気に強く、肉厚で、表皮の緑色と肉部の白色のコントラストが、料理を引き立たせる。

やそぜり　九州地方の山間高冷地一帯の湧き水や清流で栽培される西洋ゼリ（クレソン、アブラナ科）を、やそぜりという。江戸時代にオランダ人がもち込んだオランドミズガラシである。大分県の湯布院町、九重町、久住町、直入町などの各地域で栽培されている。これらの地域は、大友宗麟がキリシタン文化をもたらしたところであり、徳川時代は隠れキリシタンとして信仰を続けた殉教の地でもあった。湯がいて白和え、胡麻和えで食べる。

しいたけ　どんこ、こうこ、こうしんなど、大分県の干ししいたけの生産量は、日本一である。日本におけるしいたけの栽培は、江戸時代に、豊後国、佐伯藩の源兵衛によって始められた。

その他の野菜

肥後紫なす

地域の野菜料理

やそぜり（湯がいて白和え、胡麻和え）

加工食品

ちょろぎ（梅酢漬け）／久住高菜（からしな漬け）

45 宮崎県

日向かぼちゃ

地域の特性

宮崎県は九州南東部に位置し、県土の約75％は山地が占める。東は太平洋（日向灘）に面しており、気候は温暖多雨な南海型気候に属する。宮崎県の地形は、海沿いの平野部から海抜1000 mの九州山地の付近まで、標高差のある農地である。五ヶ瀬川、耳川、一ツ瀬川、大淀川などが平野を横切り日向灘に注いでいるので、平野部は水資源には恵まれている。

知っておきたい地野菜・伝統野菜

日向かぼちゃ

宮崎県を代表する特産野菜として知られている。「黒皮かぼちゃ」といわれ、果皮は黒緑色であり、縦溝があり、果面にコブがあるのが特徴である。日本料理の煮物に適し、煮崩れはしない。完熟したものはきめ細かく、粘質がかった食感で、味もよい。日向かぼちゃは、明治28年（1953）頃から昭和の初期にかけて、宮崎市の傾斜地で、各種のカボチャの栽培を試みている。千葉県からの「千葉黒皮」、「富津黒皮」などを導入し、品種改良に努め、「日向14号」をつくり出した。その後、時代の要請でカボチャのサイズは小型化された。現在、日向かぼちゃの代表品種は「宮崎早生１号」である。

昭和初期から日向かぼちゃは人気があったが、洋種カボチャの導入により人気がとられるようになってしまっている。

夕顔かぼちゃ

日本カボチャの一種で、ヘチマのように長いので「ヘチマかぼちゃ」ともよばれている。

本種は、自家用を中心に栽培されている。つるは四方八方にはい回るので、畜舎などの日避け植物として栽培されている。放任づくりでも秋には収穫できる。果肉の色は黄色から黒色に近いものまでまちまちである。食味も粉質から粘質までいろいろある。

鶴首かぼちゃ

日本カボチャの一種で、もとは中国から伝来したものであるといわれている。第二次大戦中は、サツマイモと一緒に栽培されていた品種でもある。鶴首のように長く、棒状のものもある。果肉は橙色、肉質は粉質で甘味もある。種子は下部にしかないため料理がしやすい。

在来白皮にがうり

最初の頃は、垣根づくりの家庭菜園として利用し、できた果実は、家庭で油炒めや煮つけにして食べていた程度である。昭和40年（1965）代頃から、おそらく沖縄料理の普及によると思われるが、ニガウリの需要が徐々に増えたので、栽培面積も増えていった。その後、ハウス栽培を行うようになった。最近は、苦味が少ないマイルドな沖縄スタイルのゴーヤとの交配種が主流になってきているが、苦味のある本種もわずかに栽培されている。

在来青皮にがうり

宮崎県の都農《つの》町で栽培しているのが「都農青」という淡緑色の果皮のニガウリである。そのほかの青皮にがうりには、「宮崎青長」、「宮崎こいみどり」などの品種が開発されたが、宮崎では栽培しておらず、種子だけ保存されている。宮崎のニガウリは白皮系で統一しているようである。

佐土原なす

佐土原なすは長ナス系で、第二次大戦前から宮崎県ばかりでなく九州の各地で栽培されていた。九州の露地栽培のナスとしては重要な品種であった。「佐土原なす」とよばれるようになったのは、大正期の終わりである。江戸時代から佐土原藩はナスの栽培の中心となっていたようである。果皮の最初の色は紫黒〜赤紫であるが、夏になると退色して赤紫色となる。

白なす

鹿児島県と接する西諸県《にしもろかた》郡では、淡緑色の通称「白なす」が、自家用で栽培されている。本種は「薩摩白なす」と同系と思われている。第二次大戦前から栽培されていて、現在も旨の薩摩藩であった地域には残っている。長さは20cmほどの長ナスである。煮たり、汁の具に入れても煮崩れや汁の濁りがないので便利である。

平塚かぶ

熊本県の県境の椎葉《しいば》村で栽培されている平家かぶの仲間である。白カブでヒゲが多い。葉は緑色で大ぶりである。天から降ってくるように生育するので、地元では「降ってカブ」の呼び名がある。根は食べないで抽苔《ちゅうだい》した花蕾や茎葉を食べる。平家豆腐という豆腐に混ぜて食べる。

糸巻きだいこん

熊本県との県境にある西米良村で栽培している珍しいダイコン。ダイコンの皮に紫色の糸が巻きついたように帯状になっている。このことから「糸巻きだいこん」の名がある。一つひとつ色も形も、帯状の色の形も違う。直径は10cmほどである。調理しても煮崩れしにくく、食感はカブのように軟らかい。毎年盆過ぎに播種し、10月下旬～11月にかけて収穫する。

すえだいこん

椎葉村に昔から伝わる根の短いダイコン。「平家だいこん」ともよばれる。現在でに、わずかしか栽培していない。正月前の暖かい日に掘り起こし、葉を切り取って埋めて長期間保存し、おろしや煮込みに使う。辛味が強く、肉質は硬い。

いらかぶ

中山間地の東臼杵郡西郷村に、昔から伝えられているツケナの一種。葉はアザミに似ているところから「アザミ菜」の別名もある。タカナと同じように浅漬け、本漬けにする。播種は9～10月、収穫は11月下旬。

筍いも

サトイモの仲間。小林市東方で、古くから栽培されている。「京いも」の商品名で出荷。別名「台湾いも」。重さが1kg以上になり、粉質で身がしまっている。おでん、天ぷら、田楽、味噌汁の実などに向く。

都いも

サトイモの仲間。宮崎市近郊では、明治時代から自家用に栽培している。赤みを帯びた粉質で、多少繊維が残る。味噌汁の実や味噌炒めに。

大晩生《だいばんせい》ふだんそう　昔から、佐土原町周辺で栽培している白茎のフダンソウ。葉は大きい。下の葉から収穫していく。播種は9月～10月で、収穫は12月。

宮崎ブランド野菜　ワンタッチきゅうり、新たまねぎ、フレッシュにら、フレッシュグリーンアスパラガス、きんかん、マンゴー、ぶどう（サニールージュ）、みやざき洋種かぼちゃ（ほっこりえびす）、ひゅうがなつ、マルチ日南1号（温州みかん）、へべス（柑橘、平兵衛酢）

地域の野菜料理

冷や汁／日の出かぼちゃ（肉詰め）／黒皮かぼちゃと小豆のいとこ煮／黒皮かぼちゃのじか煮

加工食品

日向夏（ドリンク、たまねぎドレッシング、ポン酢）

46 鹿児島県

さつまいも
（山川紫）

地域の特性

鹿児島県は、九州の南端に位置し、薩摩半島、大隈半島からなる県本土と屋久島、種子島、徳島、奄美大島などの200あまりの島々（薩南《さつなん》諸島）から成り立っている。気候は、温帯気候帯から亜熱帯気候帯まで広範囲な影響を受けている。とくに、初夏から秋にかけては台風に見舞われ、農作物への被害が多いこともある。

鹿児島県の農家では、地方野菜として自家栽培している品種が減少している。その理由は、栽培農家の高齢化と後継者不足によると考えられている。

知っておきたい地野菜・伝統野菜

桜島だいこん

鹿児島県の代表的地方野菜である。鹿児島では「デコン」とよんでいる。江戸時代の学者、貝原益軒は「薩摩だいこん」とよんでいたらしい。桜島だいこんのルーツは、天和年間（1681年頃）に愛知県から入手した方領だいこんから変種を発見し、そこから選抜したという説、桜島に自生していた浜だいこんの中から選抜した説、姶良《あいら》郡隼人で栽培した国分だいこんを西桜島で栽培中にできたという説など諸説がある。桜島の品種は、早生桜島だいこん（根形は紡錘形）と晩生桜島だいこん（根形は球形、扁球形）である。現在栽培されているのは、ほとんどが晩生種である。

根の重さは、小さいもので4kg前後、大きいものでは20～30kgで、平均すると7～10kgである。根が肥大する理由として気温や土質があげられている。8月下旬～9月初旬に播種し、翌年1月～2月に収穫する。肉質は緻密で柔軟。煮物、おろしに適している。切り干しダイコンにも漬物にも使われる。

国分だいこん　宮重だいこんの自家採種によってできた桜島だいこんを小型にしたようなダイコンで、姶良地方で、古くから栽培されている。桜島だいこんに似て、地上部の葉は旺盛に生育している。葉の周辺部が赤紫色である。根の重さは2〜3kgで球形か扁球形。根径は20cm、根の長さは16cm程度である。抽根部の赤紫色のものが多い。ときには全体が赤紫色のものもある。播種期は9月中旬〜10月上旬、収穫時期は12月中旬〜1月中旬。利用法は桜島だいこんと同じ。

開聞岳《かいもんだけ》だいこん　南薩摩地方で栽培しているダイコン。別名「頴《え》娃《い》だいこん」(地名)、「松原田だいこん」(地域の字名)、「ツルギクだいこん」(導入した人の名)がある。また、葉の形から「葉かぶりだいこん」の名もある。根部は青色で、根径は大きくても15〜20cm，首部は8〜9cm、根の重量は5〜8kg、根の長さは40〜60cm。播種期間は9月下旬で、収穫時期は12月中旬から2月。肉質が軟らかく、生食、煮食、漬物によい。

城内《じょうない》だいこん　大隅半島の肝属《きもつき》郡根占《ねじめ》町の城内部落で栽培している。別名「じょうねだいこん」「粟だいこん」とよばれている。藩政時代に、参勤交代に参加した侍が、種子を江戸からもち運んできて、それを植え続けてきたものといわれている。首部が赤系のものと青系のものがあるが、前者が多い。根の形は紡錘形であるが、赤い球形のものが出現することもある。播種期は9月下旬、収穫期は12月下旬〜2月上旬。根の重さは3kgほどに達する。

横川だいこん　姶良《あいら》郡横川町で代々栽培している。別名「横川ツバメ」といい、ツバメのように早い時期にできるダイコンである。播種は9月〜10月上旬で、収穫は11月からできる。根径は約10cm、根の長さは約40cm、根の重さは約2kg。葉の付け根に、赤色がある。生食、煮食とも味はよい。

有良《ありら》だいこん　南西諸島の大島本島北部地域の有良集落で、明治時代から栽培していると推定されている。根はやや紡錘形で、根径は10～16cm、根長は50～60cm、根の重量は4～5kgで、南薩地方の地だいこんに似ている。播種期は9月中旬～11月上旬、収穫期は11月下旬～1月である。大島ではお歳暮だいこんとして人気がある。生食、煮食ともにおいしい。

その他のだいこん

古志《こし》だいこん（奄美本島の南部）、小野津だいこん（喜界島）がある。

夏ねぎ

種子島で夏ねぎの在来種が栽培されている。根深ネギに属し、耐暑性、耐病性がある。葉は濃い緑色で3～4cm。食感はやや硬い。味は淡白で辛味や香りは少ない。周年利用できるため、南西諸島の貴重な夏野菜となっている。

与論かぼちゃ

鹿児島からおよそ500km離れている与論島で栽培しているカボチャで、昭和28年（1953）から小笠原カボチャ種をベースに多種との交配による品種改良を重ね、昭和36年（1961）から「与論かぼちゃ」が登場した。これは小笠原かぼちゃと日向14号の交配によりできた品種である。日本カボチャ特有の色合いを保っている。果実の横径は11～12cm、重さは1.5～2kgである。日本料理の食材として使われる。地元では贈り物にも使っている。

小なす

鹿児島の指宿で栽培している。温泉の温度を利用した栽培方法を適応したものである。最近のハウス栽培により、温泉の温度を利用した栽培方法を行う農家は減少している。品種は、京都で栽培している小なすを、人為淘汰し、「指宿1号」「指宿2号」を選抜し、その後の改良によりできた「御幸千成」である。泉熱を利用したナスの意味でつけた名前である。播種期は7月下旬～8月上旬、定植は9月下旬～10月上旬。

白なす

鹿児島では、古くから「薩摩白なす」「白長なす」「白丸なす」「キンチャクなす」などの淡緑色系の白なすが栽培されていた。この中でも、薩摩白なすのおいしさは人気であった。一時は、栽培面積も減少したが、再び人気が出てきたので栽培面積が少しずつ増えてきている。

果形は丸ナスと長ナスがある。果皮の色は、淡白緑色である。長さは13～16cm、重さは300 g ～500 g である。果皮はやや硬いが、果肉は軟らかく、アクが少ない。口あたりもよく食べやすい。焼きナス、煮付け、炒め物、汁の実、漬物に使われる。

へちま　鹿児島では「ながうい（長瓜）」「いとうい（糸瓜）」とよんでいる。豚肉と一緒に煮て食べるほか、みそ田楽、豆腐和え、酢味噌をかけて食べる。食用とするものは繊維の少ない長さ30～40cmのものである。

隼人うり　隼人うりは高温性の植物で、日本では南九州が適地である。果実の果面には凹凸があり、ざらつきや小さな刺がある。大きさは、長さ10～15cm、重さ500 g ～1000 g の長円形である。鹿児島では、大正9年（1920）には広く普及していた。栽培は、ほかのウリと同様に棚づくりをする。味はトウガンに似ていて、アクがなく、淡白である。煮食、和え物にする。

さつまいも　鹿児島ではさつまいもを、中国（唐）から伝来したので「からいも」という。江戸やその他の国では薩摩の国からの伝来として、「さつまいも」の名で広まったものと思われる。

鹿児島で栽培している主なさつまいもは次の通りである。

❶隼人いも　形状は紡錘形で、皮は淡黄褐色。肉の色は鮮やかな橙色。

❷ベルベット　形状は紡錘形。皮は濃紫紅色。肉の色は橙色。

❸山川紫　形状は短紡錘形。皮色は濃紫紅色。肉の色は紫色。

❹種子島ろまん　形状は紡錘形。皮色は紫。肉色は濃紫色。

❺種子島ゴールド　形状は紡錘形。皮色は白色。肉色は紫色。

❻安納紅《あんのうべに》　形状は紡錘形～円筒形。皮色は褐紅色。肉色は、生は黄色で蒸すと橙色。

❼安納こがね　形状は紡錘形～円筒形。皮色は淡黄褐色。肉色は蒸すと橙色に変わる。

コーシャマン　古くから奄美大島などで栽培しているヤマイモ。表皮は黄褐色（白コーシャマン）と薄紫色（赤コーシャマン）とがある。赤コーシャマンのイモの形には丸型と長形がある。700 g～800 g である。いずれも実は軟らかく味によい。奄美大島では、赤コーシャマンはお祝い事に使う。白コーシャマンのイモの形は丸形と長円筒形がある。2～3 kgである。肉質は白色で軟らかい。

そろやむ　屋久島でつくられるダイショ（ヤマイモ）である。昭和49年（1974）頃、熱帯、亜熱帯から導入したもので、冷凍トロロの加工用として栽培したのが始まりである。丸形のイモで200 g～300 g に達する。外皮は淡黄色である。

といもがら　蓮イモの仲間。普通のサトイモと同様に栽培する。収穫は6月から。煮しめや、薄く切って三杯酢で食べる。ダイコンの代わりに刺身のつまにもよい。

みがしき　サトイモの仲間で、イモも葉柄も利用する。イモは粉質で、味噌汁、お吸い物、煮しめに使う。

水いも　サトイモの仲間。奄美大島では、水を張った水田地帯でサトイモを栽培する。子イモを9月下旬に水田に植える。翌年の1月～2月に収穫できる。一般に煮付けにする。

かわひこ　屋久島の代表的サトイモの仲間。江戸時代の少し前に、屋久島に導入された。親イモはホクホクした食感があり、餅のようである。子イモも餅のような食感がある。別名「餅いも」という。

雷えんどう　鹿児島県の甑《こしき》島で栽培しているサヤエンドウの仲間。乾燥した子実は茶褐色から白緑色。煮るとアズキ色に変わる。豆ご飯に使うとご飯もアズキ色になる。

オランダえんどう

種子島では、昭和34年（1959）に和歌山からオランダえんどうが導入された。その後、系統選別を行い、昭和42年（1967）に「さやみどり１号」をつくった。莢の大きさは13cmもあり、耐寒性があるので、栽培農家は栽培に協力した。昭和40年（1965）以降、栽培面積は減少した。現在は業務用に栽培が続けられている。

ふうまめ・四月まめ

ソラマメの品種。鹿児島県はソラマメの産地で、11月下旬～５月の冬春期間に収穫して全国流通されている。大半が「陵西一寸」であるが、在来ソラマメは奄美大島や甑島で栽培されている。在来種のソラマメを奄美大島では「ふうまめ」、甑島では「四月まめ」とよんでいる。豆ご飯、煮付け、菓子に使われている。

にんにく

にんにくの在来種は大島各島で栽培されている。３月に収穫できる早生系のものは沖縄、台湾、中国から導入された系統であると推測されている。現在栽培されている沖永良部系統は、球の重さが40～55gもあり、鱗片は８～10片である。葉ニンニクとして利用する系統もある。

ふだんそう

宮崎県と同様に鹿児島県でもふだんそうの栽培が行われている。ハクサイやキャベツの収穫後に栽培できる野菜として便利である。汁の具、和え物、酢味噌などで食べる。

甫立《ほたて》メロン

マクワウリの品種。薩摩郡宮之城町虎居《とらい》甫立地区で栽培されている。この地区に、本種が導入されたのは、昭和16年（1941）である。本種は梨瓜《なしうり》群に属している。日本梨に似た形状で、味は爽やかである。１個の重さは400g～600gである。糖度も比較的高いので人気となっている。

その他の野菜

ピーマン、きゅうり、にがうり、じゃがいも、たけのこ、にんじん、ごぼう、ポンカン・デコポン（奄美大島）など。

地域の野菜料理

さつま汁／サトイモ団子／サツマイモの郷土料理（がね、かねんすい）

加工食品

桜島だいこん（さつま漬け、切り干しダイコン）

47 沖縄県

ゴーヤー

地域の特性

沖縄県は、日本列島の南西の端に位置し、沖縄本島、宮古島、西表島を始め大小160の島々から形成されている。気候は、日本ではただ一箇所の亜熱帯気候に属している。沖縄の人々は、暑く雨の多い気候の中で生き抜くための生活の知恵として、沖縄独特の自生する野菜を利用し、近隣の国から導入した野菜を受け入れているところもある。

夏の気温は連日30℃を超すので暑さに耐え得る種類の野菜が必要であるし、梅雨の季節が長く、雨量も多いので、雨に強い野菜を栽培しなければならない。また、秋の台風時期には雨ばかりでなく風にも強い野菜を栽培しなければならず、周囲は海に囲まれているので、塩害の影響を受けない野菜の栽培も求められる。農家の人にとっても野菜にとっても、自然環境の厳しい地域である。

知っておきたい地野菜・伝統野菜

モーウィ

沖縄本島の中北部で栽培が盛んな「モーウィ」（毛ウリ）はキュウリの一種である。中国の華南系のキュウリで、イボが黒く、幼果は半白で、肥大が進むと黄色から褐色に変わる。日本には6世紀頃に導入された。沖縄では、流球王府が中国と密接な交流をしていた15世紀に中国からもち込まれたと推測されている。地這栽培が行われているのは、台風などの被害から守るためである。耐暑性が強いので、沖縄の風土に適した野菜である。マクワウリのように大きくしてから収穫するので、その呼び名に似た「モーウィ」でよばれるようになったようである。煮物、漬物、サラダに利用されている。

地なす

地なすとよばれる種類のナスで、宮古島で栽培されている。果皮の色は、紫、緑、淡緑などのものがあり、形は卵形から細長いものまである。耐暑性があるので、春先から開花し、秋頃まで次々と収穫できる。3月頃に定植してからは放任栽培を行っている。皮が硬くならないうちに収穫している。台風で倒されても切り戻し栽培ができ、沖縄の自然条件でも育成できる利点がある。味噌炒め、天ぷら、味噌汁の実などに使われるが、最近は利用範囲が広くなっている。果皮が硬くても、むけば使えるという利点がある。

とうがん

とうがんは沖縄の至るところで栽培されている。とくに宮古島、伊江島では、台風の季節が過ぎ去った10月中旬からビニールハウスで栽培し、12月～5月にかけて収穫する。12月～1月にかけてトンネル栽培を行い、4月～6月に収穫する方法もとられている。沖縄で栽培しているとうがんは系統的に、大玉系、青長大玉系、中玉系、白粉中玉系、小玉系に分類されている。これらの系統の中では、中玉系がもっとも盛んに栽培されている。豚肉との煮込み、汁の実、酢の物などに使われる。

へちま

鹿児島でもへちまが、そうめんの青み、澄まし汁の実、油炒め、酢味噌和えなどに使われているが、沖縄では、へちまを「ナーベーラー」といい、油炒め、味噌汁などに利用している。

沖縄のへちまは系統的に、大長系（果長が150cm程度であるが、現在はほとんどみられなくなった）、中長系（果長50cm程度で、離島の小さい島々で栽培されている）、短系（果長が30cmほどで、経済栽培種として栽培している）に分けられる。

栽培は、露地栽培、ハウス栽培、トンネル栽培がとられている。5月～10月にかけては、夏の昼食メニューとしてへちまの利用が多いといわれている。

ゴーヤー

ニガウリのことで、「ゴーラ」ともよばれている。つる性のウリ科の野菜なので「ツルレイシ」の別名もある。平成4年（1992）に、農業試験場で育成した新種「群星《むれぼし》」が普及するまでは、各地で多様な形のゴーヤーを栽培していたといわれている。ほかの果菜類と比べて、暑さにも病気にも強いので栽培しやすい。栽培は、棚に仕立てる方法、立体的に仕立てる方法、斜めに仕立てる方法、地這がある。直射日光を避けるために窓の外に仕立てる家庭や企業、学校も見受けられる。

ゴーヤーチャンプルには欠かせない材料である。そのほかに天ぷら、サラダ、和え物にも使われる。

島かぼちゃ

八重山諸島の石垣島の伊野田集落で栽培されている和種カボチャである。果形は木瓜《もっか》（パパイヤ）に似ており、果色は緑色で熟すると赤色に変化する。そのほかの島でも栽培されている。果実は長期間貯蔵できるので、貯蔵野菜として使われる。豚肉と一緒に煮る料理や天ぷらなどの食べ方がある。

島だいこん

別名「ワインチャ」とよばれている。以前は、各地でいろいろな種類の島だいこんが栽培されていたが、栽培しやすい青首だいこんに変わり、あまり見かけなくなった。12月下旬～2月頃まで収穫ができ、抽台してもスの入りが遅いのが特徴であった。肉は緻密で、煮込んでも煮崩れがなく、味もよい。酢の物にもよい。黒糖で甘く漬ける漬物は地漬けといわれた。

島にんじん

島にんじんとは黄色のニンジンのことである。江戸時代までは黄色のニンジンが栽培されていた。現在はヨーロッパ系のニンジンが普及しているので、生産量は少ない。島にんじんは耐暑性があるので、7月から播種し、12月～3月に収穫できる。産地は、沖縄本島の太平洋側東部に位置する中城村という農村地帯である。地元では「チデークニー」とよんでいる。正月のお雑煮やお節料理には欠かせない。

田いも

水田で栽培しているサトイモのことである。主産地は宜野湾市大山地区で、海岸沿いに産地が形成されている。水源地は宅地化され、水質が悪く病気が発生している。田いもの料理には「ターンムデンガ」と「トルワカシー」があり、一般的な料理は前者で、後者は正月料理である。

だいしょ　沖縄本島中北部を中心に栽培されているヤマイモ。原産地はインドシナ半島で、太平洋諸国、インド洋沿岸で栽培されている。日本では沖縄本島、鹿児島、熊本で栽培している。味は淡白でアクがあるので、トロロには使わないで、正月料理としてニラと混ぜて炒め物にする。

紅いも　イモの内部の色が赤～紫のサツマイモのこと。石垣島では「アッコン」、宮古島では「ム」、沖縄本島では「ウム」とよんでいる。味の評価が高いものは、農業試験場宮古支場で開発した「宮農36号」である。

その他の野菜　高菜、ういきょう、さくな、はんだま、ナーベラ、島らっきょう

地域の野菜料理

ゴーヤーチャンプル／田イモ（ドルワカシーの具）／ソーキ汁（そーき骨汁）

加工食品

地漬（ジージキ、島ダイコンの黒糖漬け）／シークサワー（ジュース）／ウコンの粉（カラー粉の素、健康食品）

付録1　地野菜・伝統野菜を使ったおすすめ料理

北海道

地野菜・伝統野菜名	特　色	料理の例
男爵いも	男爵いもは粉質でホクホクしていて食味がよいため、食味そのものを味わう料理に向いている。また煮崩れを起こしやすいので、長時間煮込む料理には不向きである。その特長のホクホク感を楽しめるよう、丸ごと食べられる料理がおすすめ。	蒸しじゃがバター 男爵いもの皮をよく洗い芽を取り除く。蒸気の上がった蒸し器に男爵いもを丸ごと入れ、竹串などがすっと通るまで蒸す。熱いうちに皮をむき、軽くつぶし、有塩バターで味を調える。
北海黄金《ほっかいこがね》	北海黄金はメークインに似て、細長で肉質は粘質。芽が浅いため、皮がむきやすい。肉色も黄金色で味がよい。煮崩れしにくいので煮物向きだがその粘質さからフライドポテトなど油調理にも向く。	皮ごとポテトチップス 北海黄金をよく洗い皮ごと薄くスライスする。水にさらし、水気を切り、油を入れたフライパンに入れ、弱火にかけ、火が通れば中火にし、カリッすれば油から上げ、パセリの微塵切りと塩をふる。
栗かぼちゃ	栗かぼちゃはその名のとおり「栗」のようにポクポクした粉質のカボチャ。茹でただけで粉を拭くくらいでんぷん質が豊富。追熟により甘さが増し、しっとりとする。水煮による煮崩れがあるため、食味そのものを味わう料理に向いている。調味せずに加熱したほうがより食味を味わえる。皮目の緑が濃く硬そうだが見た目ほど硬くなく、包丁が入りやすいのも特長的。カロテンを多く含むので粘膜の保護や抗酸化作用も期待できる。油と組み合わせると効果的に摂取できる。	栗かぼちゃの肉詰め 栗かぼちゃを半分に切り種とワタをとる。挽肉・タマネギ・卵・パン粉・醤油をよく練り合わせたものをくり抜いた部分に詰め、180度のオーブンで20分ほど焼く。焼き上がればだし汁・醤油・みりんを合わせて片栗粉でとろみをつけたあんを上からかける。

青森県

地野菜・伝統野菜名	特色	料理の例
長いも	日本一の長いも生産量の青森。内陸で寒暖の差が大きいほどこくのある長いもになる。独特のねばりはムチンという水溶性食物繊維。整腸作用や胃粘膜を保護する作用もある。加熱に弱いため、生で食すのが理想。食感にも特長があるので切り方の変化や加熱で調理の工夫をするとおもしろい。	**長いもとイカのワタ和え** 生食用のイカのワタを抜き取り墨や内臓を取り、肝のみにする。肝に塩をふり一晩置く。イカは胴の部分の皮をむき、イカ素麺のように細く切り出す。長いもは皮をむきイカと同じ大きさに切る。肝は1cmほどに切り出し、酒をふりトースターで表面が乾くくらいまで焼く。肝・長いも・イカを和えて器に盛る。お好みで七味トウガラシをふる。
清水森なんば	弘前在来トウガラシ。大ぶりで大長型。タカノツメより糖分が高い。適度な辛味と甘さをもつ香りも高いトウガラシで、用途別に青・赤と収穫期を変える。青は生食用、赤は一味トウガラシなどに加工される。青から赤になる頃にもっとも辛味を増す。カプサイシンという温熱効果があり風邪予防なども期待できる。	**シラタキと清水森なんばの炒め物** シラタキは食べやすい長さに切り出し、水から茹で沸騰すれば陸上げする。清水森なんばとニンニクを細かく刻み、ゴマ油で炒め、陸上げしたシラタキを入れさらに炒める。醤油・みりんで味を調え、水分がなくなるまで煎り上げる。
にんにく	独特な匂いと成分をもつにんにく。その匂い（アイリン）は食欲を増進させたり、胃腸を活発にしたりといろいろな薬効がある。どんな食材とも相性がよいので隠し味的に使用するとよい。細かく刻んでオイルに入れておくとにんにくオイルになり手軽にその独特の風味を味わえる。しかし、刺激が強いので多食は厳禁。1日にりん片2～3個程度が適量である。	**にんにくとジャコのかき揚げ** にんにくはりん片にし、皮をむく。ボールににんにくのりん片とジャコ・小麦粉・ゴマ・水を入れさっくりと混ぜる。180度に熱した油で揚げる。りん片は切らずに丸ごと調理するとホクホクになる。また油も傷みにくい。塩とレモン汁をつけて食べる。

岩手県

地野菜・伝統野菜名	特　色	料理の例
二子さといも	北上市二子町でのみ生産される二子さといもは肉質が軟らかく舌触りもよく、粘りとこくのあるのが特長。皮を包丁の背でこそげ取るようにむき下湯がきせず、そのまま調理する。煮物や汁物、茹でてからそのまま揚げてもおいしい。粘り成分（ガラクタン）は水溶性食物繊維で整腸作用や脳細胞を活性化する作用ももつ。	**いもの子汁** 二子さといもの皮をこそげ取り食べやすい大きさに切る。鶏肉・コンニャク・キノコなど季節野菜も食べやすく切る。鍋にさといもと出し汁を入れ火にかけ沸騰すればそのほかの具材も入れ、火を弱め具材に火が入るまで煮る。醤油を入れて仕上げる。
暮坪かぶ	遠野市上郷で生産されている。辛味ダイコンのような独特の辛味と風味をもつ。その清涼感からソバのあしらいやマグロのワサビ代わりなどに用いられている。すりおろすならなるべく目の細かいおろし金を使用すると辛味が強くなる。また薄くスライスし、薄塩を回し、水気を絞り甘酢につけてもおいしく食べられる。独特の辛味成分はイソチアシアネートとよばれ老化防止などに効果があるといわれている。	**アジの干物のおろし和え** アジの干物を焼き、身をほぐす。細かい目のおろし金ですりおろした暮坪かぶと和える。器に盛り付け、のりとゴマをふる。
曲がりねぎ	一関市が主な生産地。白根の部分が多いため全体的に軟らかく、甘いネギ。糖分が多いので直火の網焼きなどでじっくりと中まで火を通すと甘さが増す。また笹切りにしてさっと茹で土佐醤油などで食してもおいしい。岩手では「やわらか美人」のブランドで市販されている。ネギの辛味成分（アリシン）は血栓予防に効果があるといわれている。	**長ねぎの卵とじ** だし汁と醤油を少々入れた鍋に笹切りした曲がりねぎをいれ火にかける。沸騰すれば火を弱め、粗くほぐしたとき卵を加え、ひと煮立ちすれば火を止める。器に盛り、七味トウガラシをふる。

宮城県

地野菜・伝統野菜名	特　色	料理の例
仙台はくさい	芯に近い部分が白っぽいのが特徴。水溶性のビタミンや糖分が多いため鍋などに入れ汁ごと食すのがよい。また生食のほうが栄養価を損失しにくいため軟らかい葉はサラダで食べるとよい。	**仙台はくさいと豚バラ肉のスープ煮** 豚バラスライス肉を醤油でさっと洗い、仙台はくさいの間に何段か挟む。鍋に豚肉を挟んだ仙台はくさいとだし汁を入れ火にかけ沸騰すれば火を弱め仙台はくさいが軟らかくなるまで煮、醤油で味を調える。器に盛り付けコショウをふり食す。
仙台長なす	仙台長なすは果肉がしまっており、皮が薄く漬物に向く。丸ごとふり塩をし、重石をのせ一晩置き、水洗いし、冷やして食べるとナスそのものの味わいを楽しめる。 ナスのもつ特徴として油との相性がよいが吸油率が14%と高い。油を吸収するとトロッとして口当たりがよい。	**仙台長なすの油味噌** 仙台長なすのへたを切り、食べやすい大きさに切り出す。フライパンに油をしき火にかけ仙台長なすを炒める。全体に火が通れば砂糖少々と酒で味を調えた仙台味噌をからめる。
仙台雪菜	濃緑で縮れた葉にうま味をもつ仙台雪菜。カルシウム・ビタミンAが豊富。霜に当たると甘味が増しおいしくなるといわれているため収穫は12月～1月。独特の苦味と甘味があり、味噌汁に入れたり、煮浸しなどにする。油との相性もよいので、中華風の炒め物などにも向く。	**仙台雪菜とベーコンの中華風炒め** 仙台雪菜をざく切りにする。ベーコンも食べやすく切る。ニンニク・ショウガはみじん切りにする。フライパンに油をしき、ニンニク・ショウガ・ベーコンを入れ弱火で炒める。ベーコンに焼き目がつけば雪菜を入れ強火にし、さっと炒めしんなりすれば醤油を少々入れ火を止める。

秋田県

地野菜・伝統野菜名	特　色	料理の例
とんぶり	とんぶりはホウキ草を加工したもので「畑のキャビア」とよばれている。魚卵に似たツブツブとした食感が特長的。とくにナガイモとの相性がよく、おろしたナガイモの上に乗せて食べるのが地元流。どんな食材にも合うので酢の物･サラダ･納豆に混ぜて食べる。またとんぶりには体内の余分な水分を排泄する作用や目の疲れなどを取る作用もあるといわれている。	**とんぶりと菊花（湯沢菊）の白酢和え** 菊花は熱湯でサッと茹でる。豆腐は水切りし、すり鉢でよくすり、練りゴマ･酢･砂糖･醤油で味を調えておく。とんぶり、菊花を豆腐の和え衣と和える。（湯沢菊：湯沢市近郊で生産されている食用ギク。お浸し、和え物などにして食す）
秋田ふき	葉の直径は1m、高さは2mにもなる。茎の肉質は硬く苦味があり、大きな空洞がある。砂糖漬け･佃煮にされるものが多い。あくが強いため、一度茹でこぼしてからふきの空洞に詰め物をした射込み料理や、油を使った料理などが向く。豊富な食物繊維があるので整腸作用も期待できる。	**秋田ふきとジャコの金平** 秋田ふきは一度熱湯で茹で、水に落とし、皮をむき、食べやすい大きさに切る。鍋にゴマ油をしき、種を取ったタカノツメを入れて火にかける。ジャコと秋田ふきを入れよく炒め、みりん･醤油を入れ、水分がなくなるまで煎り上げ、ゴマをふる。
山内にんじん	芯が小さく、根色は濃い橙赤色で中まで色が濃いのが特徴。食味もよく味が濃い。煮物にしても煮崩れしにくく、どんな調理法とも合うがとくに油を使った調理が向く。秋田の代表的漬物にいぶりがっこがあるが、山内にんじんでつくられたものもある。色が濃いので豊富なβーカロテンが期待でき、目や粘膜の保護に効果が期待できる。油と合わせるとより効果的に摂取できる。	**山内にんじんの真砂和え** 山内にんじんはピーラーで皮をむく要領で、全部むききる。鍋にオリーブオイルを入れ、薄皮を外した明太子、にんじんを入れ弱火にかける。明太子･にんじんに火が入り、しんなりすれば火を止めパセリを入れサッと混ぜる。

山形県

地野菜・伝統野菜名	特　色	料理の例
民田なす	1個10gから14gと小ぶりで味がよいとされる鶴岡市の民田なす。7月頃までは皮が薄く、浅塩で漬けて食べるのが美味。8月になると皮が硬くなり、からし漬け、粕漬け、味噌漬けにする。米沢市の窪田なすも古くから生産された漬物用のナス。紫色が濃く、果皮が硬く、肉質は弾力がある。ナスの皮にはナスニンという抗酸化作用があるため皮ごと食べる小ナスは効果的にその作用を摂取できる。	**民田なすの一夜漬け** 民田なすをよく洗い、軸を切り落とす。粗塩をふり一晩置き、水洗いして冷たく冷やし、そのまま食す。
だだちゃまめ	鶴岡特産のだだちゃまめには通常の枝豆の3倍のうま味成分があり、甘みに関係するアラニンやグルタミン酸、アスパラギン酸も多く含まれる。またアルコールを分解促進するメチオニンも含まれるためビールのつまみとして食べるのは理にかなっている。塩茹でし、そのまま食したり、つぶして和え衣にしたりする。	**だだちゃまめの塩茹で** だだちゃまめをたっぷりの水でさっと洗いざるに上げ、塩をふり揉み洗いし、茶毛を洗い流す。たっぷりの湯を沸かし、だだちゃまめを入れ再沸騰すれば2～3分沸騰を保ち、陸上げし塩をふりうちわなどで冷ます。
温海かぶ	表面が赤紫色で中身が真っ白な温海かぶはうま味成分のグルタミン酸が白カブの2～4倍もありシャキシャキとした食感が特徴。温海かぶを甘酢につけると色素が中まで浸透し、美しい赤色になる。	**温海かぶとユズのサラダ** 温海かぶを半月または銀杏切りにし、2～3mmのスライスにする。3%の塩水につけしんなりすれば水気を絞る。ユズの皮をむき線切りにし、水気を切った温海かぶと和え、酢・醤油・ゴマと和える。

福島県

地野菜・伝統野菜名	特　色	料理の例
雪中あさつき	雪中あさつきは会津地方各地で栽培されているが二本松市安達町が出荷量は多い。通常のアサツキと違い雪の中から掘り出すため、薄い黄色をしている。雪の中で成長するので軟らかく、独特の辛味と匂いが特徴。雪が溶けてからのものは芽が緑色になり、少し硬くなる。さっと茹でて酢味噌やドレッシングをかけて食べるのが定番。天ぷらや炒め物も美味。	**雪中あさつきのピクルス** 雪中あさつきを水から茹で、沸騰すれば陸上げする。酢・水・タカノツメ・砂糖・オリーブオイルを鍋に入れ、一度沸騰させ、あさつきと刻んだショウガを入れる。冷めれば保存瓶などに入れ、1日おいてから食する。
会津茎立菜	雪を退けて生育する茎立菜は葉、茎とも軟らかくビタミンC・鉄・カルシウムを多く含む。植物性の鉄はビタミンCと一緒に摂取すると吸収がよくなるため、両方含む茎立菜は造血が期待できる栄養価の高い素材。	**茎立菜とジャコのふりかけ** 茎立菜を細かく切り軽く塩をふり、水気を絞っておく。鍋にゴマ油をしき、タカノツメを入れ弱火にかける。水気を硬く絞った茎立菜とチリメンジャコを入れよく炒め、酒・醤油をひたひたになるまで入れ、水分がなくなるまで煮上げる。仕上げにゴマをふる。
慶徳たまねぎ	タマネギ特有の辛味成分である硫化アリル化合物が特に豊富に含まれている。この成分は血液の流れをよくする効果があり、ビタミンB1の吸収を高め疲労回復に効果がある。加熱すると糖分に変わるため、生食と加熱調理ではまったく違う風味となる。	**慶徳たまねぎと オイルサーディンのマリネ** 慶徳たまねぎは皮をむき輪切りにしてレンジにかけ軟らかくする。オイルサーディンは食べやすくほぐしておく。たまねぎとサーディンを合わせ、酢醤油をかけ味をなじませ、刻んだパセリを混ぜる。半日おいて味をなじませてから食べる。

茨城県

地野菜・伝統野菜名	特　色	料理の例
石岡高菜	茨城県石岡市の貝地地区を中心につくられている。古くから高菜漬けとして利用されていた。軟らかい肉質と独特の辛味があり、漬物にされることが多いが、そのまま切り出し、炒め煮や煮浸しなどにしてもおいしくいただける。	**石岡高菜と油揚げの煮浸し** 石岡高菜はざく切りにする。煮干は頭と内臓を取り除く。油揚げはざく切りにする。鍋にだし汁・煮干・油揚げを入れ、火にかける。沸騰すれば切り出した石岡高菜をいれる。再度沸騰すれば醤油を入れひと煮立ちさせ火を止める。
赤ねぎ	千住ネギの一種。緑・白・赤の3色の独特なネギ。白根も葉も軟らかい。赤色の部分は外皮の数枚。斜め切りにすると赤と白の切り口になる。長時間加熱すると退色するので、煮込みなどには不向き。炒め物や生食に向く。	**赤ねぎと豚しゃぶサラダ** 赤ねぎは細い千切りにする。豚肉のスライスは80度くらいの湯に通し色が変われば氷水に落とし、水気を切り、5mm程度の幅に切り出す。ねぎと豚肉を合わせて器に盛り、醤油と柑橘酢を同割であわせた調味料をかけて食する。
れんこん	茨城県がれんこん生産量全国一位。ビタミンCやカリウム・マグネシウム・カルシウムなどミネラルを豊富に含んでいる。食物繊維やポリフェノールも豊富に含んでいる。煮物・天ぷら・酢の物など生食以外のどんな調理にも向く。	**れんこんのかき揚げ** れんこんの皮をむき、太いものは半月に切りスライスする。ボールにれんこんを入れ小麦粉を振り入れ小麦粉の2／3の水を入れる。2cmほどに切ったミツバを入れさっと混ぜ180度の油で揚げる。塩とレモン汁で食する。

栃木県

地野菜・伝統野菜名	特　色	料理の例
日光とうがらし	日光市近郊で栽培されているトウガラシ。未成熟の青い果実は辛味が少ないので生食も可能だが、加工品としてシソ巻や醤油漬け、漬物などにする。葉とうがらしは佃煮や煮	**シソ巻日光とうがらしのふりかけ** 塩漬けした日光とうがらしを塩漬けした赤シソで巻き、細かく刻み、ゴマ・刻みショウガ・刻みネギ・カツオブシ、

日光とうがらし	物にする。赤く熟したものは通常のトウガラシと同様に使う。トウガラシ１本にレモン10個分のビタミンCがあるといわれている。	醤油少々を入れよく混ぜ、御飯にのせて食す。
ゆうがお	ゆうがおの果肉を細長く切り、乾燥させたものがかんぴょう。ゆうがお生産量95％が栃木産。無漂白のものはあめ色をしている。さっと水で洗い、塩磨きしてから軟らかくなるまで茹でこぼし水気を切ってから調味する。	**かんぴょうとシイタケの含ませ煮** かんぴょうは水洗いし、塩磨きしてから軟らかくなるまで茹で、水気をしっかり切り食べやすい長さに切り出しておく。シイタケは水戻しし、水気を絞り石突を外す。鍋に出し汁・砂糖・醤油・みりん少々を入れかんぴょう・シイタケを入れ、火にかける。沸騰すれば火を弱め２～３分煮て火を止め、煮含ませる。器に盛り、ふりユズなどして食す。
新里ねぎ	栃木県新里で収獲される曲がりネギ。東北の曲がりネギと同様に根元に土をかけて生育させる。軟らかく、甘く香り高い。加熱するととろみが出て甘さが強調される。根深ネギの一種で白い部分を食す。	**新里ねぎと油揚げの酢味噌がけ** 新里ねぎは表面に油を刷毛などでぬり、キツネ色になるまでじっくりと焼き上げる。油揚げも表面にうっすら焼色がつくまで焼き上げる。ねぎと油揚げを食べやすく切り出し、辛子酢味噌をかけて食する。

群馬県

地野菜・伝統野菜名	特　色	料理の例
べにばないんげん	紅花いんげんは花豆ともいわれ花落ちが多く、収獲が少ないマメである。以前は観賞用とされていた。食物繊維やカルシウム、ビタミンB1を含む。独特の色はポリフェノールを含むアントシアンで、抗	**紅花いんげんとニンジンのサラダ** 紅花いんげんを軟らかくなるまで茹でる。ニンジンは千切りにし、タマネギは微塵切りにする。オリーブオイル・酢・砂糖少々を合わせ、茹で

べにばないんげん	酸化作用や目の粘膜を保護する効果も期待できる。たんぱく質・糖質とも含むので甘煮だけでなく、サラダなどにも向く。	たいんげん・ニンジン・タマネギを合わせ、刻んだパセリをふり入れる。
下仁田ねぎ	直径が6～9cmもある極太のネギ。根深ネギの一種で白い部分を食す。非常に辛味成分が強いため、生食はできない。その辛味は加熱すると甘さに変わり、とろりとした食感になり非常に美味。鍋やすき焼き、炒め煮などに向く。	**下仁田ねぎと鶏肉の炒め煮** 下仁田ねぎは1cm程度の斜め切りにする。鶏もも肉は一口大に切り酒をふりかけておく。ショウガは微塵切りにする。フライパンに鶏肉を入れ弱火にかける。鶏肉から油が出れば火をやや強め焦げないように完全に火を通す。火が通ればショウガとねぎを入れ炒め、ねぎがしんなりすれば醤油・酒・みりんを入れ、煮からめる。器に盛り、七味トウガラシをふる。
こんにゃくいも	こんにゃくの原料となるこんにゃくいも。全国の生産量の85%が群馬県産。種イモから収獲するのに2～3年かかる。こんにゃくいもは非常にえぐみが強く、ほかのイモのように茹でたり煮たりしただけでは食べられず、水酸化カルシウムや炭酸カルシウムであく抜きをする。こんにゃくに成型したのち1時間ほど煮てから十分水にさらす。	**こんにゃくの味噌おでん** 1cm程の厚みにこんにゃくを切り、食べやすいように串に刺し、茹でる。茹でたてのこんにゃくに温めた赤田楽味噌を塗り食する。(赤田楽味噌：赤味噌に砂糖・卵黄・酒などを入れ練り上げた甘い味噌)

埼玉県

地野菜・伝統野菜名	特　色	料理の例
川越いも　紅赤	肉質は黄色濃く、粉質。「サツマイモの女王」といわれるほど品質はよいのだが性質が気難しいといわれ、熟練した栽培技術を要する。やや筋っ	**梅尾煮** 川越いもの皮をむき大きめの一口大に切り出し、水にさらす。鍋にいもを入れかぶるくらいの水といもの1割の砂

川越いも　紅赤	ぽいが熱伝導がよいためほかのイモより火が入りやすい。紅東に比べ甘味は劣るがイモの風味と舌触りは非常によい。きんとんや天ぷら、石焼イモに向く。	糖、2割のみりんを入れて火にかけ、いもが軟らかくなるまで混ぜずに加熱し、火が通れば木ベラでかき混ぜながら水分がなくなるまで煮上げる。
のらぼう菜	洋種菜種に分類されるアブラナ科の野菜。ナバナに似ているが甘く、苦味やくせのない食べやすい野菜。味噌汁の具やお浸し・ゴマ和え・炒め物などに向き、花茎を食す野菜の中でも食味評価は高い。	**のらぼう菜のワサビマヨネーズ和え** のらぼう菜を食べやすく切り、塩茹でし、水に落とす。しっかりと水気を切り、ワサビ醤油マヨネーズと和える。器に盛りもみのりをのせる。
埼玉青なす	紫色にならない巾着形の丸ナス。アントシアン系の色素がないので緑色のまま生育する。紫色の退色が起こらないため、焼ナスや煮物など加熱調理に向く。肉質が硬いので漬物には不向き。フルーティーな甘味と酸味がある。	**青なすの揚げだし** 青なすはへたを切り落とし大きめのくし形に切り、180度の油で揚げる。器に盛り付け、出し汁・醤油・みりんで加減して温めたつゆをかけ、ダイコンおろし・カツオブシ・刻んだネギ・おろしショウガをあしらう。

千葉県

地野菜・伝統野菜名	特　色	料理の例
はぐらうり	見た目は大きくて太いブルームレスのキュウリのような形をしている。肉質が軟らかいので浅漬けやぬか漬けに向く。種をとり除き、薄くスライスし、薄塩を回し水気を絞り酢の物やサラダなどで食しても美味。	**はぐらうりと小町麩の酢の物** はぐらうりは縦半分に切り、種をスプーンなどでこそげ取り、薄くスライスし、ボウルなどに入れ薄く塩をふる。しんなりすれば水気を絞っておく。小町麩はさっと洗い水気を絞る。砂糖・酢・だし・醤油で土佐酢をつくりはぐらうりと小町麩を漬け込む。器に盛りショウガ汁をかける。

房州一寸そらまめ	房州で生産される1粒1寸あるソラマメ。豆が空気に触れると硬くなるのでさやのままのものを購入する方がよい。茹でる直前にさやから出し、たっぷりの湯で茹で、茹で上がれば水に落とさず、陸上げにする。	**焼そらまめ** そらまめをさやごと網で焼く。さやの縁から水分が噴いてくれば焼き上がり。さやから出し、塩をつけて食す。
大浦ごぼう	見た目はごつごつしていて丸太のような形だが軟らかく、含め煮などにする。一度茹でこぼし芯を抜きそこに詰め物をし、煮付けにしたりする。大きいまま煮付けた大浦ごぼうは薄く切って食す。	**大浦ごぼうの煮付け** 大浦ごぼうを水から軟らかくなるまで煮る。軟らかくなればあく抜きのために流水で流す。出汁·砂糖·醤油でやや甘めにコトコトと炊き上げる。

東京都

地野菜・伝統野菜名	特　色	料理の例
亀戸だいこん	小ぶりで葉も軟らかい、一つ200gほどの小さなダイコンなのでそのままよく洗い、スティック野菜やサラダ、葉とともに浅漬けなどで食べる。「あさり鍋」という味噌仕立ての鍋で食す名物料理がある。	**亀戸だいこんの浅漬けサラダ** 亀戸だいこんを棒状に切り、薄塩を回す。葉も細かく刻み塩を回す。しんなりすれば水気を絞る。柑橘類の絞り汁·醤油·オリーブオイルを少々かけ、ユズの千切りとゴマをふる。
千住ねぎ	根深ネギの代表格で白い部分が多く、巻きが硬くしっかりしている。千住ねぎは辛味が強いのが特徴。薬味に使用したり、炒め物の香りとして使用したりする。本来のねぎま（鮪とネギの鍋仕立て）は千住ねぎを使っていた。	**千住ねぎと豚肉の味噌汁** 千住ねぎは斜め切りし、豚肉は食べやすく切る。鍋に豚肉を入れ弱火にかけ、豚肉の色が変わればねぎと出し汁を入れる。再度沸けば火を弱め味噌を溶き入れる。お椀に盛り、七味トウガラシをふる。
あしたば	あしたばはセリ科なのでセリと同じように調理できる。独特の苦味があるので油と合わせた調理が向く。天ぷらや炒め物、また細かく刻んで香りに用いたりする。切り口から	**あしたばと豚コマ切れ肉の炒め物** フライパンに豚コマ肉を入れ弱火にかけ、火が通るまでじっくりと炒める。豚肉に火が通ればざく切りしたあしたば

あしたば	出るネバネバはカルコンというポリフェノールであしたば特有の成分。胃酸を抑える効果や強い抗菌作用がある。	を入れ、しんなりするまで炒める。酒・醤油・みりんを加え水分がなくなるまで炒め煮する。仕上げにゴマをふる。

神奈川県

地野菜・伝統野菜名	特　色	料理の例
三浦だいこん	2.5kg～3kgもあるずんぐりとした真っ白いダイコン。軟らかくみずみずしい。面取りをしなくても煮崩れず煮るほどに味がしみこむ。肉質がしっかりしているのでなますなどにしても軟らかすぎずにしっかりとした食感が味わえる。刺身のつまなどにも用いられる。	**三浦だいこんと鶏手羽元の煮物** 三浦だいこんは皮をむき輪切りにする。鶏手羽元はフライパンで全面に焼き目をつける。だいこんを水とともに鍋に入れ火にかける。だいこんが軟らかくなれば鶏肉を入れる。再度沸騰すれば火を弱め、みりん・醤油を入れ、水分がなくなるまで煮込む。器に盛りユズをふる。
湘南レッド	大磯二の宮で栽培されている生食用の赤（紫）タマネギ。収穫してから干すことで中まで年輪のように色づく。普通のタマネギより辛味が少なく水分と甘味が多いので薄くスライスし、サラダなどで食す。	**たっぷり湘南レッドの豚しゃぶサラダ** 豚スライス肉は80度程度の湯にくぐらせ火を通して、水に落とす。湘南レッドは薄くスライスする。皿に湘南レッド・豚肉・食べやすく切ったカイワレダイコンを盛り付け、ワサビを溶き入れたポン酢をあしらう。豚肉で湘南レッドを巻きポン酢をつけて食す。
相模半白きゅうり	相模地方で取れる黒イボ種の半分白っぽい太いキュウリ。皮は硬めでごついがキュウリ本来の苦味と甘味をもつ。みずみずしく歯切れがよい。主に生食。	**相模半白きゅうりの塩回し** 半白きゅうりを塩で板ずりし、よく洗い大きめに乱切りしたのち、ふり塩をし10分ほど置く。時間が経てばさっと水洗いし、よく冷やしそのまま食す。きゅうり本来の甘さと皮の苦味が楽しめる。

新潟県

地野菜・伝統野菜名	特　色	料理の例
長岡巾着	ソフトボール大になる巾着の形をした硬くて大きなナス。肉質がしっかりしているので皮ごと蒸し、そのまま薄く切り、ショウガ醤油やからし醤油で食べる。果肉がしまっているので煮崩れがなく、煮物にも合う。秋の食材と焚き合わせると相性がよい。	**長岡巾着のキノコ汁** 長岡巾着のへたを切り落とし、大ぶりに切る。シメジ・シイタケ・マイタケは石突を外し、大振りに切る。鍋に油をしき長岡巾着とキノコを炒める。長岡巾着に油が回ればだし汁を入れる。沸騰すれば火を弱め醤油を入れる。ショウガ汁を落として食べる。
寄居かぶ	肉質が軟らかく風味がよい。煮物・汁物・漬物とどんな調理法にも向く。またかぶのすわりがよいので中身をくり抜いて詰め物にしたりする。	**寄居かぶのエビ射込み** 寄居かぶの葉つき部を切り落とし、皮をむき中身をくり抜く。エビの叩き身とシイタケの微塵切りを合わせたものをくり抜いた部分に詰め、出し汁・みりん・薄口醤油で調味した地で煮含ませる。器に盛りふりユズをして食す。
かぐらなんばん	ピーマンよりもパプリカに似ている。肉厚で大型、辛味はあまりない。未熟な青なんばんは味噌炒めや天ぷら、完熟の赤なんばんはトウガラシ味噌や塩辛などにして食べられる。	**かぐらなんばんのおかか和え** かぐらなんばんは丸ごと焼き網で焦げないように焼く。火が通れば半分に切り種を除き、千切りにし、カツオブシと少しの醤油で和える。

富山県

地野菜・伝統野菜名	特　色	料理の例
五箇山かぶ	赤カブの一種。根部は塩漬け、葉部は干して保存される。赤カブ漬は塩蔵後、甘酢に漬け込む。塩蔵期間の長短により味が変わるので１年中違う味が楽しめる。ほとんど漬物として食される。	**五箇山かぶの千枚漬** 五箇山かぶは薄くスライスし、ふり塩をする。しんなりすれば水気を絞り、砂糖・酢・塩・昆布を合わせたものに漬け込む。一晩おいてから食す。

銀泉まくわ	銀泉がある美しいウリ。肉質が厚くしまり、あっさりとした甘味。上部に亀裂があれば完熟している。昔から夏のおやつとして食べられていた。保存は常温だが食す前に冷やすと上品な甘さで美味。	**銀泉まくわの ヨーグルトサラダ** 冷やした銀泉まくわを食べやすく切り出し、プレーンヨーグルトと和えて食す。夏に食欲のないときなど口当たりがよく美味。
どっこ	果皮が硬く厚いため長期保存ができるキュウリ。皮をむき葛引きや煮物にし、ショウガ汁を数滴落として食す。トウガンより食感が残り食べごたえがある。サラダなどの生食にも向き、浅漬けなどでもおいしい。	**どっこと豆腐の葛ひき** どっこは皮をむき、種を取り除き、斜めに薄くスライスし、薄塩を回す。鍋に食べやすく切り出した豆腐と出し汁を入れ火にかける。沸騰すれば火を弱め水気を絞ったどっこを入れ、淡口醤油で味を調え水溶き葛でとろみをつける。ショウガ汁を落として熱々を食す。

石川県

地野菜・伝統野菜名	特　色	料理の例
打木赤皮 甘栗かぼちゃ	加賀の伝統野菜。皮の赤身が強い方が甘味が強い。果肉は厚く粘質でしっとりとした味わい。通常のカボチャより色が濃い分、カロテンの含有量が多く、ビタミンCはトマトの約2倍ある。煮物・焼き物・スープなどどんな調理法にも向く。	**打木赤皮甘栗かぼちゃの 冷製スープ** 打木赤皮甘栗かぼちゃを半分に切り、種とワタを取り除き、塩を少々ふり蒸し上げ、熱いうちに出し汁とともにミキサーにかけ滑らかにする。粗熱が取れれば塩・コショウし、牛乳と混ぜ合わせ冷蔵庫でよく冷やす。食す直前に器に盛り付け刻んだパセリとショウガ汁を落とす。
加賀れんこん	通常のレンコンより穴が小さく身が詰まっている。でんぷん質が強いのですりおろすと餅のような粘りが出るのが特徴。つなぎを使わなくても団子状になるのでそのまま焼く	**加賀れんこんとヤマイモの エビしんじょう** 加賀れんこんとヤマイモの皮をむき、すりおろし、むきエビのたたき身と合わせよく混ぜる。食べやすい大きさにま

加賀れんこん	ことができる。中具にエビなどを入れて焼くと美味。	とめ、片栗粉をまぶし油で揚げる。塩とレモン汁で食す。
加賀太きゅうり	直径10cmにもなるキュウリ。果肉が硬いので薄くスライスしてサラダや酢の物にする。トウガンと同じように煮物でもおいしい。硬い果肉をそのまま食せば、青臭く苦味がある露地もののきゅうり本来の味が楽しめる。	**加賀太きゅうりの肉味噌かけ** 加賀太きゅうりは皮をむき縦半分に切り種を除き、5mm幅の斜め切りにし、熱湯でさっと茹でる。豚ひき肉をネギ、ショウガの微塵切りとともに炒め、味噌･砂糖･酒で味を調えておく。茹で上げたきゅうりの上に肉味噌をかけて食す。

福井県

地野菜・伝統野菜名	特　色	料理の例
勝山みず菜	甘さの中にほろ苦さが詰まっている独特の味は茎に多く含まれるため、勝山みず菜は「とう」を食べるといわれている。茎に火を通すと非常に甘く軟らかくなる。味噌汁や鍋物、お浸しなどにして食べる。	**勝山みず菜とジャコの煮浸し** 勝山みず菜をよく洗い、ざく切りにする。鍋に出し汁とチリメンジャコを入れ火にかける。沸騰すれば火を弱め水気を切った勝山みず菜を入れ火を強め、再度沸騰すれば醤油を入れ火を止める。
かわずうり	皮も実も軟らかく肉厚で歯切れがよい。漬物にされることが多く、中でも粕漬けの評価が高い。皮に縞模様があり、カエルに似ているためかわずうりといわれている。トウガンのように皮を薄くむき昆布だしで煮含めてもおいしい。	**かわずうりと豆腐のサッと煮** かわずうりの皮を薄くむき、一口大の大きさに切る。鍋に出し汁と豆腐を入れ火にかけ、沸騰すれば火を弱めかわずうりと薄口醤油・みりんを少々入れる。再度沸けば火を止め器に盛り、ふりユズかショウガ汁を落として食す。
大野さといも	独特の甘さがあり非常にねっとりとした食感が特長。煮込んでも煮崩れしないので煮物料理に向く。煮っ転がしや揚げ煮、味噌汁や鍋など。小さいいもは塩蒸しして食べると美味。粘りが特徴なので皮を	**大野さといもの揚げ煮** 大野さといもをよく洗い、鍋に水とともに入れ火にかける。10分ほど茹でれば陸上げし、皮をむく。フライパンに油を入れ火にかけ180度程度になれば皮をむいたいもを入

大野さといも	むかずそのまま茹でてから皮をむくほうが味が残る。	れ、表面がキツネ色になるまで揚げる。油から上げ、油分を切り塩を全体にふる。器に盛り付け温かいうちに食す。

山梨県

地野菜・伝統野菜名	特　色	料理の例
大塚にんじん	80cmから120cmもある太くて長いニンジン。濃い鮮紅色で独特の香りと甘味がある。ビタミンAやB2・Cは通常のニンジンの1.5倍から2倍あり栄養価も高い。油で炒める調理法が効率よくニンジンのもつ栄養を吸収できる。きんぴらや天ぷらなどに向く。	**大塚にんじんの真砂和え** 大塚にんじんは食べやすい長さの千切りにする。鍋に薄く油をしき、薄皮を外した明太子とにんじんを入れて弱火にかける。にんじんがしんなりし、明太子に火が入れば火を強め水分がなくなるまで煎り上げる。
おちあいいも	塩山落合地区で収穫されるジャガイモ。肉質はさらっとしているが煮崩れのしにくい煮物向きのイモ。見た目、質感はメークイーンに似ているので煮っ転がしや肉じゃがに向く。	**落合いもとベーコンの煮物** 落合いもの皮をむき食べやすい大きさに切る。鍋に2～3cmに切ったベーコンを入れ弱火にかける。ベーコンから油が出れば落合いもを入れ、ひたひたになるまで水を入れ、沸騰すれば醤油・みりんをいれ、水分がなくなるまで煮る。
八幡いも	八幡いもはサトイモの一種。地肌が白く、キメの細かいねっとりとしたとろけるような舌触りが特徴。泥をよく洗い流し、水から7～8分ほど茹でると簡単に皮がむける。包丁で皮をむくより安全でうま味も残る。	**八幡いもの煮っ転がし** 八幡いもはよく洗い、たっぷりの水とともに鍋に入れ火にかける。沸騰すれば火を弱め7～8分茹でた後、皮をむく。鍋に出し汁と皮をむいた八幡いもを入れ火にかける。八幡いもが軟らかくなればみりん・醤油を加え、煮汁がほぼなくなるまで煮込む。ユズをふって食す。

長野県

地野菜・伝統野菜名	特　色	料理の例
松本一本太ねぎ	甘味が強く軟らかい一本ネギ。群馬の下仁田ねぎと同じ品種。鍋物や炒め物など加熱すると一層甘さが引き立つ。生のまま薄く切り、三杯酢に漬けてもおいしく食べられる。	**松本一本太ねぎのネギ味噌** 一本ねぎを微塵切りにし、味噌・砂糖・カツオブシを入れてよく混ぜる。温かい御飯にのせたり、木へらなどに塗りつけ焼き目がつくまで炙り、そのまま酒の肴として食すとねぎの香ばしさを楽しめる。
小布施なす	へただけでなく枝にもとげのある野性味豊かな小布施なす。通常の丸ナスより硬いのが特徴。地元ではおやきの中具や蒸し煮、油焼などで食す。生食には向かない。	**小布施なすのクルミ味噌田楽** 小布施なすの天地を切り、横半分に切る。金串などでなすの実に穴を開け火が入りやすくする。フライパンに大目の油で焼く。両面にしっかり焼色がつくまで焼く。赤田楽味噌によくすったクルミを入れよく練り上げる。なすにクルミ味噌を塗り、オーブンで焼き上げる。
親田辛味だいこん	緻密な肉質で水分が少なく貯蔵性に優れている。青首だいこんの４倍の辛味成分イソチオシアネートを含む。ダイコンおろしとしてソバの薬味に用いられるがからみ餅や焼肉など消化に時間のかかる食材と合わせて食すると胃もたれを防ぐ。	**マグロの辛味だいこん和え** 脂の強いマグロを５mm程度の厚さに切る。すりおろした辛味だいこんをマグロの上にのせる。マグロで辛味だいこんを包んで辛子醤油をつけて食す。脂の強いマグロの味をそこなわずさっぱりと食べられる。

岐阜県

地野菜・伝統野菜名	特　色	料理の例
秋縞ささげ	加熱前には黒い縞模様としわがあるが茹でた後にはその縞もしわも消える。筋がなく青臭さもない食べやすい平さやのささげ。和え物や煮物など水煮調理に向く。湯通しする	**秋縞ささげのゴマ和え** 秋縞ささげを湯通しし、出し汁と薄口醤油を合わせた地に浸す。煎りゴマを当たり鉢で細かくすり、醤油を少々入れ和え衣をつくる。合わせ地か

秋縞ささげ	ときれいな緑色になることから「湯上がり美人」といわれている。	ら取り出し、食べやすく切り出した秋縞ささげを和え衣と合わせ、粉ザンショウをふる。
宿儺かぼちゃ	細長くヘチマのような形をしたカボチャ。岐阜県の伝統野菜。皮が非常に薄く、クリーミー。果肉は鮮やかな黄色。栗のようにきめが細かいのでスープやデザートなどによく合う。	**宿儺かぼちゃのエビ包み** 宿儺かぼちゃは皮をむき蒸して裏ごし、塩をふる。エビは殻をむき背ワタを取りぶつ切りにし、酒煎りし、塩、コショウする。裏ごしたかぼちゃでエビを包み団子状にする。鍋にだし汁を入れ火にかけ、薄口醤油・みりんで味を調え水溶き片栗粉でとろみをつける。器にかぼちゃ団子を入れ、上からとろみのついただしをかけ、ショウガ汁を落とす。
飛騨一本太ねぎ	白根の長い根深ネギ。年越しネギといわれ霜が降りるたびに甘さが増す。汁物・鍋物・すき焼き・炒め物・酢の物などどんな調理法にも向く。	**飛騨ねぎ一本焼** 飛騨一本ねぎをよく洗い、水気を切る。表面にオリーブオイルを刷毛で塗り、焼き目がつくまでじっくりと焼き上げる。中まで軟らかくなれば食べやすく切り出し、ショウガ醤油とカツオブシをかけて食する。

静岡県

地野菜・伝統野菜名	特　色	料理の例
水掛菜	アブラナ科の漬け菜の一種。濃い緑色をしている。生育が早い分、萎えるのも早く、地元での消費が主。漬物にするのが一般的だが最近は普及活動なども行われ、炒め煮・お浸し・軟らかいものはサラダなど新しい食べ方も紹介されている。	**豚肉の水掛菜巻** 水掛菜をざく切りし、食べやすい大きさにまとめ豚肉のスライスで巻く。鍋に出し汁・薄口醤油を入れて沸かし、豚肉で巻いた水掛菜を湯に通しながらポン酢またはゴマだれをつけて食す。

海老いも	もともとは京都の伝統野菜だが現在は磐田市の生産量が多い。サトイモの一種だが粘りが少なく上品なうま味があるので一度茹でこぼし、水にさらしてから薄味に煮含めることが多い。きめが細かく粘質で、干しダラなどと炊き合わせた料理に合う。京料理の棒タラと海老いもの炊き合わせは有名。	**海老いものあられ粉揚げ** 海老いもは皮をむき米のとぎ汁で軟らかくなるまで茹でる。軟らかくなれば水にさらす。出し汁・醤油・みりんをあわせ、食べやすく切り出した海老いもを入れて火にかけ、沸騰すれば火を弱め２～３分炊き火を止める。冷めれば小麦粉・卵白・あられを砕き細かくしたものをつけ油で揚げる。
折戸なす	三へたの丸ナス。実が硬くしまっているので油を使った加熱調理に向く。生で食すと果実のような風味もある。丸ナスで小ぶりのためその形状を活かした田楽や、中実をくり抜き射込みにしたりする。肉質のしっかりとしたナス。	**折戸なす** へたを切り落とし中実をくり抜く。タマネギの微塵切り・ひき肉・赤田楽味噌・くり抜いたなすの実を炒め中具にする。中具をなすに戻し、オリーブオイルを少しかけ、200度のオーブンで15分焼き上げる。

愛知県

地野菜・伝統野菜名	特　色	料理の例
八事五寸にんじん	色が濃く、芯が小さいので味が濃い。軟らかく早く煮えるが煮崩れはしない。甘味が強い。色が濃いので栄養価も高い。きんぴらや炒め煮・サラダなどに向く。	**八事五寸にんじんとオレンジのサラダ** 八事五寸にんじんは薄い短冊切りにし、３％の塩水に浸ける。しんなりすれば水気を絞る。オレンジ・オレンジジュース・オリーブオイル・刻んだレーズンを合わせた中に水気を絞ったにんじんを入れる。半日ほど置き味をなじませてから食す。
愛知縮緬《ちりめん》かぼちゃ	皮の表面がちりめん状になっており、果皮が非常に硬い。肉質は水分の多い粘質。果皮の際まで緑色の果肉のため、多少青臭さがある。ねっとりとした食感なので煮物向き。	**愛知縮緬かぼちゃの煮物** 縮緬かぼちゃの皮を厚めに切り取り、食べやすい大きさに切り出す。鍋に出し汁・砂糖・醤油・かぼちゃを入れ火にかけ、軟らかくなるまで煮上げる。

方領だいこん	根が全体的に白く、先が少し細く曲がっている。軟らかく肉質が緻密で煮物に向く。だいこん葉は横に広がり生育するので硬く、肉厚なので食べにくい。風呂吹きダイコンや含ませ煮などに向く。	**方領だいこんと鶏の煮物** 方領だいこんの皮をむき、食べやすい大きさに切り出す。鶏肉も食べやすく切り出す。鍋に昆布をしきだいこん・鶏肉・水を入れ火にかける。沸騰すれば火を弱めだいこんが軟らかくなるまで煮る。だいこんに火が入れば醤油・みりんを入れ2〜3分炊き、火を止めそのまま冷ます。食べるときに再度温めてから食す。

三重県

地野菜・伝統野菜名	特　色	料理の例
伊勢いも	粘りが強くこくがあり、あくが少ない。高級和菓子や高級和食店などで使われる。希少価値があるため店頭などでは見かけない。薄く切り、ワサビ醤油をかけたり、すりおろしてとろろ汁にしたりとその食感を楽しむ。非常に香りがよいのも特徴。	**伊勢いものとろろ汁** 伊勢いもの皮をむき目の細かいすり鉢などですりおろしたあと、すりこ木でよく混ぜる。だし汁・醤油・卵を入れよくすり、滑らかにする。ご飯を盛り付けた上にとろろ汁をかけて青のりをふる。
松阪赤菜	アブラナ科のダイコンに似た根菜。漬物にするといっそう紅い色がさえる。一般的には漬物とされるが口当たりがよいのでサラダにしたり、軟らかいのでスープでもおいしく食べられる。葉も軟らかくくせがないのでお浸しや漬物にする。	**松阪赤菜のチャーハン** 松阪赤菜の漬物を細かく刻み水気を切る。フライパンに油をしきご飯を入れ炒める。ご飯がパラパラになれば松阪赤菜の漬物を入れ全体になじむように混ぜながら炒める。器に盛りゴマをふる。
朝熊小菜	アブラナ科の青菜の一種。霜が当たるとうま味が増すといわれている。塩漬けにして細かく刻んでご飯に乗せて食べる。	**朝熊小菜の佃煮** 朝熊小菜を細かく刻みさっと茹で水気を切る。フライパンに油をしき、タカノツメを入れて火にかける。チリメンジャコと朝熊小菜、醤油・酒を入れて煎りつけ水分がなくなるまで煮る。火を止めてゴマをふる。

滋賀県

地野菜・伝統野菜名	特　色	料理の例
日の菜	京都の漬物で有名だが原種は滋賀県。ラディッシュとダイコンを合わせたような見た目。主に漬物にされているがダイコンより水分が少ないのでそのまま刻んで炒め物やサラダなどでもおいしく食べられる。	**日の菜のきんぴら** 日の菜をよく洗い、薄い斜め切りにする。フライパンに油をしきタカノツメを入れ、弱火にかける。タカノツメの色が変われば取り出し日の菜を入れる。日の菜がしんなりすればみりん・醤油を入れ水分がなくなるまで炒め、仕上げにゴマをふる。
万木かぶ	茎が白く軟らかで葉にギザギザがない。根の部分は10cm程度でまわりは鮮紅色だが中は白い。肉質は軟らかすぎず硬すぎず漬物向き。昔から主にぬか漬けにされているが最近は塩漬けにしてから甘酢につけたものもつくられるようになった。ぬか漬けはぬかの香りが強く繊維も軟らかく食べやすい。	**万木かぶの葉のふりかけ** 万木かぶの葉のぬか漬けを細かく刻み、よく洗い、水気を絞る。鍋にごま油をしき、タカノツメを加え万木かぶの葉の刻みを入れ全体に油がまわるまで炒める。酒・醤油・みりんを加え、水分がなくなるまで煎り上げる。
山田ねずみだいこん	小ぶりで根の肉質はきめが細かく軟らかく、香り高い。たくあん漬けに最適。また葉が細く軟らかいのが特徴で葉の漬物も根とは違った味わいがある。お正月の雑煮に入れたり七草粥のすずしろとして販売されたりと、その形が評価されている。	**山田ねずみだいこんのあっさり漬ユズ風味** 山田ねずみだいこんを根と葉に分け、根は薄く輪切りにし、葉は細かく刻む。根は３%の塩水、葉は４%の塩水にそれぞれ浸し、しんなりするまで置く。しんなりすれば水気をよく絞り、根と葉をよく合わせておく。ユズの皮を千切りにし、だいこんと合わせ、ゴマをふる。醤油少々を入れさっと合わせる。好みで七味トウガラシをふって食す。

京都府

地野菜・伝統野菜名	特　色	料理の例
九条ねぎ	葉ネギの代表。霜に当たり葉の内部におねばとよばれる透明なぬめりが出て、葉がその重みで倒れたものがもっともおいしい。葉の部分も十分に軟らかくすき焼きや鍋、笹うちにしてうどんに入れたりと用途の幅は広い。ぜいたくだが薬味にしても美味。	**九条ねぎと揚げの卵とじ** 九条ねぎは笹切りにする。油揚げは食べやすく切る。鍋に出し汁・醤油・みりんを入れ火にかけ油揚げを入れる。ひと煮立ちすればねぎを入れさっと混ぜとき卵をまわし入れ火を止める。器に盛り粉ザンショウをふる。
伏見とうがらし	トウガラシでありながらその辛味成分カプサイシンが入っていない甘いトウガラシ。そのまま焼き土佐醤油をかけて食したり焼き物や煮物の彩りとして使われることが多い。ピーマンと同じように夏野菜と煮込んだりして使う。	**伏見とうがらしとジャコの煮物** 伏見とうがらしのがくを取る。鍋にチリメンジャコと実ザンショウ・酒・醤油・みりんを入れて火にかける。沸騰すれば火を弱め１～２分炊き、伏見とうがらしをいれ水分がなくなるまで煮る。京都に古くからあるおばんざいの一つ。
壬生菜	みず菜と間違えられやすいが葉の丸いものが壬生菜。少し辛味があるので漬物にされることが多いが鍋物やサラダ・お浸しなどでもおいしい。京都では鏡開きの雑煮の青味として壬生菜が使われる。	**壬生菜とカリカリジャコのサラダ** 壬生菜は3cm程度に切り出す。ジャコは素揚げにする。レモン汁と土佐醤油を合わせておく。壬生菜とジャコを合わせて器に盛り合わせ醤油を上からかけて食す。

大阪府

地野菜・伝統野菜名	特　色	料理の例
天王寺かぶら	糖度が高く、カキのように肉質がしまっている。皮や葉も軟らかくおいしいので昆布とともに刻み漬けにする。根は煮崩れしにくいので煮物や風呂吹きなどにする。中型カブの代表。	**天王寺かぶらと油揚げの含ませ** 天王寺かぶらの葉を1cmほど根につけて切り、残りの葉は2～3cmのざく切りにする。かぶの根はくし切りにし、皮をむき下茹でする。鍋に出

天王寺かぶら		汁・下茹でしたかぶを入れ火にかける。沸騰すれば火を弱め切り出した油揚げとみりん・薄口醤油、切り出したかぶの葉を入れ、火を強め、2～3分炊き火を止める。一度冷まし味を含ませ、食べるときに再度温め、七味トウガラシをふって食す。
泉州なす	皮・肉質とも非常に軟らかく、水分をたっぷりと含む。泉州でしか育たない希少なナス。主にぬか漬けで食す。サクサクとした歯ごたえは水ナス特有。香りも高くフルーティーで、生食にも向く上品なナス。	**泉州なすの塩回し** 泉州なすのへたを切り落とし、くし切りにする。全体量の2％程度の塩をふり10分ほど置く。軽く水気を絞り、ショウガ汁を少しかけて食す。水ナス本来の味を楽しめる。
吹田くわい	通常のクワイに比べ小さいため「姫くわい」「豆くわい」といわれている。甘くホクホクしているのでよく洗いそのまま素揚げにして塩をふり食べても美味。芽が出るので縁起がよくおせち料理に煮しめにして使う。	**吹田くわいの揚げだし** 吹田くわいの皮をむき、芽を掃除する。そのまま素揚げし、出し汁・醤油・みりんを合わせ沸かしたものを上からかけ、ダイコンおろしとおろしショウガをのせる。

兵庫県

地野菜・伝統野菜名	特　色	料理の例
太市たけのこ	盛り土をし地中で大きく太くさせる。軟らかく、シャキシャキ感があり、香り高く、甘味のあるのが特徴。粘土質の土壌なので大きく太いわりにえぐみがない。タケノコは鮮度が重要なので掘り立てをすぐに茹でる。通常はぬか湯がきをするが鮮度のよいものは塩水で茹でる。	**太市たけのこの土佐醤油焼** 鮮度のよい太市たけのこを塩水で茹でそのまま冷ます。冷めれば皮をむく。再度茹でこぼし、食べやすい大きさに切り出し、焼き網で表面に焼き色がつくまで焼き、カツオブシを入れた醤油を塗り、再度さっと焼き上げる。

丹波黒豆	丹波篠山の黒豆は未熟時の枝豆、完熟時の大豆とも全国的にその味と風味で知名度が高い。むっちりとしてマメの匂いが強く個性が強いので未熟マメの枝豆は塩茹で、黒豆は甘煮や煎り付けて炊き込みご飯にしたりと汎用性は広い。	**丹波篠山枝豆とトウモロコシのかき揚げ** 丹波篠山の枝豆をさやごと茹で、豆を出しておく。トウモロコシも茹でたあと実をもいでおく。トウモロコシと枝豆をボウルに入れ小麦粉・水を入れさっとかき混ぜ180度の油で揚げる。揚がれば塩をふり器に盛り付ける。
三田うど	ピンク色で軟らかく繊維の少ないウド。香りが高いので主に生食にする。酢味噌和えやサラダなどが美味。加熱すると独特の色身が消えてしまう。天ぷらやきんぴらにも合うが淡白な味のため長時間の加熱には不向き。	**三田うどの酢味噌和え** 三田うどの皮をむきスティック野菜状に切り出し、さっと酢水にくぐらせる。味噌に七味トウガラシ・砂糖・酢を合わせてよく混ぜる。うどに合わせ味噌をつけて食する。

奈良県

地野菜・伝統野菜名	特　色	料理の例
大和まな	アブラナ科の野菜。コマツナやダイコンの間引き菜に似ている。お浸しや煮物、漬物とどのような調理にも向く。まろやかな歯ざわりとさっぱりとした中にもうま味のある独特の風味をもつ。	**大和まなと豚肉の炒め煮** 大和まなはよく洗い、ざく切りにする。鍋に食べやすく切った豚肉を入れ、色が変わるまで炒め、出汁を入れる。だしが沸騰すれば火を弱め大和まなを入れ、醤油を加え2～3分炊き、火を止める。
宇陀金ごぼう	宇陀金ごぼうが栽培される土壌には雲母が含まれているのでゴボウに付着し、キラキラ光って見えるのが特徴。縁起がよいとされるのでおせち料理に使われている。肉質が軟らかく香りがよい。	**宇陀金ごぼうのきんぴら** 宇陀金ごぼうをよく洗い、大ぶりの拍子木切りにし、水にさっとくぐらせる。鍋にゴマ油をしき種を取ったタカノツメを入れる。水気を切ったごぼうを入れ煎りつける。醤油・酒・砂糖を入れ水分がなくなるまで炒め上げる。火を止めゴマをふる。

大和いも	粘りが強く、うま味があり高級和食や和菓子に使用される。皮をむいて切り出し、蒸してから裏ごし生地にして中具を入れて饅頭にしたり、すりおろして魚のすり身と合わせしんじょにしたりする。	**大和いもの磯部揚げ** 大和いもの皮をむいて細かい目ですりおろし、塩少々をふる。おろした大和いもをのりで巻き180度の油で揚げる。天つゆとダイコンおろしを添えて食す。

和歌山県

地野菜・伝統野菜名	特　色	料理の例
うすいえんどう	グリーンピースに似た、さやいっぱいに実った大きな丸い豆が特徴。軟らかく薄皮で味がよく香りが高い。豆が空気に触れると皮が硬くなるので水の中でさやから出すとよい。その後、熱湯でさやとともに茹でる。さやを入れることで豆の香りが残る。	**うすいえんどうの卵とじ** うすいえんどうを水の中でさやから出し熱湯でさやとともに茹でる。軟らかくなれば陸上げする。出汁にみりん・醤油で味をつけて火にかけておく。沸騰すればうすいえんどうと溶き卵を入れ火を止める。器に盛り付け木の芽をあしらう。
千石豆	インゲンマメをつぶして扁平にした形。香りがとても独特でゴマ和え、煮物、炒め物、揚げ物と加熱調理に向く。その独特な香りから嗜好性が強く、一般的には流通していない。その特異な形から料亭などで炊き合わせとして出されている。	**千石豆とベーコンの炒め物** 千石豆はさっと茹でておく。フライパンに切り出したベーコンを入れ弱火にかける。ベーコンから脂が出てくれば湯がいた千石豆を入れて炒める。醤油を少々入れさっと混ぜ火を止める。
青味だいこん	長さ12cm程度の小さいダイコンで、主に椀種のあしらいとして使われる。お椀の大きさに合わせ切り出され、冬のご祝儀に使われていた。味噌漬けなど漬物でもおいしく食べられる。	**青味だいこんの西京漬け** 青味だいこんの皮を薄くむき2％の塩水に30分程度つける。時間が経てば取り出し、西京味噌の床に1日漬け込む。焼き魚のあしらいは前菜の盛り合わせなどに使う。

島根県

地野菜・伝統野菜名	特　色	料理の例
津田かぶ	近江の日の菜に似て香りが高く味が濃い。肉質は軟らかく主に漬物にされる。まがたまの形をした赤カブ。漬けた後でも表面のみ赤く中は白い。ほとんどが漬物にされるため1週間ほど天日で干してから出荷されるのが特徴。そのため市場に生で流通されることはほとんどない。	**津田かぶ漬けの散らしずし** 津田かぶ漬けの水分を切り細かく刻む。すし飯をつくり刻んだ津田かぶ・ゴマ・甘辛く炊いたシイタケを刻んだものとよく混ぜ合わせる。皿に盛り付け錦糸玉子を飾り、茹でた絹さやを散らす。
黒田せり	香りがよく歯ごたえがよい。さっと茹でてゴマ和えやお浸し、鍋物にもよい。地元では正月の雑煮に入れたり、七草粥に入れたりと冬の行事食として使用されている。	**黒田せりのお浸し** せりをよく洗い、根の部分を切る。鍋に湯を沸かし、さっと茹で水に落とす。よく水気を切り食べやすく切り出し、器に盛りだし醤油をかけ削り鰹をのせる。
飯島《はしま》かぶ	肉質が軟らかく甘みがあり歯ごたえがよい。外皮が紅色で中身が白い。漬物にすると外皮の赤色が落ちてしまい一般の流通には乗らなかったが、地元では浅漬け・ぬか漬けにする。また古漬けを塩抜きし、醤油と砂糖で炒めて食べたりする。	**飯島かぶのなます** 飯島かぶの葉を落としよく洗い、薄くスライスする。3%の塩水につけしんなりすればかたく水気を絞る。甘酢をつくり、かぶを漬ける。食べるときにユズをふる。

鳥取県

地野菜・伝統野菜名	特　色	料理の例
砂丘らっきょう	厳しい温度差と水はけのよい土壌環境でつくられる砂丘らっきょうは大ぶりで繊維が緻密。歯ざわりのよさと独特の香りが続く。もっぱららっきょう漬けにされるが、生のまま味噌をつけたり、刻んで薬	**砂丘らっきょうの** **モロミ味噌焼** 砂丘らっきょうはよく洗い、ひげの部分を切り落とす。モロミ味噌をらっきょうに塗り、オーブントースターで焦げ目がつくまで焼く。

砂丘らっきょう	味にもする。さっと茹で、酢味噌で和えてもおいしい。	
伯州ねぎ	根深ネギの一種。寒さを越すと甘さが増しおいしくなる。軟らかい白ネギは千切りにし、少し水にさらしてから水気を絞り、カツオブシと酢醤油をかけて食べると美味。鍋物や汁物、そのまま焼きネギにし、醤油をかけてもおいしい。	**伯州ねぎのねぎま** 鍋に食べやすく切り出した伯州ねぎを入れ、だし・醤油・みりんをひたひたに入れ火にかける。沸騰すればマグロを入れ、マグロの表面の色が変わる程度で食す。ねぎがマグロのうま味を吸収し軟らかくなったらねぎを食す。
花御所柿	大ぶりで淡白、甘さが控えめ。生食もよいが、そのあっさりした味から料理にも向く。短冊に切り生酢に入れた柿生酢や鶏肉と炊いた煮物など。白和えや白酢和えなど和え物にも向く。	**花御所柿の柿なます** ダイコン・ニンジンを短冊に切り、3%の塩水に浸し、しんなりすれば水気をしっかり絞る。柿もダイコン・ニンジンと同じように切り出しておく。ミツバは2cm程度の長さに切り出しさっと茹で、水に落とす。三杯酢にカツオブシを入れ一度こし、カツオブシを絞る。ダイコン・ニンジン・柿を三杯酢に入れ味をなじませる。器に盛り付けミツバを散らす。

岡山県

地野菜・伝統野菜名	特　色	料理の例
黄にら	黄にらは日光を遮断して栽培するので普通のニラと比べて軟らかく、香りよく食べやすい。炒め物・お浸し・天ぷらとどんな調理法でもおいしく食べることができる。普通のニラと同じように調理できる。	**黄にらとモヤシのさっと炒め** 黄にらはざく切りにする。キクラゲは水戻ししておく。フライパンにゴマ油をしき、タカノツメを入れ火にかける。豚挽き肉を入れ色が変われば水気を切ったキクラゲ、黄にら、モヤシ、塩、コショウ、醤油を入れさっと炒める。器に盛り、砕いたピーナッツをふる。

衣川なす	大ぶりで肉質のしまった皮の薄い味の濃いナス。ほかのナス同様、油との相性がよい。大き目の筒切りにし、田楽にしたり、煮物にしたりと加熱調理に向いている。生食より加熱調理向き。	**衣川なすの揚げだし** 衣川なすを大きめの一口大に切り出し180度の油で揚げる。出し汁・醤油・みりんを合わせ一度火にかける。揚げたなすを器に盛り合わせ調味料をかけダイコンおろしとカツオブシをのせる。
白桃	岡山の白桃はブランド力もあり、高品質で有名。繊維が少なくみずみずしく糖度も高い。主に贈答用として使われる。料理にするよりそのまま食す。未熟で果皮に傷などのあるものはコンポートなどにし、瓶詰めなどにして販売される。	**白桃のコンポート** 白桃は半分に切り薄く皮を向く。砂糖・水・はちみつ・レモン汁を合わせて一度沸騰させた中に桃を入れ静かに沸騰をさせないようにじっくりと煮る。そのまま冷まして冷蔵庫で保管する。使うときに好みの大きさに切り出す。

広島県

地野菜・伝統野菜名	特　色	料理の例
矢賀ちしゃ	赤身が強くちりめん状の程よい苦味のあるプリーツレタス。サラダはもちろんのことその苦味が独特なので焼肉を巻いたり、手巻きすしののりの代わりに使用したりする。	**米粉オムレツ矢賀ちしゃ巻** モヤシ・ニラ・挽肉を炒め、醤油で味をつける。割りほぐして米粉を入れた卵をフライパンに流し、炒めた野菜を卵の上に置き卵で包む。器にオムレツを盛り付け別皿に矢賀ちしゃを添える。矢賀ちしゃで卵を包んで食べる。
観音ねぎ	普通の葉ネギより白い部分が多いが非常に軟らかいネギ。関東の分ネギに近い。甘味が強くくせがない。広島名物のお好み焼きやネギ焼などに使われる。辛味が少ないので薬味にしたり、さっと加熱して酢味噌かけやお浸しなどに向く。	**観音ねぎ焼** 観音ねぎを細かく小口切りにする。小麦粉を水で溶き、卵を入れてよく混ぜる。観音ねぎをたっぷり加えゴマ油をしいたフライパンでじっくりとキツネ色になるまで両面焼き上げる。器に盛り付け七味トウガラシ醤油を塗り食す。

青大きゅうり	長さ30cm、重さ1kgもある巨大キュウリ。みずみずしく加熱調理をしてもキュウリの香りとうま味が残る。サラダ・漬物以外に煮物・炒め物・汁物にも向く。和・洋・中とどんな料理にも使える。	**青大きゅうりと鶏肉の炒め物** 青大きゅうりと鶏肉は一口大に切り出す。鶏肉に酒・醤油をまぶしておく。フライパンにゴマ油を入れ豆板醤、ネギ・ショウガを入れ火にかける。豆板醤の色が変われば鶏肉を入れ火を通す。出し汁・醤油・みりんを加えさっと煮、きゅうりを加え、水分があれば水溶き片栗粉でとろみをつける。仕上げに酢を少々ふり完成。

山口県

地野菜・伝統野菜名	特　色	料理の例
岩国れんこん	もっちりした粘りとシャキシャキ感の両方の食感をもつ。天ぷら・酢の物・煮物・炒め物などどんな調理にも向く。ほかのレンコンに比べ穴が一つ多い事から「見通しがよい」とされ縁起物としておせちの煮しめに使われる。	**岩国れんこんのきんぴら** れんこんをよく洗い、皮をむき1cm厚の輪切り、または半月切りにする。フライパンにゴマ油をしき、タカノツメを入れ火にかける。油が温まればれんこんを入れ、さっと炒める。醤油・酒・砂糖を入れ水分がなくなるまで炒め煮にする。
たまげなす	長さ30cm、重さ500gもある大きなナス。大ぶりの割には肉質が細かく皮も軟らかく甘い。大味なようだが実はしっかりと詰まっている。焼ナス、和え物、煮物、揚げ物、和洋中とどんな調理法にも向く。	**たまげなすのオーブン焼** たまげなすのへたを切り落とし5cm厚程度の輪切りにする。フライパンにオリーブオイルをしき両面をこんがりキツネ色に焼き、200度のオーブンに15分入れる。焼き上がれば器に盛り、おろしショウガ・カツオブシ、天つゆをかけて食べる。
かきちしゃ	赤いちりめん葉のかきちしゃ。寒くなると一層赤くなる。茎の周囲に葉が互い違いにつきそれをかきとって食べるの	**かきちしゃとジャコのサラダ** かきちしゃをよく洗い、水気を切る。チリメンジャコは油で揚げカリカリにしておく。

かきちしゃ	でかきちしゃといわれる。ほろ苦さがありサラダや酢の物で食す。焼き肉を包んで食べても美味。	油揚げは千切りにし、油でカリカリになるまで揚げておく。ちしゃを器に入れチリメンジャコと油揚げを上からかけ、酢醤油をかけて完成。

徳島県

地野菜・伝統野菜名	特　色	料理の例
なるときんとき	なるときんときは皮が紫色で中身は黄金色のことから金時いもと呼ばれる。栗のようにホクホクで甘く、石焼イモや天ぷらが合う。粉質なので水煮調理よりも間熱調理に向く。糖分の高いイモなので石焼イモのようにじっくりと温度を上げていくと甘さが増す。	**なるときんときの和三盆焼** なるときんときを丸ごとじっくりと蒸し上げる。竹串が通るようになれば蒸し器から出し、食べやすく切り出し、和三盆をふりかけオーブントースターで焼く。周りがカリッとすれば完成。
すだち	全国シェアの97%を徳島県が占める。その香りのよさから土瓶蒸し、白身魚の刺身、お吸い物、焼魚のあしらいやサラダと、さまざまな料理の味を引き立てる。料理屋などでは皮の表面のみ薄くすりおろし、冷やし炊き合わせの香りにしたりと活用の場は多い。	**すだちのおろしポン酢** 醤油・みりんを同量合わせ、さし昆布をして一晩置く。鍋に入れ火にかけ沸騰すればカツオブシを入れこす。ダイコンをおろし、合わせ調味料と絞ったすだち果汁を同量入れる。焼き魚や焼肉のつけだれとして食す。
源平いも	直径４～5cmのジャガイモ。同じ土壌から赤いイモと白いイモが取れる珍しいイモ。小ぶりで舌触りがよく、たいへん甘い、地元でしか消費されない希少なイモ。	**揚げ源平いものそぼろかけ** 源平いもをよく洗い、蒸し器で蒸してから油で揚げる。周りがカリッとすれば温かいうちに、醤油・みりん・だしで味をつけた鶏肉のそぼろをかける。器に盛り好みで粉ザンショウをかける。

香川県

地野菜・伝統野菜名	特　色	料理の例
三豊なす	皮が軟らかい水ナスの仲間。塩漬け、煮物、焼ナスなどにして皮ごと食べる。あまりに皮が軟らかく物流の過程で傷が入ってしまうので市場に乗せられない地産地消素材。地元では三豊なすを皮ごと焼き、ショウガ醤油や酢味噌をかけて食す。	**三豊なすのオリーブオイル焼** 三豊なすを半分に切り茶せんに切り目を入れる。オリーブオイルと塩をふりオーブン200度で15分間焼く。器に盛り付けショウガ汁をかける。
金時にんじん	京都が有名だが香川の生産量も多い。香りが強いので一度下茹でし、含ませ煮にしたりすりおろしてゴマ豆腐に入れたりする。独特の橙色を活かし、日出椀として使用したり、あけぼのかんと称し寄せ物にしたりと縁起物に使われることが多い。	**金時にんじんの天ぷら** 金時にんじんを極細に切る。小麦粉を水で溶き薄い衣をつくる。にんじんの千切りを箸でまとめ衣にくぐらせ180度の油で揚げる。カリッとすれば油から上げ塩をふり完成。
オリーブ	香川県小豆島の特産物。圧搾したてのオリーブオイルはオリーブジュースともいわれている。香りよくピュアな仕上がり。非常に香りがよいので加熱せず、ドレッシングとしてサラダにかけたり、冷奴にかけるとおいしい。	**イワシのオリーブオイル漬け** ひしこイワシを3枚におろし骨を取り、塩を回す。塩が回れば水分をふき取りオリーブオイルに漬ける。1～2日置いてから食べる。

愛媛県

地野菜・伝統野菜名	特　色	料理の例
庄だいこん	日に当たった部分が赤いずんぐりしたダイコン。非常に甘くみずみずしい。繊維が軟らかく煮物などにすると煮崩れを起こすので主に生食とする。よく洗い、皮をむかずに薄くスライスしてサラダや浅漬けにする。	**庄だいこんとナガイモのサラダ** 庄だいこんは千六本に切る。ナガイモは皮をむきだいこんと同じ大きさに切る。だいこんとナガイモを合わせ軽く混ぜ、器に盛り付け、二杯酢をかけ削り節と針のりをのせて完成。

絹皮なす	皮が絹のように薄く軟らかく、果肉に甘みのあるナス。350g～500gもある大型のナス。米ナスのような形だがへたが紫色。強火でさっと揚げたり、油焼きなどにするとむっちりとしておいしい。浅漬けでも食べられている。	**絹皮なすのショウガ焼き** 絹皮なすを縦に4等分に切り、小麦粉をつける。多めの油をフライパンに入れなすを入れ、両面をこんがりと焼く。酒・醤油・みりん・おろしショウガ・トマトの微塵切りを合わせた調味料を流し入れ、水分がなくなるまで焼き上げる。
清水一寸そらまめ	一粒が3センチもあるマメが2～3粒ひとつのさやに入っている。ソラマメは乾燥を嫌うので水の中でさやから出し、塩茹でや煮豆、天ぷらにする。さやごと真っ黒になるまで焼いた焼きソラマメなども、素材そのままの味が味わえる。	**一寸そらまめのかき揚げ** そらまめを水の中でさやから出し、薄皮をむく。小麦粉を水で溶き、そらまめを入れ2～3粒まとめて揚げる。揚げたてに塩をふり食する。

高知県

地野菜・伝統野菜名	特　色	料理の例
十市なす	身のしまった味の濃い小ナス。もっぱら料亭などで利用される。半分に切り目を入れ油で揚げ、間に味噌を挟んだり、茶せんに包丁目を入れ炊き合わせにしたりする。色が濃く、退色しにくい。	**十市なすの揚げ煮** 十市小なすの皮目に茶筅に包丁目を入れ，油で揚げる。だし・酒・醤油・みりんを合わせて一度沸騰させた合わせだしに揚げたてのなすを入れ急冷する。冷たくなれば器に盛り付け、ふりユズをして完成。
弘岡かぶ	直径20cmほどの歯ざわりのよい大型のカブ。主に漬物にされるが、皮をむき濃い目にとった出し汁で炊くとおいしい。弘岡かぶは肌がきれいできめが細かく水分が多いので煮崩れしやすいが、とろっとした舌触りで煮物でもおいしく食べられる。	**弘岡かぶと鶏の煮物** 弘岡かぶの皮を厚めにむき大ぶりのくし切りにする。鶏肉と昆布で濃い目の出しをとる。出し汁に切り出したかぶと別に切り出した鶏肉とみりん・醤油を入れて、かぶが軟らかくなるまで煮上げる。

根しょうが	全国の生産量の半分を占める。大ぶりで肉質がしっかりしているが繊維が軟らかい。辛味が強いが苦味の少ないのが特徴。和食や中華料理の香りに欠かせず、身体を温める作用があるため風邪によいとされている。しょうがを薄く切り蜜煮にし、乾燥させたしょうが糖は紅茶などに入れると美味。	**しょうが飴** 50g程度のしょうがをよく洗い、薄く皮をむきすりおろす。上白糖を120g程度入れ弱火にかける。しょうがが透き通ればビンなどに移し冷めれば蓋をする。しょうが湯などにして飲んだり、調味料として使う。

福岡県

地野菜・伝統野菜名	特　色	料理の例
山潮菜	山潮菜はカラシナの系統で辛味のある葉カラシナ。特有の辛味と香りがある。主に漬物にする。一度茹でこぼし、水気を切ることで辛味が出る。一般の市場に原料で出回ることはきわめて少ない。地元では煮物・炒め物などで食す。	**山潮菜漬（山汐漬）のチャーハン** 山潮菜漬を細かく刻み水気を切る。フライパンに油をしき、火にかけ、溶き卵を入れる。卵に火が通れば刻んだ山潮菜漬とご飯を入れよく炒める。全体に漬物が混ざれば器に盛り付ける。
大葉しゅんぎく	葉が軟らかくきざみがまったくなく香りが高く肉厚で食べごたえがある。茎も香り高く甘味がある。葉は、鍋物・和え物・天ぷらなど、火を通し過ぎないようにする。茎は茹でてサラダや和え物などで食べる。	**大葉しゅんぎくと白身魚の酒蒸し** 器に昆布をしき、白身魚・豆腐・しゅんぎく・シイタケを盛り付け、ラップをし、蒸し器に入れる。12～13分蒸し、蒸し器から出し、ポン酢を添えて食す。
かつお菜	タカナの一種だが辛味がない。葉は濃緑色で肉厚。うま味が濃いといわれるのでかつお菜といわれる。お浸し・和え物・漬物・煮物などで食すが地元では雑煮に入れるのが一般的。	**かつお菜とブリのさっと煮** 酒・だし・醤油を鍋に入れ火にかける。沸騰すればさっと霜降りしたブリを入れる。再度沸騰すれば火を弱めブリの火が通るまで炊き、火が入れば食べやすく切り出したかつお菜を入れ2～3分炊き火を止める。器に盛り付けユズをふり、完成。

佐賀県

地野菜・伝統野菜名	特　色	料理の例
女山だいこん	葉も根も赤紫色の、糖度が高いダイコン。生でも煮ても非常に甘いのが特長。煮崩れもしないのでおでんや煮しめなどでもおいしい。煮ると甘味が増すので煮物はあまり糖分を加えずにだいこんの甘さで加減する。	**女山だいこんと豚バラ肉の角煮** 豚バラ肉は軟らかくなるまで茹でこぼし、3cmの角切りにする。鍋に昆布と3cm角に切っただいこん・ひたひたの水を入れ火にかける。だいこんに火が入れば豚肉を入れ沸騰すれば醤油とテンメンジャンを入れ、水分がなくなるまで煮上げる。器に盛り付け、溶き辛子を添える。
桐岡なす	薄紫色をした400g程度ある大きいナス。米ナスほどの大きさがあるが一般の長ナスと同じ紫色のへた。皮が薄く軟らかく、果肉はふんわりとしている。地元では丸ごと炭火で焼き上げ醤油をかけ皮ごと食べる。	**桐岡なすの揚げだし** 桐岡なすのへたを切り落とし、丸ごと油で揚げる。皮がはじけるくらい火が入れば油から出す。手で食べやすく切り出し、ダイコンおろしと天つゆをかけて食す。
諸石れんこん	肉質が雪のように白いため「白れんこん」とよばれている。糸引きがよくホクホクとした食感で甘味が強い。生でも食べられ、焼レンコンや酢レンコン・煮物・炒め物・揚げ物と、どんな調理法でもおいしく食べられる。	**諸石れんこんの焼き浸し** 諸石れんこんの節を切り落とし、よく洗い、丸ごとじっくりと焼き上げる。全体に焼色がつけば火からおろし、食べやすく切り出す。醤油・だし汁・カツオブシを合わせた中に温かいうちに浸す。冷めるまで置き、味をなじませてから食す。

長崎県

地野菜・伝統野菜名	特　色	料理の例
長崎赤かぶ	肉質は軟らかく独特の風味がある。スープの具や和え物・サラダ・ソテーなどどんな調理にも向く。酢の物にすると色素が安定し、きれいな赤い色となるため漬物などにも向いており、製品として販売されている。	**長崎赤かぶのソテー** 長崎赤かぶは1cm程度の輪切りにする。フライパンにオリーブオイルをしきかぶを両面焼く。醤油少々とバルサミコ酢を入れて火を止める。器に盛り付け、タマネギの微塵切りとパセリのみじん切りを上からかける。
長崎長なす	40cmにもなる長いナス。皮も実も軟らかくしっかりとした肉質。輪切りにしソテーしたり、さっと揚げて出し醤油をかけても美味。塩を回し、水分を出し、ミョウガやショウガと合わせた即席漬けなども美味。	**長崎長なすのトマト煮込み** 長崎長なすを輪切りにし、トマトはざく切りにしておく。ニンニクは微塵切りにする。フライパンにオリーブオイルをしきニンニクを炒めなすとトマトを入れる。水分が出るように弱火で炒め、醤油を少々加え水分がなくなるまで煮る。
長崎はくさい	葉がちりめん状で肉厚で軟らかい。ハクサイとターサイが交雑してでき唐人菜とよばれる。漬物や炒め物にする。地元では豪華な長崎雑煮に入れられる。唐人菜の漬物は「ぶらぶら漬」といわれ高評価を得ている。早生と晩生では色目も形もまったく違うのも大きな特徴。	**長崎はくさいと豚肉の卵とじ** 長崎はくさいを食べやすくざく切りし、豚肉も食べやすく切り出しておく。フライパンに油をしき刻みショウガを入れる。軽く炒め、豚肉を入れ火を通し、はくさいとひたひたの出し汁、醤油少々を入れる。はくさいがしんなりすれば、溶き卵を流しいれ、蓋をし、火を止める。器に盛り付け粉ザンショウをふる。

熊本県

地野菜・伝統野菜名	特　色	料理の例
水前寺菜	葉表は濃緑、裏が紫色をした肉厚な葉野菜。生でも食べられるがさっと茹でてお浸しや、油炒め、味噌汁の具などに使用する。独特の粘りと香りがある。加賀野菜の金時草と同じ。	**水前寺菜のニンニク炒め** 水前寺菜をザク切りにする。フライパンにニンニクの微塵切りとタカノツメを入れ火にかける。ニンニクの香りが出れば水前寺菜を入れさっと炒め醤油を入れる。器に盛り付け針のりをふる。
黒皮かぼちゃ	粘質系の水分の多いカボチャで日本在来種。切り出し、下茹でしてから味を含ませる。料亭などで炊き合わせに使われる。漬物として一部加工されている。しっとりとしているので食べやすくスープの具や蒸し物にしても美味。煮崩れしにくいので煮物に向く。	**黒皮かぼちゃの葛引き** 黒皮かぼちゃを5mm程度の厚さに切り出す。タマネギ・ニンジンも薄く切り出す。鍋にだしを入れ切り出した野菜を入れる。それぞれの野菜に火が入れば醤油・みりんを加え水溶き葛でとろみをつける。器に盛り付け、おろしショウガを入れる。
熊本赤なす	皮が赤みを帯びた、普通のナスの3倍程度もあるナス。果肉が軟らかく、うま味がありまろやかな甘味がある。焼ナス・揚げナス・煮物・田楽など加熱をするとトロトロの食感になる。	**焼赤ナスのゴマ和え** 焼きなすは丸ごと焼き上げる。完全に火が通れば水に落とし、粗熱が取れれば皮をむき、果肉を食べやすくほぐす。練りゴマ・醤油・砂糖を少々合わせ和え衣をつくる。なすと和え衣を和え器に盛り付け、すりゴマをふる。

大分県

地野菜・伝統野菜名	特　色	料理の例
久住高菜	葉がアザミのようにギザギザしている。茎が細く長く軟らかいピリッとした辛味が特長のタカナ。久住高菜はほとんどが自家消費のため市場には出回らない。久住高菜漬として販売されているが物量としてはかなり少ない。	**久住高菜漬の餃子** 久住高菜漬を細かく刻み、挽肉と合わせて具をつくる。餃子の皮で包み、フライパンで蒸し焼きにする。
宗麟かぼちゃ	日本に最初に伝来したカボチャ。日本カボチャの菊座形。粘質形で煮崩れしにくい。甘さは少なく水分が多い。煮つけなどより炊き合わせのような、あっさり煮含める調理法が向く。	**宗麟かぼちゃと鶏の炊き合わせ** 鶏モモ肉は食べやすく切り出す。宗麟かぼちゃも食べやすく切り出し、皮をところどころむく。宗麟かぼちゃは一度串が通る程度まで茹でておく。鍋に昆布・鶏肉・ひたひたの水を入れ火にかける。沸騰すれば火を弱め鶏に火が通るまで煮、火を通した宗麟かぼちゃ、薄口醤油・みりんを入れ2～3分炊き火を止め味を煮含ませる。冷めるまで置き、食べるときに再度温めて器に盛り付ける。
かぼす	生産量98％が大分産。柑橘類の中でも酸味が少なく香りがよいため、食材の味を壊すことなく素材の味を引き立たせる。焼き魚・焼肉・鍋物・蒸し物などに添えるとさっぱりと食べられる。	**アジのかぼす締め** アジを三枚におろし中骨を抜き、ふり塩をする。塩が回ればかぼすの絞り汁にさっとくぐらせ、皮をむき、食べやすく切り出す。サラダに入れたり、刺身のようにつまをあしらって食す。

宮崎県

地野菜・伝統野菜名	特　色	料理の例
佐土原なす	熊本赤なすや佐賀の桐岡なすに似た紫色の薄いナス。肉厚で軟らかく、焼ナスに向いており、皮ごと焼き、皮をむき、カツオブシをのせて食べるとトロッとした口当たりが楽しめる。	**佐土原焼なすのせ梅にゅう麺** 佐土原なすを皮ごと焼ナスにし、皮をむき、出し汁に浸す。素麺を硬めに茹で上げる。出し汁・梅干を鍋に入れ火にかけ、沸騰すれば茹で上げた素麺・薄口醤油・塩を入れ味加減する。器に温かい素麺・なすを盛り付け、味加減した梅干入りの出し汁を張る。
日向かぼちゃ	日本かぼちゃ、黒皮かぼちゃともいわれている。粘質系のカボチャで実が軟らかく、煮崩れしにくいので煮物向き。たっぷりの出し汁で煮含めると美味。炊き合わせや、中身をくり抜き中具を詰めてグラタンにしたり、蒸し物にしたりもする。	**日向かぼちゃの肉詰め** 小さめの日向かぼちゃを横7：3に切り出し、中身をくり抜く。豚肉・タマネギの微塵切り・ショウガの微塵切り・溶き卵・水溶き片栗粉・醤油・塩・コショウを合わせよく練り上げる。日向かぼちゃの中に中具を詰め20分から30分蒸しあげる。出し汁・醤油・みりんを合わせて火にかけ水溶き片栗粉であんをつくり、蒸しあげたかぼちゃにかけて食す。
筍いも	サトイモの親イモを食べる品種。タケノコのような形をしている。厚めに皮をむき、米のとぎ汁で串が刺さるまで茹で、水にさらしてから出し汁でコトコトと炊き、十分に軟らかくしてから調味をする。煮しめや汁物の具などで食べる。	**筍いもの煮締め** 筍いもの皮を厚くむき、米のとぎ汁で軟らかくなるまで茹で、水にさらす。鍋にだし汁・筍いもを入れ火にかけ沸騰すればみりん・砂糖・醤油を入れ、水分がなくなるまで煮る。器に盛り刻みユズをふる。

鹿児島県

地野菜・伝統野菜名	特　色	料理の例
安納いも	種子島の代表的イモ。水分が高く加熱するとねっとりとしたクリームのようになる。ゆっくりと時間をかけ加熱するとより甘くなる。堀たてよりもひと月ほど熟成させると糖度が上がりおいしくなる。	**安納いもの焼きイモ** 安納いもをよく洗い、耐熱性の器に入れ電子レンジ弱のパワーでゆっくりと加熱する。竹串が刺さるくらいまで加熱したのちオーブントースターで皮目がカリッとするまで焼き上げる。
桜島だいこん	世界最大のダイコン。一般的なダイコンより繊維が少なく甘味があり、ダイコンおろしなど生食や煮物、風呂吹きなどにする。煮崩れしにくいのでじっくりと煮る煮物に合う。その大きさを活かして輪切りにし、千枚漬などにもされている。干してもその白さが変わらないので切干ダイコンにも加工される。	**桜島だいこんのブリだいこん** 桜島だいこんは大きめの一口大に切り出し、皮をむき面取りをし、水から茹で軟らかくなるまで下茹でする。ブリも大きめの一口大に切り、熱湯にさっとくぐらせる。鍋にだいこん・ブリ・だし汁をかぶるくらいまで入れ火にかけ沸騰すればみりん・醤油を入れコトコト煮こむ。一度冷まし、味を含ませ食べるときに再度温め、ユズをふり完成。
隼人うり	白色種と緑色種がある。洋ナシを大きくしたような形で、保存性が高い。塩漬け・ぬか漬け・粕漬け・味噌漬けなどや、炒め物・煮物・和え物・酢の物などにされる。皮をむくと少しぬめりが出るので手荒れを起こすことがあるので注意する。	**隼人うりの簡単マリネ** 隼人うりの皮をむき、3％の塩水につけしんなりさせる。水気を絞り、かんきつ酢・醤油・だし汁を同量合わせた調味液に浸す。1時間ほど置いてから食す。

沖縄県

地野菜・伝統野菜名	特　色	料理の例
ゴーヤー	沖縄の代表的野菜。苦味が特徴でビタミンCを多く含む。塩もみや油調すると苦味が薄れるので食べやすくなる。苦味の少ないものは薄くスライスし、塩水につけよく絞りサラダや酢の物・少し厚めに切り出し、炒め物などにする。	**ゴーヤーチャンプル** ゴーヤーを半分に切り綿と種を取り出し、5mm厚に切り出す。豚バラ肉は食べやすく切り出す。木綿豆腐(島豆腐)を水切りし、粗つぶししておく。フライパンに豚肉を入れ弱火にし、脂が出ればゴーヤーを入れ炒める。しんなりすれば豆腐を入れ炒め、濃い目にとった出し汁を少量入れる。溶き卵を流し入れ醤油を落とし、ざっと混ぜ、ゴマを入れる。器に盛り付け完成。
島かぼちゃ	沖縄では家庭菜園程度で自家採取で栽培されているため形も色もばらばら。一般的なカボチャの形をしているのがチンクヮー、果皮が滑らかなものがナンクヮーとまったく別種のようだが、同じ日本カボチャに分類される。煮崩れしにくいのであっさりとした煮物や炒め物にする。	**島かぼちゃの旨煮** 島かぼちゃを半分に切り種とわたを取り、食べやすく切る。鍋に島かぼちゃを入れ濃い目に取ったカツオだしをたっぷりめに入れ、火にかける。沸騰すれば串が通る程度まで茹でてから砂糖・醤油を入れ2～3分炊き火を止める。そのまま冷まし、味を含ませる。そのままでも食べるときに温めてても美味。
四角豆	断面が角の生えた四角形のマメ。あっさりとした味でサヤインゲンのような味。油と相性がよいので天ぷら、油炒めなど。湯がいてお浸しやサラダなどでもおいしい。表面積が大きいので味が絡まりやすいのも大きな特徴。	**四角豆のベーコン巻き** 四角豆を茹で、ベーコンを突き刺すように巻く。フライパンで弱火でじっくりと焼き、そのままの味で食す。

付録2　野菜・漬け物の種類

全国の漬け物 一覧

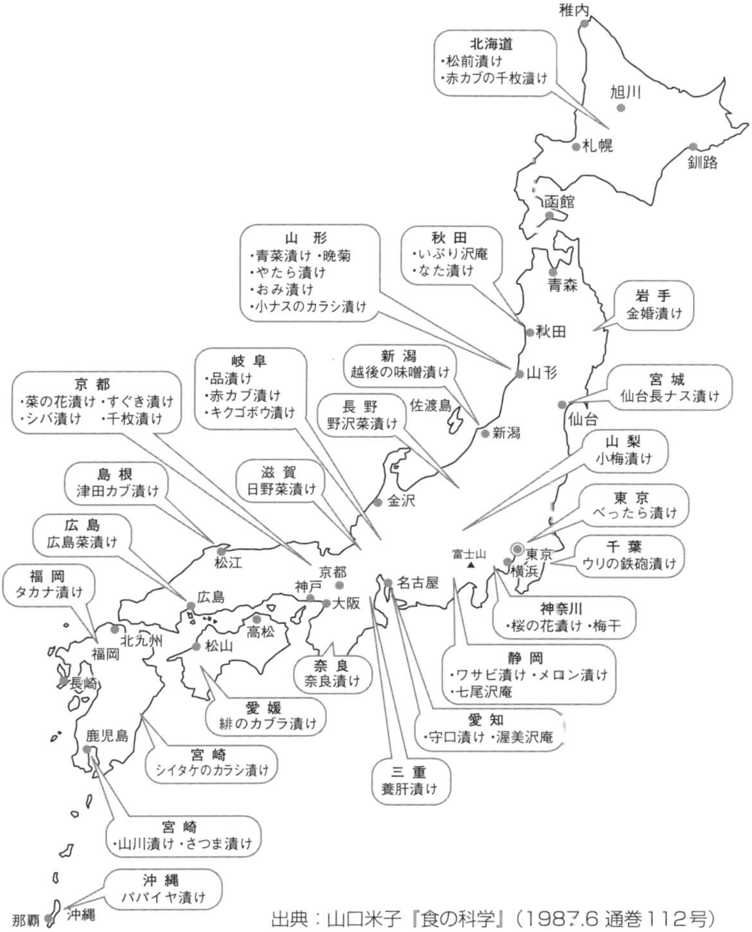

出典：山口米子『食の科学』（1987.6 通巻112号）

付録2　野菜・漬け物の種類

県別 なすの種類

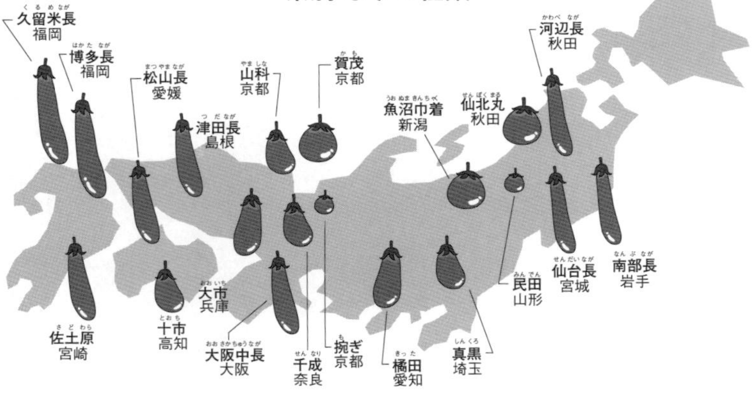

出典：『ほんものの野菜を探せ』（文芸春秋 2009.5臨時増刊号）

にんじんの変遷

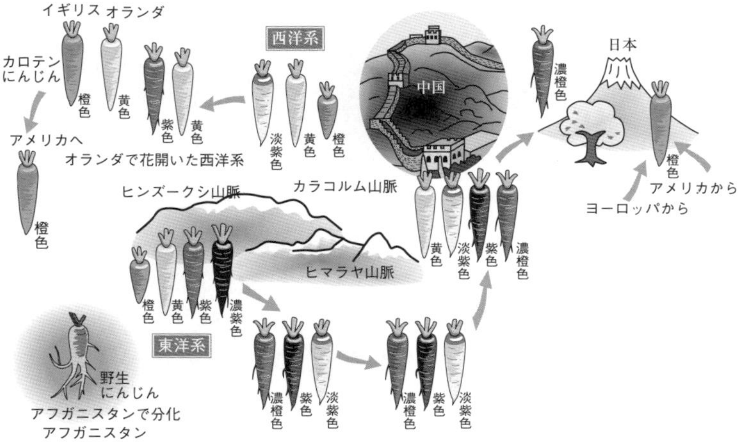

出典：『ほんものの野菜を探せ』（文芸春秋 2009.5臨時増刊号）

付録2　野菜・漬け物の種類

野菜または果実漬け物の副原料による分類表

糠　漬　け	本漬け沢庵・早漬け沢庵・緋のカブ糠漬け・日野菜糠漬け・ミズナ糠漬け・糠味噌漬け
塩　漬　け	大らっきょう塩漬け・花らっきょう塩漬け・すぐき漬け・野沢菜漬け・せいさい漬け·広島菜漬け・タナカ漬け・ハクサイ漬け・菜の花漬け・桜花漬け・菊漬け・梅干・小梅干・梅漬け・小梅漬け・一夜漬け・シバ漬け・すぐ漬け・泡菜
醤油漬け	福神漬け、割干漬け、味付け、シバ漬け．ダイコン・ナス・キュウリ・ショウガ・シソの実などの醤油漬け、印籠醤油漬け、朝鮮漬け、その他の醤油漬け
味噌漬け	ダイコン・ナス・キュウリ・ショウガなどの味噌漬け、印籠味噌漬け、山ゴボウ味噌漬け、山菜味噌漬け、醤包瓜（キュウリ印籠漬け）
粕　漬　け	越瓜奈良漬け、キュウリ・スイカ・ダイコン・ナス・ショウガなどの粕漬け、山菜粕漬け．きざみ奈良漬け、わさび漬け、野沢ワサビ漬け、山海漬け
酢　漬　け	味付けらっきょう漬け・味付け花らっきょう漬け・はりはり漬け・千枚漬け・キュウリ酢漬け・ショウガ梅酢漬け・アチャラ漬け
カラシ漬け	ナスカラシ漬け
コウジ漬け	べったら漬け・三五八漬け・浅漬け
もろみ漬け	醤油もろみ漬け・味噌もろみ漬け

参考：『日本食品大辞典』（医師薬出版）および『食材図典』（小学館）

付録3　主な地野菜・伝統野菜の入手先

（野菜名のあとにあるカッコ内は出回り時期の目安です。天候によってずれることもあります。問合せは出回り期間中に）

八列とうもろこし（8月お盆過ぎ～10月いっぱい）

道の駅「三笠」
北海道三笠市岡山1056-1（国道12号線沿い）
TEL 01267-2-5775

雪菜（12月末～2月末）

米沢市上長井雪菜生産組合
米沢市金池3-1-55　JA山形おきたま米沢支店
TEL 0238-22-0430　FAX 0238-22-0477

吉田昭市
米沢市古志田町2895　TEL&FAX 0238-38-4693

小瀬菜だいこん（生のものは10月末～11月いっぱい）

農林産物直売施設
やくらい土産センターさんちゃん会
宮城県加美郡加美町味ヶ袋薬萊原1-67
TEL 0229-67-3011
※塩蔵ものは、通年販売されている（品切れになるまで）

安家地だいこん（10月下旬～12月いっぱい）

（株）岩泉産業開発　営業2課
岩手県下閉伊郡岩泉町乙茂字乙茂90-1
TEL 0194-22-4434　FAX 0194-22-3174

赤ねぎ

桂レッドポアロー研究会（12月～1月末）
茨城県東茨城郡城里町阿波山2737　JA水戸かつら営農資材センター内
TEL 029-289-2712　FAX 029-289-4307

道の駅「かつら」（10月中旬～3月中旬）
茨城県東茨城郡城里町大字御前山37番地
TEL&FAX 029-289-2334

付録3　主な地野菜・伝統野菜の入手先

太白さつまいも（10月初旬～10月いっぱい）

ちちぶ太白サツマイモ生産組合

埼玉県秩父市大野原130　秩父市公設地方卸売市場内
TEL 0494-23-5911
※量産できないので、注文順に送っているが、応じきれずに翌年に回ってしまうこともある

練馬だいこん（生大根は11月中旬～下旬、漬物は1月中旬～下旬）

JA東京あおば　練馬地区振興センター（漬物のみの販売）

東京都練馬区春日町3-14-2　TEL 03-3999-7851

JA東京あおば直売所　総合園芸センター　ふれあいの里

東京都練馬区桜台3-35-18　TEL 03-3991-8711

JA東京あおば直売所　石神井ファーマーズセンター

東京都練馬区石神井台1-1-31　TEL 03-3995-3132

JA東京あおば直売所　ファーマーズショップ　こぐれ村

東京都練馬区大泉学園町2-12-17　TEL 03-3925-3113

亀戸だいこん（3月～4月いっぱい）

葛飾元気野菜直売所

東京都葛飾区柴又4-28-2　TEL 03-5612-7326
※2月中頃に早出しの亀戸だいこんが出てくる場合もある

打木赤皮甘栗かぼちゃ（6月中旬～9月上旬）

JA金沢市ほがらか村本店

石川県金沢市松寺町末59番地
TEL 076-237-0641　FAX 076-237-0675

王滝かぶ（生のものは10月半ば～11月いっぱい）

ひまわりマーケットすんきの里

長野県木曽郡王滝村3794　TEL 0264-48-2516
※漬物（甘酢漬とすんき漬）は12月初め～2月いっぱい）

付録3　主な地野菜・伝統野菜の入手先

日野菜（11月限定）

JRグリーン近江日野東支店
滋賀県蒲生郡日野町日田65　TEL 0748-52-2212

岩国赤だいこん（11月下旬〜1月上旬）

JR西岩国駅の朝市（毎週土曜日開催）

錦見農業生産協同組合　事務局（組合長・江本さん）
TEL 0827-43-2019 ※シーズン中は岩国市内の量販店でも入手可

伊勢いも（10月下旬〜11月いっぱい）

JA多気郡多気営農センター（問合せ先）
三重県多気郡多気町四神田340-2　TEL 0598-37-2111

毛馬きゅうり

道の駅「かなん」（7月〜8月中旬）
大阪府南河内郡河南町大字神山523-1
TEL 0721-90-3911 FAX 0721-90-3912

葉菜の森（6月中旬〜8月末）
大阪府和泉市大野町973-3
TEL 0725-99-3333 FAX 0725-99-3334
※限られた生産者がつくっているので、生産量が少ない
※通販はしていないが、問合せはOK

大和まな

農事組合法人　阿騎野新鮮野菜直売所（11月〜2月いっぱい）
奈良県宇陀市大宇陀区拾生　道の駅「宇陀路大宇陀」内
TEL 0745-83-1300

大和百菜（12月〜3月いっぱい）

奈良市春日野町16番地「夢しるべ風しるべ」内
TEL 0742-20-2071

付録3　主な地野菜・伝統野菜の入手先

ごうしゅいも（10月中旬～2月いっぱい）

JA阿波みよし山城支店
徳島県三好市山城町大川持586-6
TEL 0883-86-1211　FAX 0883-86-1264　※なくなり次第販売終了

かつお菜（12月中旬～1月中旬）

JA福岡市直営直売所「博多じょうもんさん　福重市場」
福岡市西区福重1-16-6
TEL 092-884-3344　※宅配はやっていない。店頭での販売のみ

雲仙こぶ高菜（生の葉は11月～3月いっぱい）

農事組合法人　守山女性部加工組合
長崎県雲仙市吾妻町古城名47-1
TEL 0957-38-2641　FAX 0957-38-2678
※漬物や雲仙こぶ高菜のまんじゅうは通年販売している

糸巻だいこん（11月～1月中旬）

川の駅「百菜屋」
宮崎県児湯郡西米良村大字村所208-1
TEL&FAX 0983-41-4245

佐土原なす（4月下旬～10月中旬頃）

（株）宮崎経済連直販　園芸部
宮崎市大字柏原倉瀬385番地　TEL 0985-30-4522

桜島だいこん（1月中旬～2月中旬）

JAグリーン鹿児島　桜島支店経済課
鹿児島市桜島藤野町1470
TEL 099-293-2500　FAX 099-293-3466

その他の入手先

（株）水輪ナチュラルファーム
長野市上ケ屋2471-2198
TEL 026-239-2630　FAX 026-239-2736

付録3　主な地野菜・伝統野菜の入手先

大地を守る会
千葉市美浜区中瀬1-3　幕張テクノガーデンD棟21階
入会サポートセンター
TEL 0120-158-183　FAX 043-213-5826

Oisix（おいしっくす）
OisixのHPを参照のこと　www.oisix.com
TEL 0120-016-916（問合せのみ）　※とくに、「ふぞろいな野菜」が人気

健菜倶楽部（けんさいくらぶ）
TEL 0120-201-371（平日10時～17時）
FAX 03-5302-8161（24時間受付）
※とくに、野生種に近いファーストトマト、肉厚の干し椎茸、名人が永田農法によって栽培したジャガイモ、ニンジン、タマネギ

ビオファームまつき
静岡県富士郡芝川町大鹿窪1158-36
TEL&FAX 0544-66-0353

ろのわ
東京都目黒区上目黒2-47-15　JYレジデンス303号
TEL 03-3710-0331　FAX 03-3710-0332

佐藤総合農園
福島県耶麻郡北塩原村大字北山字村ノ内4164番地
TEL&FAX 0241-24-3660

ろのわ熊本農場
熊本県菊池市旭志麓484　TEL&FAX 0968-37-3932

河内愛農園
熊本県上益城郡御船町木倉4576
TEL 090-3074-0794　FAX 096-282-7574　www.ainouen.com

川田農園
栃木県芳賀郡益子町大字大沢1908-3
TEL&FAX 0285-70-8166　www8.plala.or.jp/kawata_nouen2/

鎌倉市農協連即売所
神奈川県鎌倉市小町1-13-10　TEL 0467-44-3851

（出典：『ほんものの野菜を探せ』文芸春秋臨時増刊号、2009）

付録4　野菜の地方（在来）品種の分布（野菜の地方品種・1980・Ⅲ）

野菜名	北海道東北(7)	関東(7)	東山(2)	東海(4)	北陸(6)	関西(6)	中国(4)	四国(4)	九州沖縄(8)	計（47）	
キュウリ	10	13	1	3	6	10	2		5	50	(23)
シロウリ	1	6	2	4	5	9	5	3	4	39	(20)
マクワウリ	6	1		4	6	10	1		2	30	(18)
メロン	2	10	7	14			3			36	(2)
カボチャ（洋種）	7				1					8	(3)
カボチャ（和種）	1	4	1	4		3	2		6	21	(8)
カボチャ（ペポ）				1						1	
スイカ		1		2	1	15				19	(8)
トウガン				1	1	2			5	9	
ユウガオ		4				2			1	7	(5)
ヘチマ						1			4	5	(1)
ニガウリ									7	7	(1)
ハヤトウリ									1	1	
ナス	10	7	2	6	13	11	4	5	9	67	(22)
トマト	4	5		6		1				16	(9)
ピーマン				2		7	2	1	1	13	(3)
トウガラシ	2	2		2	1	2		1		10	(4)
イチゴ	3	1	3	1		1		1	1	11	
オクラ		2								2	
エンドウ	4	4		5		8	5		7	33	(20)
ソラマメ		2		3	1	4		3	3	16	(2)
インゲン	7	2	3	2	2	4		1	4	25	(13)
ササゲ	1	2		5	1	3	1			13	(6)
フジマメ				7		7				14	(9)
ダイズ（エダマメ）	18	5	1		8		1			33	(8)
ヤマイモ	7	3		1	2	2	3		11	29	
サトイモ	4	3	1	3	1	5	4	3	11	35	
ショウガ		3						1	3	7	
食用ユリ	3									3	
ハス		2		1					1	4	
クワイ						1	2			3	
ダイコン	14	21	11	13	5	19	6	4	18	110	(51)
カブ	18	2	12	4	7	18	8	3	6	78	(38)

付録4　野菜の地方（在来）品種の分布（野菜の地方品種・1980・Ⅲ）

野菜名	北海道東北(7)	関東(7)	東山(2)	東海(4)	北陸(6)	関西(6)	中国(4)	四国(4)	九州沖縄(8)	計（47）
ワサビ			1							1
ニンジン	8	5	1	3	2	2	1		6	28 (8)
ゴボウ	6	8	2	2	3	2	1	1	2	27 (7)
ヤマゴボウ			2	3						5 (2)
ネギ	16	20	3	5	7	7	4	1	6	69 (24)
ワケギ		1						3	6	10
アサツキ	7	1	1							9
ラッキョウ		1			1		2		2	6
タマネギ	6	3		4	1	11	1			26 (11)
ニラ	3	2					1		1	7 (1)
ニンニク	11		1				2		4	18
ハクサイ		7		4	1	1	1		1	15 (6)
ツケナ	17	18	3	6	12	19	3		5	83 (40)
洋種ナタネ	1	3			1					5 (4)
カラシナ	3	5		1	1	4		1	12	27 (12)
メキャベツ				2						2 (1)
カリフラワー/ブロッコリー		2		3			2		2	9 (5)
キャベツ	5	3	2	3	1		2			16 (5)
パセリ			1			1	1			3 (1)
レタス		4				5	3		1	13 (4)
シソ	2	3		1		5	1		2	14 (6)
タデ		1				2	1			4 (2)
ウド		5		3		4				12
ミョウガ		3				1				4
ミツバ	1					2				3 (2)
シュンギク		1				2	5			8 (3)
フキ	1	4		1						6
食用ギク	4				4					8
ホウレンソウ	6	1		1	3	2			1	14 (4)
マツナ				1						1
フダンソウ				1		3			2	6 (3)
計	219	205	61	138	98	218	80	32	163	1214 (425)

（出典：芹沢正和監修　『都道府県別地方野菜大全』、農文協、2006）

●参考文献●

成瀬宇平・武田正倫・飯塚宗夫・芦澤正和監修
『食材図典（生鮮食材篇）』 小学館 2003

成瀬宇平・武田正倫・飯塚宗夫・芦澤正和監修
『食材図典Ⅱ（加工食材篇）』 小学館 2001

成瀬宇平・神崎宣武監修
『食材図典Ⅲ（地産食材篇）』 小学館 2008

芦澤正和監修 『都道府県別　地方野菜大全』 農山漁村文化協会 2002

岡田　哲編 『日本の味探究事典』 東京堂出版 1996

西山松之助著 『たべもの日本史総覧』 新人物往来社 1994

吉田茂樹著 『図解雑学　日本の地名』 ナツメ社 2005

石井隆之著 『日本の都道府県の知識と英語を身につける』 ベレ出版 2009

八幡和郎著 『最新　47都道府県うんちく事典』 PHP研究所 2009

八幡和郎著 『県民性の不思議』 中経出版 2009

日本経済新聞社編 『九州この土地あの味』 日本経済新聞社 1993

小和田哲男監修 『日本史便利手帳』 PHP研究所 1993

武光　誠著 『食の変遷から日本の歴史を読む方法』 河出書房新社 2001

田中大三監修 『まるごと京野菜』 青幻舎 2009

加藤　貴編 『大江戸歴史の風景』 山川出版社 1999

冨岡典子著 『大和の食文化』 奈良新聞社 2005

板木利隆監修 『からだにおいしい野菜の便利帳』 高橋書店 2008

野菜供給安定基金著 『グラフィック100万人の野菜図鑑』 講談社 1997

成瀬宇平著 『47都道府県・伝統食百科』 丸善 2009

索　引

あ　行

秋鹿ごぼう …………215
会津菊かぼちゃ …………69
会津丸なす …………69
会津身不知（カキ） …………42，68
会津早生茎立ち …………70
愛知白早生たまねぎ …………172
愛知縮緬かぼちゃ …………170
愛知本長なす …………169
愛知早生ふき …………172
青島みかん …………117
青大きゅうり …………169，228
青長地這きゅうり …………267
青ねぎ（香川） …………243
青ねぎ（島根） …………216
青ねぎ（山口） …………235
青身だいこん …………211
赤かぶ …………125
赤ずいき …………177
あかつき（モモ） …………68
赤ねぎ …………72
赤根だいこん …………153
秋縞ささげ …………159
秋田だいこん …………49
秋田ふき …………43
阿久津ねぎ …………70
阿久津曲がりねぎ …………70
アクティブ（ホウレンソウ） …………80
悪戸いも（サトイモ） …………56，63
あけぼの大豆 …………146
あざきだいこん …………68
朝霧（ホウレンソウ） …………80
あさしお（キャベツ） …………81
あさつき …………54
朝熊小菜 …………177
あざみごぼう …………69
あざみな …………234
朝宮茶 …………179
味いちばん（ダイコン） …………81
あしたば …………108，111
アストリア（レタス） …………79
アスパイアー（ホウレンソウ） …………80
アスパラガス（秋田） …………50
アスパラガス（岡山） …………222
アスパラガス（香川） …………243
アスパラガス（島根） …………217
アスパラガス（新潟） …………128
阿蘇高菜 …………264
あたご梨 …………224
安家地だいこん …………32
渥美アールスメロン …………170
温海かぶ …………53
渥美白花絹さやえんどう …………173
安曇川の万木かぶ …………183
穴馬かぶら …………139
阿房宮（食用ギク） …………26
あまえくぼ（ソラマメ） …………41
アマランサス（岩手） …………35
彩誉（ニンジン） …………78
荒久田茎立 …………70
有良だいこん …………274
淡路たまねぎ …………202
阿波新晩生（ダイコン） …………238
阿波晩生１号（ダイコン） …………238
阿波みどり（シロウリ） …………237
安納こがね（サツマイモ） …………276
安納紅（サツマイモ） …………276

いうなよ（エダマメ） …………125
石垣いちご …………164
石川早生いも …………198
石倉ねぎ …………88
石橋早生ごぼう …………47
居宿の葉ねぎ …………124
伊勢いも …………177
伊勢茶 …………178
板垣だいこん …………143

いたどり（山菜）……252
いちご（東京）……111
いちご（栃木）……83
いちご（兵庫・摂津）……200
いちご（兵庫・東播磨）……203
いちじく（愛知）……173
いちじく（兵庫・東播磨）……203
一町田のせり……30
一日市なす……122
糸巻きだいこん……271
稲核菜……151
伊吹だいこん……181
今市かぶ……206
伊予柑……248
伊予緋かぶ……245
いらかぶ……271
祝い（リンゴ）……155
祝だいこん……207
岩国赤だいこん……232
岩槻ねぎ……96
岩手春みどり（キャベツ）……35
インカのめざめ（ジャガイモ）……20

魚沼巾着（ナス）……121
浮島だいこん……73
うすいえんどう……212
うすい豆……246
臼杵の大しょうが……267
宇陀金ごぼう……207
打木赤皮甘栗かぼちゃ……136
打越一寸（ソラマメ）……41
うど（青森）……29
うど（東京）……111
梅郷（ウメ）……93, 110
温州みかん……164
雲仙こぶ高菜……260

永吉（ネギ）……39
エクセレント節成1号・2号（キュウリ）…76
えごま……63
えだまめ（埼玉）……99
えだまめ（千葉）……105
えだまめ（東京）……110
えだまめ（徳島）……240
えだまめ（宮城）……41
越後娘（エダマメ）……126
越前白茎ごぼう……141
エディブルフラワー（食用ギク）……61
江戸・東京野菜……107
江戸野菜……107
えのき（山形）……62
えびいも……163, 190
えびすかぼちゃ……75
愛媛早生（サトイモ）……248
えりんぎ（宮城）……42
鉛筆なす……122
延命楽（食用ギク）……55

黄金まくわ……208
おうとう……51
合馬たけのこ……256
王林（リンゴ）……28, 155
大石早生（スモモ）……146
太市のたけのこ……204
大浦ごぼう……103
大阪四十日だいこん……197
大阪市なにわの伝統野菜……194
大阪しろな……197
大崎菜……120
オーシャン（キュウリ）……40
大しょうが……261
大高菜……171
太田かぶ……226
王滝かぶ……150
大津4号（ミカン）……117
おおどいも……248
大野紅かぶ……21
大野菜……148
大野さといも……142
大葉（愛知）……174
大葉しゅんぎく……254
大房（ビワ）……103
おおみな……230
大山菜（神奈川）……114
小笠原かぼちゃ……108
陸ひじき……63, 104
岡山いちご……223
おくら（徳島）……240

小笹うるい……63
尾島ねぎ……89
おたふくしゅんぎく……222
落合（キュウリ）……98
おちあいいも（ジャガイモ）……148
落うり……170
鬼首菜……39
おにごしょう（トウガラシ）……123
尾花沢スイカ……60
小布施栗……155
小布施なす……151
親田辛味だいこん……154
及部きゅうり……24
オランダえんどう……278
折戸なす……163
尾張大かぶ……168
温室メロン……165
女山だいこん……257
女早生（サトイモ）……248

か 行

甲斐路（ブドウ）……146
貝地高菜……73
開田かぶ……152
開聞岳だいこん……274
加賀つる豆……137
加賀太きゅうり……135
加賀野菜……133
加賀れんこん……136
香川本鷹（トウガラシ）……243
柿（愛知）……174
柿（和歌山）……212
かき菜（栃木）……85
かきのもと（食用ギク）……121
かぐらなんばん（トウガラシ）……123
笠原しょうが……181
片平あかね……209
かつお菜……255
かづのりんご……51
勝山みず菜……140
金沢青かぶら……134
金沢一本太ねぎ……137
金谷ごぼう……63
火野かぶ……45
かぶ（神奈川）……116
かぶ（埼玉）……98
かぶ（千葉）……104
かぶ（東京）……111
かぼす（大分）……266
かぼちゃ（神奈川）……116
かぼちゃ（千葉）……104
かぼちゃ（東京）……111
鎌倉野菜……117
上泉理想だいこん……90
雷えんどう……277
賀茂なす……188
かもり……131
からし菜……115
からとりいも……41
カリフラワー（愛知）……174
カリフラワー（東京）……111
かりもり……170
刈羽節成きゅうり……126
刈羽豆（エダマメ）……126
川越いも（サツマイモ）……99
かわずうり……142
河内一寸そらまめ……198
かわちしろ（ユウガオ）……84
川中島白桃（モモ）……145
かわひこ（サトイモ）……277
がんくみじか（ナガイモ）……28
寒じめほうれん草……34，50
かんしょ（サツマイモ）……78
観音ねぎ……227
甘露（マクワウリ）……121

黄いんげん……256
祇園パセリ……230
きくいも……159
きくごぼう……159
紀州みかん……212
木曾菜……152
木曾紫かぶ……160
キタアカリ（ジャガイモ）……20
木田ちりめんしそ……143
黄にら……223
絹皮なす……246
絹さやえんどう……111，165

衣川なす ……222
キャベツ（愛知）……175
キャベツ（神奈川）……116
キャベツ（群馬）……93
キャベツ（島根）……215
キャベツ（千葉）……105
キャベツ（東京）……110
キャベツ（新潟）……127
キャベツ（兵庫・淡路島）……203
キャベツ（兵庫・摂津）……200
キャベツ（兵庫・但馬）……201
キャベツ（兵庫・播磨）……202
キャンベリアーリー（ブドウ）……85
きゅうり（秋田）……49
きゅうり（岩手）……34
きゅうり（香川）……243
きゅうり（群馬）……93
きゅうり（千葉）……104
きゅうり（東京）……111
きゅうり（徳島）……240
きゅうり（新潟）……128
きゅうり（福島）……67
きゅうり（山口）……235
貴陽（スモモ）……146
京くわい……95
京鈴（ピーマン）……76
暁星（モモ）……68
京たけのこ……187
京たんごなし……189
京都大納言小豆……191
京美人（ミズナ）……80
京みず菜……80
京みぞれ（ミズナ）……80
京野菜……185
玉英（ウメ）……110，114
巨峰（ブドウ）……85，146
切葉松本地だいこん……154
金系201EX（キャベツ）……81
金糸うり……134
金時草……135
銀泉まくわ……131
金時にんじん……190，195，242
ぎんなん（愛知）……173
金俵まくわ……170
草島ねぎ……130
九条ねぎ……187
久住高菜……267
窪田なす……60
久保なす……122
熊本京菜……263
熊本長なす……265
グリーンアスパラガス……23
グリーンラックス（キュウリ）……40
グリーンロード（ニラ）……80
栗かぼちゃ……20
くるみ（長野）……152
暮坪かぶ……33
黒皮かぼちゃ……265
黒川系寒咲花菜……101
黒埼茶豆（エダマメ）……125
黒十全（ナス）……122
黒だいず……224
黒田せり……215
くろべえ（ナス）……81
くわい（京都）……191
群馬名月（リンゴ）……36

慶徳たまねぎ……69
毛馬きゅうり……195
毛豆……30
献夏37号（ダイコン）……81
源吾ねぎ……65
源五兵衛スイカ……211
源助だいこん……134
源八もの……196
原木しいたけ……62，111
原木まいたけ……62

小池ごぼう……127
紅玉（リンゴ）……155
ごうしゅいも（ジャガイモ）……239
甲州（ブドウ）……146
甲州もろこし……148
幸水（ナシ）……75
河内赤かぶ……140
甲津原みょうが……180
弘法だいこん……68

向陽２号（ニンジン）……………………78
コーシャマン（ヤマイモ）……………277
ゴーヤー ……………………………………281
五箇山うり …………………………………131
五箇山かぶ …………………………………130
国分だいこん ………………………………274
国分にんじん …………………………………91
越津ねぎ ……………………………………172
越の丸なす …………………………………128
古城梅 ………………………………………212
小しょうが …………………………………207
小瀬菜だいこん ………………………………42
五千石ねぎ …………………………………125
古田刈かぶ …………………………………140
勝間南瓜 ……………………………………195
小なす（鹿児島）……………………………275
小なす（山形）…………………………………60
木之山五寸にんじん ………………………169
こひめうり …………………………………123
ごぼうあざみ ………………………………160
ごぼう（東京）………………………………111
牛房野かぶ ……………………………………63
湖北さんしょう ……………………………179
小真木だいこん ………………………………56
駒越・三保のえだまめ ……………………166
小松菜（神奈川）……………………………116
小松菜（千葉）………………………………105
小松菜（東京）………………………………109
小松菜（広島）………………………………230
五葉まめ ………………………………………66
五郎島さつまいも …………………………136
こんにゃく（栃木）……………………………85

さ 行

西条柿 ………………………………………217
埼玉青なす ……………………………………95
西明寺くり ……………………………………48
在来水ぶき ……………………………………89
在来青皮にがうり …………………………270
在来いんげん …………………………………92
在来白皮にがうり …………………………270
蔵王かぼちゃ …………………………………63
佐賀青しまうり ……………………………258
酒田きゅうり …………………………………61
肴豆（エダマメ）……………………………126
坂本の食用ギク ……………………………181
砂丘らっきょう ……………………………218
砂丘ながいも ………………………………220
桜島だいこん ………………………………273
さくらんぼ ……………………………………58
笹木三月子だいこん ………………………229
佐治かぼちゃ ………………………………180
札幌大長なんばん ……………………………21
札幌黄たまねぎ ………………………………23
札幌大球キャベツ ……………………………20
さつまいも（東京）…………………………110
さつまいも（鳥取）…………………………220
さといも（埼玉）………………………………98
さといも（東京）……………………………110
さといも（新潟）……………………………127
佐土原なす …………………………………270
さぬきしろうり ……………………………242
さぬき長莢（ソラマメ）……………………241
さもだし ………………………………………30
さやいんげん（島根）………………………216
さやいんげん（千葉）………………………105
さやいんげん（東京）………………………111
さやえんどう（愛知）………………………174
さやえんどう（東京）………………………111
皿冠だいこん ………………………………248
笊石かぶ ………………………………………27
さんさ（リンゴ）……………………………155
三田うど ……………………………………204
サンダグリーンベルト（ニラ）………83
サンタローザ（スモモ）……………………146
サンつるが（リンゴ）………………………155
山東菜（埼玉）…………………………………97
山内いものこ（サトイモ）……………51
山内にんじん …………………………………46
サンふじ（リンゴ）…………………………155
三仏生トマト ………………………………126
サンフレッシュ七ヶ浜（トマト）……40
サンフレッシュ七ッ森（トマト）……40
サンフレッシュ松島（トマト）………40

CO菜 …………………………………………91
しいたけ（秋田）………………………………51
しいたけ（大分）……………………………267

地いも（ジャガイモ）……………………249
潮止晩ねぎ……………………………96
四月菜……………………………………141
四月まめ………………………………278
鹿ヶ谷かぼちゃ………………………188
ししとうがらし（和歌山）…………213
しそう三尺きゅうり…………………204
地だいこん……………………………33
地なす…………………………………280
次年子かぶ……………………………63
次年子かぼちゃ………………………63
信夫冬菜………………………………66
至福（トマト）………………………77
縞王MK（スイカ）……………………220
島かぼちゃ……………………………282
島だいこん……………………………282
島にんじん……………………………282
島根の柿………………………………217
清水一寸そらまめ……………………246
清水森なんば…………………………29
下植木ねぎ……………………………88
霜不知（キュウリ）…………………98
下田なす………………………………180
しもつけしろ（ユウガオ）…………84
下仁田こんにゃく……………………92
下仁田ねぎ……………………………87
じゃがいも（東京）…………………110
しゃくし菜（埼玉）…………………99
十全（ナス）…………………………122
十郎（ウメ）…………………………114
十六ささげ………………………158，173
出西しょうが…………………………215
しゅんぎく（東京）…………………111
しゅんぎく（広島）…………………229
じゅんさい（秋田）…………………48
しょうが（和歌山）…………………212
しょうが（高知）……………………252
聖護院かぶ……………………………192
聖護院だいこん………………………189
昌介（ピーマン）……………………251
庄だいこん……………………………247
庄内柿…………………………………59
城内だいこん…………………………274
湘南（ネギ）…………………………115
湘南レッド（タマネギ）……………114
食用ギク（山形）……………………63
ジョナゴールド（リンゴ）………28，155
白加賀（ウメ）………………………93，114
白川白鳳（モモ）……………………145
白いも（サツマイモ）………………248
次郎柿…………………………………164
治郎丸ほうれん草……………………172
しろうり（千葉）……………………104
白大かぶ………………………………158
白おくら………………………………233
白なす……………………90，270，275
白ねぎ（島根）………………………216
白花千石………………………………173
陣田みょうが…………………………90
新丹波黒大豆…………………………191
新晩生小松菜…………………………96

スイートコーン（千葉）……………105
スイートコーン（東京）……………110
スイートコーン（兵庫・但馬）……202
スイートコーン（兵庫・東播磨）…203
スイカ（秋田）………………………51
スイカ（茨城）………………………75
スイカ（千葉）………………………105
水前寺菜………………………………264
水前寺もやし…………………………263
吹田くわい……………………………196
スーパーグリーンベルト（ニラ）……83
すえだいこん…………………………271
杉谷なす………………………………180
すぐき菜………………………………192
宿儺かぼちゃ…………………………158
すだち…………………………………239
ステディ（レタス）…………………79
砂ねぎ…………………………………124
諏訪紅かぶ……………………………152

青美（チンゲンサイ）………………81
青林（リンゴ）………………………36
世界一（リンゴ）……………………155
禅寺丸柿………………………………115
雪中あさつき…………………………66
千石豆…………………………159，168

千秋（リンゴ）……………………155
泉州黄たまねぎ ……………………197
千筋みず菜 ……………………207
仙台ちゃまめ ……………………41
仙台長なす ……………………39
仙台はくさい ……………………37
仙台芭蕉菜 ……………………38
仙台曲がりねぎ ……………………38
仙台雪菜 ……………………41
仙北丸なす ……………………48
千本ねぎ ……………………124
千両なす ……………………221
千両２号（ナス） ……………………81

素麺かぼちゃ ……………………215
曽根にんじん ……………………126
そらまめ（千葉）……………………105
そらまめ（新潟）……………………128
ソルダム（スモモ）……………………146
そろやむ（ヤマイモ）……………………277

た 行

だいこん（岩手） ……………………36
だいこん（神奈川）……………………116
だいこん（千葉）……………………104
だいこん（東京）……………………110
だいこん（新潟）……………………127
だいこん（兵庫・但馬）……………………202
だいしょ（ヤマイモ）……………………283
大豆もやし ……………………66
大晩生ふだんそう ……………………272
田いも ……………………282
太陽（スモモ）……………………146
平良かぶ ……………………45
高倉だいこん ……………………109
高田梅 ……………………70
高田しろうり ……………………124
高月丸なす ……………………180
高山ごぼう ……………………197
高山真菜 ……………………197
たけのこ（石川）……………………137
筍いも（サトイモ）……………………271
武久かぶ ……………………234
だだちゃまめ ……………………54，61
たたらだいこん ……………………154
立川ごぼう ……………………69
舘岩かぶ ……………………70
田中（ビワ）……………………103
田辺だいこん ……………………194
種子島ゴールド（サツマイモ）……………………276
種子島ろまん（サツマイモ）……………………276
種苧原かんらん ……………………127
田上菜の花 ……………………179
ダブル８号（コムギ） ……………………93
多摩（ウド）……………………108
多摩川なし ……………………117
玉造黒門越うり ……………………195
たまねぎ（愛知）……………………175
たまねぎ（香川）……………………243
たまねぎ（島根）……………………216
たまねぎ（東京）……………………111
たまねぎ（山口）……………………235
田屋なす ……………………234
たらの芽（青森） ……………………29
たらの芽（岩手） ……………………36
だるまえんどう ……………………100
男爵いも（ジャガイモ） ……………………19
丹波くり ……………………189，201
丹波黒大豆 ……………………200
丹波大納言小豆 ……………………201
丹波茶 ……………………201
丹波なす（兵庫・但馬）……………………202
丹波のやまのいも ……………………201

筑陽（ナス） ……………………81
知多３号たまねぎ ……………………172
千葉半立（ラッカセイ）……………………103
長十郎（ナシ）……………………117
長禅寺菜 ……………………147
ちよひめ（モモ）……………………145
ちょろぎ ……………………157，266

つがる（リンゴ）……………………28，155
津久井大豆 ……………………116
津田かぶ ……………………214
土山茶 ……………………179
つねいも ……………………232
つま菊（愛知）……………………175

つまみな（東京）……………………………111
つやいも（ジャガイモ）……………………148
鶴首かぼちゃ ………………………………270
鶴の子（マクワウリ）………………………121
鶴の子いも（サトイモ）……………………264
つるびかり（コムギ）………………………93
鶴海なす ……………………………………222

ていれぎ ……………………………………247
出島じゃがいも ……………………………261
デラウエア（ブドウ）………………………146
デリシャストマト …………………………40
輝吉（キャベツ）……………………………81
天王寺かぶら ………………………………195

土肥白びわ …………………………………165
十市在来ししとう …………………………251
十市なす ……………………………………250
土居分小菜 …………………………………222
といもがら（蓮イモ）………………………277
とうがん（愛知）……………………………174
とうがん（沖縄）……………………………281
とうがん（神奈川）…………………………116
東京べなか …………………………………97
藤九郎ぎんなん ……………………………160
東光寺だいこん ……………………………109
堂上蜂屋（カキ）……………………42，160
利賀かぶ ……………………………………129
戸隠地だいこん ……………………………153
徳佐うり ……………………………………233
土佐ぶんたん ………………………………252
とちおとめ（イチゴ）………………………75
栃木三鷹（トウガラシ）……………………86
とっくりだいこん …………………………231
どっこ ………………………………………130
刀根早生（カキ）……………………………42
外内島きゅうり ……………………………56
トマト（秋田）………………………………50
トマト（香川）………………………………243
トマト（群馬）………………………………93
トマト（埼玉）………………………………98
トマト（島根）………………………………216
トマト（千葉）………………………………104
トマト（東京）………………………………111
トマト（栃木）………………………………85
トマト（奈良）………………………………208
トマト（新潟）………………………………128
トマト（兵庫・摂津）………………………200
トマト（兵庫・播磨）………………………202
トマト（兵庫・東播磨）……………………203
トマト（福島）………………………………67
富房（ビワ）…………………………………103
富山大かぶ …………………………………130
豊浦ねぎ ……………………………………183
とよの春（イチゴ）…………………………62
鳥飼なす ……………………………………196
とんぶり ……………………………………48

な 行

菜黄味（ハクサイ）…………………………79
長岡菜 ………………………………………120
長崎赤かぶ …………………………………260
長崎高菜 ……………………………………260
長崎長なす …………………………………260
長崎はくさい ………………………………259
中島巾着（ナス）……………………………121
中島菜 ………………………………………135
なかてゆたか（ラッカセイ）………………103
中山かぼちゃ ………………………………85
なし（東京）…………………………………111
梨なす ………………………………………122
なす（埼玉）…………………………………98
なす（千葉）…………………………………104
なす（東京）…………………………………110
なす（徳島）…………………………………240
なす（奈良）…………………………………208
なす（山口）…………………………………235
夏秋トマト（山口）…………………………235
夏賞味（チンゲンサイ）……………………81
夏だいこん（山口）…………………………235
夏ねぎ（鹿児島）……………………………275
夏ねぎ（長崎）………………………………261
菜の花（徳島）………………………………240
なばな（埼玉）………………………………98
なばな（千葉）………………………………105
なめこ（山形）………………………………62
鳴沢菜 ………………………………………147
なると金時（サツマイモ）…………………239

南紀みかん ……178
南高（ウメ）……93，212
軟弱野菜 ……200
軟白ずいき ……208
南部甘藍（キャベツ） ……35

新高（ナシ） ……75
においまめ ……66
西村早生（カキ）……164
二十世紀梨 ……103，219
日光寺の「あまんぼう」……183
新里ねぎ ……84
ニューサマーオレンジ ……165
入善スイカ ……131
ニュー土佐ひかり（ピーマン） ……76
にら（山形） ……61
にんじん（千葉）……104
にんじん（東京）……110
にんじん（徳島）……240
にんじん（新潟）……127
にんじん（兵庫・播磨）……202
にんにく（鹿児島）……278

糠塚きゅうり ……27
沼須ねぎ ……89
沼目しろうり ……153

ねぎ（東京）……110
ねぎ（徳島）……240
ねぎ（新潟）……127
ねぎ（兵庫・但馬）……202
ねずみだいこん ……153
根曲竹《ねまがりだけ》 ……30，63
練馬だいこん ……109

農林1号（ジャガイモ） ……19
野崎中生キャベツ ……171
野崎2号はくさい ……171
野沢菜 ……151
のらぼう菜（東京）……107

は 行

ハイグリーン22（キュウリ） ……76
灰原辛味だいこん ……154
博多金時にんじん ……254
博多新ごぼう ……255
博多中葉しゅんぎく ……253
博多なばな ……255
萩ごぼう ……234
白銀（食用ユリ） ……22
はくさい（岡山）……222
はくさい（千葉）……104
はくさい（東京）……110
はくさい（兵庫・淡路島）……203
はくさい（山口）……235
伯州ねぎ ……219
白鳳（モモ）……145
はぐらうり ……102
はくれい茸 ……154
箱根だいこん ……163
はじかみ ……137
芭蕉菜（岩手） ……33
葉しょうが ……162
秦荘やまいも ……183
蜂屋（カキ） ……42
八列とうきび ……22
初芝居（ダイコン） ……81
パッションフルーツ（東京）……111
八町きゅうり ……152
服部越うり ……196
パトリオット（レタス） ……79
花御所 ……219
花作だいこん ……57
はなっこりー ……235
花菜 ……191
花の見頃（スモモ）……146
花みょうが ……208
花らっきょう ……142
幅広いんげん ……92
羽広菜 ……152
はまべに5寸（ニンジン） ……78
隼人いも（サツマイモ）……276
隼人うり ……276
播磨なす ……202
ハルキタル（アスパラガス） ……68
春キャベツ（山口）……235
はるさかり（ハクサイ） ……79
はるの輝き（ナバナ） ……35

春まちグリーン（アスパラガス）……68
ばれいしょ ……127
パワフルグリーンベルト（ニラ）……80
半白きゅうり ……208

ピーマン（岩手）……34
ピーマン（島根）……216
ピーマン（兵庫・但馬）……201
ピオーネ（ブドウ）……146，224
彦島夏播甘藍 ……234
彦島春菜 ……233
備前黒皮かぼちゃ ……223
飛騨一本太ねぎ ……158
飛騨紅かぶ ……157
一文字（ワケギ）……265
一人娘（エダマメ）……126
日野菜 ……182
姫ささげ ……173
姫路若菜 ……203
ひもとうがらし ……207
日向かぼちゃ ……269
柊野ささげ ……192
平田赤ねぎ ……58
ひらたけ（山形）……62
平核無（カキ）……42
平塚かぶ ……271
平野だいこん ……129
蒜山だいこん ……222
弘岡かぶ ……251
広島おくら ……229
広島菜 ……226
広島わけぎ ……228
ひろっこ ……44

ファースト・トマト ……169
ＶＳほうれん草 ……50
ふうまめ ……278
深川早生いも ……229
深谷ねぎ ……97
ふき（青森）……29
ふきのとう（青森）……29
福地ホワイト（ニンニク）……25
ふじ（リンゴ）……27，68，155
藤沢かぶ ……58
伏見とうがらし ……187
二子さといも ……33
二塚からしな ……137
ふだんそう ……278
ぶどう（愛知）……174
ぶどう（東京）……111
ぶどう（兵庫・東播磨）……203
ぶどう（山形）……59
太白ねぎ ……39
富有（カキ）……160，164
冬栄（チンゲンサイ）……81
ブライトエル（メロン）……60
ブロッコリー（愛知）……174
ブロッコリー（埼玉）……98
ブロッコリー（島根）……217
ブロッコリー（東京）……110
ブロッコリー（兵庫・東播磨）……203
ブロッコリー（山口）……236

へいやとうがらし ……184
碧南鮮紅五寸にんじん ……169
ペコロス（愛知）……175
へた紫なす ……136
へちま（沖縄）……281
へちま（鹿児島）……276
ペッチンうり ……204
べなかさんとうさい ……97
紅赤（サツマイモ）……95
べにあずま（サツマイモ）……105
紅いも ……283
紅小玉スイカ ……212
べにこまち（サツマイモ）……105
べにばないんげん ……91
紅丸（ジャガイモ）……19
ベルベット（サツマイモ）……276
ベルルージュ（イチゴ）……62

芳玉（イチゴ）……238
宝交早生（イチゴ）……62
房州中生カリフラワー ……102
豊水（ナシ）……75
坊主不知ねぎ ……61，102
方領だいこん ……168
ほうれん草（群馬）……93

ほうれん草（埼玉）……98
ほうれん草（島根）……216
ほうれん草（東京）……110
ほうれん草（山口）……235
甫立メロン……278
北海黄金（ジャガイモ）……20
堀川ごぼう……190
堀込せり……63
ホワイトアスパラガス……23
本かたうり……124

ま 行

まいたけ（青森）……30
曲がりねぎ……32
間倉ごぼう……225
真桑うり……156
マスカット・オブ・アレキサンドリア……224
松阪赤菜……178
マッシュルーム（岡山）……224
松館しぼりだいこん……45
まつな……171
松本一本太ねぎ……150
松山長なす……247
真菜……141，211
まびき菜……211
豆落花生……104
マルメロ（秋田）……49
眞渡うり……67
万願寺とうがらし……188
マンゴー（東京）……111
万善かぶ……223
政所茶……179
万葉……242

三池高菜……254
三浦スイカ……118
三浦だいこん……114
三重なばな……176
みおぎ（ピーマン）……76
みがしき（サトイモ）……277
三河ぶき……63
三毛門かぼちゃ……256
三島ふじ（リンゴ）……36
三島うど……196
みず（青森）……29
水いも（サトイモ）……277
水掛菜……86，166
みず菜（京都）……186
泉州なす……197
水なす（和歌山）……211
御園だいこん……177
御津のだいこん……202
みつば（愛知）……174
三豊なす……243
水口かんぴょう……179
南沢かぶ……63
ミニとうがん（兵庫・東播磨）……203
壬生菜（京都）……186
宮内菜……91
都（ウド）……108
都いも（サトイモ）……271
みやこかぼちゃ……75
宮崎菜……91
宮重だいこん……168
宮ねぎ……84
みやもりわさび……34
みょうが（高知）……252
みょうが（秋田）……51
みょうが（石川）……134
みょうがだけ（宮城）……42
みよし（イチゴ）……238
味来（トウモロコシ）……40
民田なす……55，60

武庫一寸そらまめ……204
むらさきいも（サツマイモ）……105
紫ずきん……189
紫とうがらし……208
紫長大葉高菜……247
紫秘伝（エダマメ）……50
紫芽の白（ウド）……108

女池菜……119
メークイン（ジャガイモ）……19
芽キャベツ……162
芽紫蘇……196
メロン（茨城）……75
メロン（兵庫・東播磨）……203

モーウィ……280
茂倉うり……148
餅菜……171
もってのほか（食用ギク）……55
元蔵（長ネギ）……61
もも（秋田）……51
もも（岡山）……223
もも（山形）……59
桃太郎（トマト）……34, 60, 77, 224
守口だいこん……157, 168
諸江せり……136
モロヘイヤ……258

や 行

ヤーコン……74
八色しいたけ……127
矢賀うり……228
矢賀ちしゃ……229
やきなす……123
八事五寸にんじん……169
やそぜり……267
矢田部ねぎ……142
八千代っ娘（ハクサイ）……79
八名丸さといも……169
八幡いも……123
養父早生たまねぎ……172
山内かぶら……141
やまうど……51
山形赤根ほうれん草……63
山形青菜……57, 63
山川紫（サツマイモ）……276
山潮菜……254
山田だいこん……182
山田ねずみだいこん……182
大和いも……99, 206
大和三尺……206
大和のこだわり野菜……205
大和の伝統野菜……205
大和ふとねぎ……208
大和まな……206
大和野菜……205
やまのいも（秋田）……51
やまのいも（京都）……187
夕顔かぼちゃ……269
結崎ねぶか……207
雄山（長ネギ）……61
ゆうぞら（モモ）……68
ゆう太（ユウガオ）……84
夕張メロン……24
雪菜……57, 153
湯沢ぎく……47
夢しずく（モモ）……145
横川だいこん……274
横沢曲がりねぎ……44
余呉の山かぶら……183
吉川なす……143
米山しろうり……124
寄居かぶ……125
与論かぼちゃ……275

ら 行

ラ・フランス（山形）……59
ラグビーボールスイカ……118
らっきょう（徳島）……240

りんご（山形）……59

麗容（トマト）……77
レタス（岩手）……35
レタス（香川）……243
レタス（群馬）……93
レタス（東京）……111
レタス（兵庫・淡路島）……203
レタス（宮城）……41
レタス（山口）……235
レッドムーン（ジャガイモ）……20
れんこん（愛知）……175
れんこん（茨城）……74, 78
れんこん（徳島）……240
れんこん（山口）……235

ロザリオビアンコ（ブドウ）……146

わ 行

和歌山だいこん……210
わけぎ（長崎）……261

わけねぎ（東京）……………………………111
わさび菜 ……………………………………36
わさび（静岡）……………………………163
わさび（東京）……………………………111
早生一寸そらまめ …………………………101
早生かりもり ………………………………171
早生湘南レッド（タマネギ）……………114
早生白（ジャガイモ） ……………………19
早生千筋（ミズナ） ………………………80
早生とうがん ………………………………171
早生日本種（イチジク）…………………230
和なし ………………………………………50
わらび（青森） ……………………………29
ワンダーグリーンベルト（ニラ）……80，83

47都道府県・地野菜/伝統野菜百科

平成21年11月30日　発　　　行
平成30年 2 月25日　第 7 刷発行

著作者　成　瀬　宇　平
堀　　知佐子

発行者　池　田　和　博

発行所　丸善出版株式会社
〒101-0051 東京都千代田区神田神保町二丁目17番
編集：電話(03)3512-3264／FAX(03)3512-3272
営業：電話(03)3512-3256／FAX(03)3512-3270
http://pub.maruzen.co.jp/

© Uhei Naruse, Chisako Hori, 2009

組版印刷・富士美術印刷株式会社／製本・株式会社 星共社

ISBN 978-4-621-08204-1 C0577　Printed in Japan

本書の無断複写は著作権法上での例外を除き禁じられています.

【好評関連書】

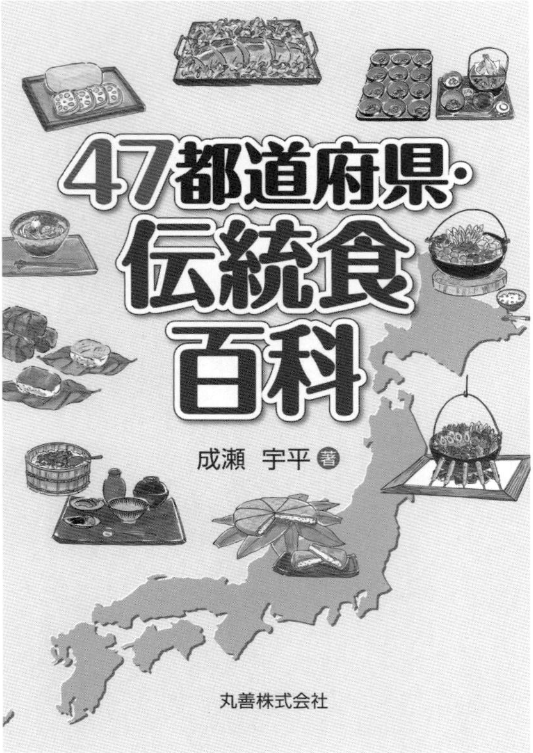

ISBN 978-4-621-08065-8
定価（本体3,800円＋税）